PIZZA CON CHAMPAN

SYLVINA WALGER

PIZZA CON CHAMPAN

CRONICA DE LA FIESTA MENEMISTA

ESPASA HOY

Diseño de tapa: Mario Blanco
Equipo de investigación: Silvian Tymieniecki (coordinadora)
María Fuentes
Paula Carri

© 1994: Sylvina Walger

Derechos exclusivos de edición
reservados para todo el mundo:

© 1994: Compañía Editora Espasa Calpe Argentina S. A.
Tacuarí 328, 1071, Buenos Aires.

Primera edición: diciembre 1994
Hecho el depósito que prevé la ley 11.723
ISBN: 950-852-060-4

A la generación del Ochenta,
que soñó con una Argentina
ilustrada y laica.

Agradecimientos:

Adam Walger y María Luisa Anastasi de Walger; Viviana Gorbato, Guillermo Schavelzon, Alejandra Procupet, Alberto Díaz, Ricardo Ibarlucía, Alejandro Ulloa, Camila Zibaico, Lilia Ferreira, Javier Arroyuelo, Miguel Martelotti, *La Maga*, Guillermo Saccomanno, María Marta Cremona, Franco Castiglioni, Adriana Arizmendi, Maruja Torres y Lucía del Valle Brenes.

Prólogo

Durante muchos veranos —y también en las otras estaciones del año— esperé con cierta ansiedad las crónicas de Sylvina Walger en *Página/12*. Su obsesiva y burlona descripción de las costumbres sociales del menemismo, y la singular belleza de su prosa, me convirtieron casi en un adicto lector de esos artículos que hincaban hasta el fondo en un poder extravagante, perseguido por una corte de imitadores aún más desopilantes que el original.

Nunca tuve la oportunidad de proponerle a Sylvina Walger que escribiera un libro con los tantos desatinos guardados en su memoria insolente: un día me llamó para decirme que el compendio estaba casi listo y entonces pensé que su contribución podía superar el habitual grato momento de leerla sin los crueles límites de espacio y tiempo que plantea cualquier crónica periodística; podía —y puede, sin duda— zamarrear la conciencia social, adormecida por el valor del peso y el dólar, tiritando de pánico ante la sola perspectiva de que se produzca aquel caos económico que otro presidente le inflingió mientras amasaba la gloria que no llegó.

Los teóricos explican los hechos, a veces mucho tiempo después de que sucedieron. El valor de la teoría consiste, precisamente, en analizar la historia con un saludable esfuerzo de comprensión. Pero la historia está construida también por la crónica de todos los días. *Pizza con champán* no aspira a explicar nada, sino a constatar lo que está pasando con la misma mirada azorada de los lectores, que se verán condenados a no dormir hasta terminar estas páginas irreverentes.

El menemismo es un fenómeno inexplicable en la Argentina finisecularmente pacata. Gruesos sectores sociales —y no sólo los que usaron y abusaron de las prebendas del poder— aceptaron con ostensible complacencia los estilos, los métodos y los códigos de una estirpe gobernante frívola, dicharachera y encandilada.

El cambio social fue brusco e inesperado: ¿quién le hubiera perdonado a Raúl Alfonsín si hubiese inaugurado la residencia presidencial de Olivos tirando por la ventana a su fatigada mujer de toda la vida? ¿Qué hubieran gritado muchos curas devenidos ahora en menemistas, o algunos vástagos de la vieja aristocracia que se pegotean en estos tiempos con los desaforados poderosos si, además, María Lorenza de Alfonsín era eyectada a empujones de la casa presidencial por oficiales de las Fuerzas Armadas?

Pero Carlos Menem debe estar empaquetado en amianto: ninguna llama de las muchas que encendió, quebrando todas las formalidades sociales y las reglas más elementales del buen gusto, parece capaz de quemarlo. Fue más allá aún: se olvidó de la República, de la obligación moral y política de preservar las costumbres de austeridad y sobriedad de los gobernantes democráticos, y creó una familia reinante a partir de la familia que, en verdad, no tiene.

En épocas donde todo se paga, ése es el precio que él debe oblar por haber hecho hijos incapaces de edificar una vida propia; es también el precio que debe pagar por viejos favores o, mejor, aún por más antiguas complicidades con su familia política, que lo detesta tanto como lo necesita para seguir acumulando fortunas a expensas del pobre Estado de los argentinos. En mayo de 1989, los ciudadanos de este país no eligieron sólo a un presidente, sino también a una familia caprichosa, arbitraria y fastuosa.

Pero no son los únicos en el dorado firmamento del poder. Existe también una enorme corte de personajes, más cercanos o más lejanos al trono, que desesperan por copiar el despilfarro y la chapucería, que se embelesan ante la aparición de príncipes vestidos a la moda más estridente. Luego los copian, uniformando la mala calidad del alegre cortejo.

El mal gusto —y la pertinacia en convertir a la noche, a todas las noches, en vacías horas de juergas— sería un pecado menor. En los días previos a la publicación de este libro se conoció que en la Argentina hay ahora más desocupados que en cualquier otro período de su historia. Millones de argentinos están condenados a elegir entre el hambre o la delincuencia dentro —o fuera— de un sistema que no previó ayudarlos, por lo menos, a optar por la honestidad.

El contraste entre la cima fiestera y el zócalo social expulsado del trabajo y la producción es lo que resalta sobremanera en estas crónicas descarnadas. Hay otras revelaciones implícitas. Por ejemplo, el hecho de que gotas inservibles del mejor champán francés caigan sobre los muertos de hambre habla de la falta de solidaridad edificada con la fuerza de una vasta cultura social. Una familia descocada en el gobierno de una democracia explica mejor que nada que el menemismo haya vapuleado el principio de la división de los poderes y que, inclusive, haya convertido a la justicia en una empresa familiar donde los gerentes son ascendidos por la lealtad y la eficiencia frente a los dueños del feudo.

Sylvina Walger, que nació inconformista en noble cuna, es una inmejorable guía turística para meternos en ese paisaje sin límites ni medidas. Además, ¿qué puede hacer una persona ofuscada e inteligente sino recurrir a la ironía? Este es, precisamente, el vehículo que la autora nos propone para transportarnos a través de esta fiesta interminable.

Es hora de empezar el viaje.

JOAQUIN MORALES SOLA

Pizza con champán, crónica de la fiesta menemista *nació del cansancio moral de una periodista especializada en el rubro "sociales" de la tilinguería nacional. El objetivo fue esbozar un perfil de las alegres, impunes y amorales costumbres de la Argentina de fin de siglo.*

Producto de la relectura y ordenamiento de cinco años de diarios y revistas, y sin pretensiones narrativas o sociológicas, el libro tiene en cambio mucho de bricolage *periodístico. Con excepción de algunas infidencias que no han hecho más que colorear el patético paisaje nacional, el resto de las situaciones descriptas y de las declaraciones que aquí se reproducen tienen su contrapartida en un determinado medio de comunicación. Verdadero zote en materia de discreción, la clase en el poder desconoce el significado de la palabra "pudor". La pasión por la letra de molde que los anima, y la picardía de los periodistas, acostumbrados a escribir entre líneas, hicieron el resto.*

La desmesura e hipocresía de nuestros gobernantes, políticos, empresarios y festivos animadores sociales, reseñada con largueza a lo largo de este libro, es también una invitación a la reflexión. La reconversión del radicalismo —Alfonsín/Massaccesi mediante— en el cómplice prolijo del partido en el poder es la cabal de-

mostración de que el menemismo no es el único malo de la historia. Simplemente le tocó incentivar aquello que el ser nacional alberga desde casi siempre: una concepción mafiosa de las relaciones interpersonales y una visión corporativa de la vida nacional, que persiste incluso en las corrientes más progresistas del país.

SYLVINA WALGER,
diciembre de 1994

1.
La tribu

Como tantas otras, la familia del jefe de Estado tiene algo de ballet y algo de equilibrista. Virtuosos de la contorsión, poseen la habilidad de armarse y desarmarse sin que haya forma de poner una cuota de racionalidad en sus marchas y contramarchas.

"Mi padre nunca se volvería a casar. Nunca. Porque mi familia se separó por la política. En el fondo mis padres se siguen queriendo mucho. Por alguna razón, los dos siguen solos ¿no? Además, fijáte que apenas pisó Siria parece que lo engañó el subconsciente, porque cada vez que se refirió a mi mamá dijo: «Mi señora Zulema». Cuando sean viejitos, van a terminar viviendo juntos en Nonogasta o en Anillaco", analizó Zulemita Menem el vínculo existente entre sus padres, durante una entrevista realizada en Siria por Olga Wornat, enviada especial de *Gente.*

Las declaraciones de la hija presidencial son ciertas y explican mejor que nada la fortaleza de las relaciones que unen a los integrantes del clan gobernante. Aunque de una manera no convencional, la potencia del vínculo que une a Zulema con Carlos Saúl va más allá de todo. Como tantas otras, la familia del jefe de Estado tiene algo de ballet y algo de equilibrista. Virtuosos de la contorsión, poseen la habilidad de armarse y desarmarse sin que haya forma de poner una cuota de racionalidad en sus marchas y contramarchas.

Zulema Yoma es la imagen de la impotencia, la malquerida que ansiaba ser amada. De haber tenido real vocación de poder hubiera permanecido muda al lado de su marido como tantísimas otras primeras damas. Hubiera soportado su no inclusión en el palco de honor el día de la transmisión del mando; la ausencia de los "bollitos" en el desayuno para el ex presidente Fernando Collor de Mello y hasta las travesuras femeninas del presidente de la Nación.

El poder implica maniobras a largo plazo y capacidad para actuar con frialdad. La emotiva señora Yoma desconoce esas triquiñuelas de alto vuelo porque su objetivo nunca fue el poder sino el amor.

A sus hijos, que no en vano atienden por "Carlitos" y "Zulemita", los han considerados siempre como prolongaciones de ellos mismos y en consecuencia los han tratados como objetos. Malcriados e insolentes, sólo en los últimos tiempos electorales los chicos empiezan a convertirse en sujetos.

Herederos de todos los defectos de sus progenitores y de ninguna de sus cualidades, los pobrecitos repiten maquinalmente un discurso aprendido de memoria que siembra dudas en cuanto a su sinceridad. Zulemita ni siquiera logra conjugar correctamente los tiempos de los verbos y —así como todo el resto de sus parientes— confunde permanentemente el potencial compuesto con el subjuntivo (habría con hubiera).

La mutante Amira —cuya última refacción le ha pegoteado el labio superior a la nariz— es el paradigma de la concepción de la familia como un clan. El escándalo que la involucró en el narcotráfico puso a prueba este tipo de relaciones que convalida hacia adentro lo que nunca admitiría para los de afuera. Tía preferida de Zulemita, no llama la atención la complicidad que las une: son dos princesitas que forman parte de un mismo nucleo.

El intercambio de roles es otra constante en las mujeres de la familia presidencial. Transformismo mediante, Zulema se ha convertido en una Barbie de cera y Zulemita, gracias a Elsa Serrano, en una señora mayor. Amira y Zulemita están marcadas por un aire de familia, pero merced a las virtudes del bisturí la tía hoy le disputa a la sobrina el año de nacimiento. Como Dorian Gray, allí nadie envejece aunque ese pacto de conservación les haya aniquilado el alma. Estéticamente son solamente "envases", como la materia en la que Zulemita "sacó" cuatro.

Beneficiarias de una versátil emocionalidad, pasan sin solución de continuidad de la risa al llanto y viceversa. Vírgenes en materia de psicoanálisis —tal vez una de sus virtudes—, el incordioso superyó se ha visto impedido de hacer de las suyas entre las chicas del clan. Si algo hay que reconocerles, es que son auténticas: en ellas todo está a la vista.

La malquerida del harem

Describir físicamente a Zulema Yoma es una tarea de la misma envergadura que retratar a una entelequia. Sus extraordinarias mutaciones físicas son de tal magnitud que en una oportunidad Mariano Grondona la confundió con Susana Giménez. En el lapso de cinco años sus rasgos árabes se transformaron en los de una muñeca occidental de previsible semejanza con la vedette Alejandra Pradón y amenazan eternizarse sin que nadie logre aventurar cuál será su aspecto final.

Mezcla de Hécuba lamentando la pérdida del reino con "la Porota", aquella pedestre vecina que interpretaba Jorge Luz, detrás de la explosiva y contradictoria personalidad de la esposa de Carlos Menem se esconde el drama de una mujer que ha subordinado su existencia a un hombre al que no logra fascinar. Para seducirlo o atacarlo, todo en la vida de Zulema está puesto en función de Carlos Saúl Menem, el hombre al que —como buena musulmana— aceptó encadenarse de por vida.

Así puestas las cosas, ella es solamente lo que el espejo de él le devuelve; privarla de este escenario sería condenarla a su disolución como persona.

"A mí me falta un poco de diplomacia cuando exploto", se sinceró al comienzo de la gestión de su marido. Especialista en perturbar la vida nacional con su alterada emotividad, tanto sus hijos como los medios de comunicación son solamente instrumentos para llamar la atención de un hombre que la ignora. Afecta a los tonos dramáticos y casi apocalípticos, sus crípticas y pomposas afirmaciones —"Dios dirá hasta cuándo debo permanecer en silencio", amenazó a comienzos del '94 cuando expulsó a Zulemita de su casa— cumplen la función de sembrar dudas y la han convertido en lo que el filósofo Nicolás Casullo denomina "La voz bestial de la verdad".

Sus mensajes, íntimamente vinculados con sus turbulencias interiores, se bambolean entre la seducción del "volvé que te perdonamos" y el odio. Guiada por este noble sentimiento fue la primera en acusar de traidor al presidente: "Carlos Menem ya cumplió su ambición. Ahora ya no necesita a su familia", afirmó desde una fotografía que la mostraba junto a una megamuñeca de satén rosa. Fue también la primera en pedir a los periodistas que le pregunten al presidente sobre la droga, en denunciar la corrupción y en revelar los maltratos físicos de los que la hacía objeto su marido.

Pero así como lo agrede también lo defiende. Cuando Marta Elizabeth Mesa, madre de Carlos Nair, hijo natural de Carlos Menem concebido durante su cautiverio en Las Lomitas, pidió asilo político en Paraguay argumentando que ella y su hijo eran objeto de amenazas de secuestro, Zulema sostuvo que era para hacerle daño al presidente en vísperas de las elecciones de constituyentes. "Quieren destruir la imagen del señor presidente", sentenció, pero no brindó más precisiones.

Aldo Rico también supo de su genio cuando declaró que "Menem no se considera nativo de Argentina porque es un jeque árabe (...) cree que somos todos súbditos de su califato". La señora reaccionó con virulencia y repudió la ofensa "al Primer Magistrado de la Nación" y a "la raza árabe de la cual me honro de ser descendiente". Honra que la contó entre los poquísimos argentinos que no enviaron un telegrama de condolencias a la AMIA luego del atentado.

Las respuestas de su cónyuge no suelen dejarla mejor parada. "Yo en cambio no la vendo, la regalo", afirmó el presidente durante una emisión de *Tiempo Nuevo* en la que se discutió la temática de la película *Propuesta Indecente,* que muestra como Robert Redford compra a Demi Moore ofreciéndole al marido un millón de dólares.

Ex estudiante de Bellas Artes, afecta al mate con bizcochos y al zapping en televisión (sus cadenas preferidas son la chilena, la española y la mexicana), con Zulema las hadas no fueron pródigas ni con el mundo del intelecto ni con el don de la elocuencia. En 1989 admiraba por igual a Evita —en su muñeca llevaba un reloj de oro con su imagen— y a su madre, Chaha Gazal "que me ha ayudado en todo y me ha dado inclusive, hasta las primeras lecciones políticas". A éstas las seguían la tenista Gabriela Sabatini y Nancy Reagan: "una mujer muy emprendedora que tuvo un papel preponderante en la lucha contra la drogadicción". Para su país Zulema anhelaba alguien similar a la deliciosa Margaret Thatcher que "en Inglaterra es una mujer muy admirada. Yo la respeto mucho a la señora Thatcher".

Tal vez por su costumbre de hablar en árabe o por su falta de vocación por la lectura, "Mi hermana Amira es inocente" fue la frase mejor construida que se le escuchó decir aquella noche —en las épocas de oro del Yomagate—, cuando irrumpió en el programa *Hora Clave* munida de un comprometedor video que probaba por lo menos que Munir Menem y Monzer Al Kassar no eran desconocidos el uno para el otro.

Entrevistada en mayo de 1990 para la revista dominical del madrileño *Diario 16,* la periodista Pepa Roma la describió "flanqueada por su secretario personal, Jorge Mazucheli —un asesor de imagen tan fiscalizador como ineficaz —que hace de apuntador y controla sus palabras en las entrevistas". Las respuestas que siguen retratan mejor que nada a esta mujer carente de tacto y mesura, enroscada en antiguos odios y rencores con casi todo el entorno de su marido, sin la discreta opacidad que suele personificar a las esposas de los presidentes latinoamericanos ni el solidario pragmatismo conyugal de las primeras damas norteamericanas.

—Son conocidas sus aficiones a la cocina árabe, se conocen menos otros gustos personales. ¿Qué tipo de libros le gustan? —preguntó Roma durante un pasaje de la entrevista.

—¿Qué tipo de libros? —pregunta Zulema como si nunca hubiera pensado en que tendría que responder a semejante cuestión.

—Sí, ¿qué tipo de libros?

—Pues, todo libro que no sea la hipocresía escrita al servicio de los intereses del hombre.

—¿Le gusta la ficción?

—No, eso no. No me gusta la ficción, me gusta la realidad.

—¿Entonces le gustan los ensayos?

—¿Qué tipo de ensayos? —pregunta Zulema Yoma a su vez.

—No sé, quizás le guste a usted la economía, ahora es un tema tan presente en las discusiones cotidianas de su país...

—No, la economía no. Dejemos que sea el gobierno de Menem el que solucione la economía. Bastante dolor de cabeza tenemos ya con la economía. A mí me gusta la historia, también las novelas. Pero aunque no tengo tiempo para leer, no vaya usted a creer que no estoy informada. Estoy informada e interiorizada políticamente. ¡Y muy bien interiorizada, eh! No se me escapa nada.

Primera actriz de lo que la ensayista Beatriz Sarlo definió alguna vez como "esta Dallas que es la política argentina bajo la era menemista", el rol de Zulema como la malquerida del harem la convirtió en la Soraya del menemismo, aunque sin el chic ni los ojos esmeralda de la Esfandiari. Nimiedad esta última que gracias a la tecnología ocular moderna le ha permitido —al igual que al resto de los Yoma y de los Menem—lucir de vez en cuando un par de ojos claros.

"Yo no soy una figurita decorativa (...) Si no me da el lugar que me corresponde lo dejo solo y me voy a vivir a Siria", anunció poco antes de las elecciones de mayo de 1989, revelando el precio que impuso para prestarse a la fábula del reencuentro amoroso con su faldero marido. El pretendido lugar no lo obtuvo nunca. Ni siquiera el día de la asunción del mando gracias a que la ley argentina no contempla la figura de Primera Dama, por lo que tuvo que seguir el acto desde una tarima destinada a los familiares, no sin antes dejar bien sentada su capacidad de iracundia. Tampoco se fue a Siria como había amenazado y mucho menos pudo poner en práctica la frase con que machacó los oídos de los periodistas la noche del triunfo electoral: "Yo solo seré la pensadora que lo apoye".

Logró en cambio colocar en la función pública a tres de sus diez hermanos, aún cuando ninguno de ellos estaba capacitado para ello. Emir como asesor presidencial, Karim como secretario de Asuntos Especiales de España, Italia y Medio Oriente, y Amira como encargada de la agenda presidencial, puesto que le permitía decidir caprichosamente a quien podía ver el presidente y a quién no. Karim fue el primero en perder el cargo, "estaba haciendo demasiados negocios", comentó entonces un allegado al clan Yoma. Emir tropezó luego con el Swiftgate y los infortunios de Amira son por todos conocidos.

Algunas donaciones a hospitales (de las que nunca se conoció el origen de los fondos), sus conocidas simpatías carapintadas y el apoyo a Saúl Ubaldini como candidato a gobernador de la provincia de Buenos Aires, en octubre de 1990, calmaron sus cacareadas inquietudes sociales. Atrás quedaba el proclamado objetivo de continuar la obra de Eva Perón, "una tarea maravillosa que estaba llevando a cabo y no pudo finalizar", mientras proyectaba —ante un establishment que temía que se lo tomara en serio— una "Fundación del pueblo y para el pueblo".

Concluida esta etapa se dedicó con notable ahínco a refaccionarse el cuerpo y la cara, mientras denostaba la corrupción y la frivolidad: "Este no es el momento de hacer ostentación. De lucir todas las joyas, ponerse el mejor traje, el mejor vestido para ir a comer a lo de Mirtha Legrand... ¿A usted le parece? Cuando hay gente que no le alcanza para alimentar a sus hijos", opinaba a fines diciembre de 1991. Esta actitud esquizoide le permite, sin provocarle la menor contradicción, gastar diez mil dólares en joyas, no perderse ningún desfile de modas, inauguración de restaurante árabe o shows de cantantes, tal como lo ha registrado puntualmente la prensa gráfica.

Pero el rubro en el que Zulema ha sabido destacarse como nadie es en el del escándalo. La tragicomedia de Olivos comenzó en mayo de 1990 cuando Menem desapareció dejándola allí sola, y concluyó un mes después cuando un operativo comandado por el brigadier Antonietti —apodado desde entonces "el héroe de Olivos" por el periodista Horacio Verbitsky— los puso de patitas en la calle a ella, vestida de jogging, y a sus dos hijos.

"Se fue sin explicación. Sin un grito", denunció Zulema ante el primer abandono, omitiendo enumerar la cantidad de objetos que planearon por los salones de la residencia presidencial antes de que su marido pusiera pies en polvorosa. Los hijos la apoyaron en este trance y, cuentan, la impaciente Zulemita sufrió un acceso de nervios que culminó —siguiendo el ejemplo materno— con un cenicero estrellado contra una pared.

El tercer acto incluyó, además de a Carlitos Júnior presentándose en el programa de Bernardo Neustadt para denostar a su padre y a Zulemita increpando a Sofovich en el restaurante *Fechoría* —sin ningún resultado, claro— resabios de la guerra de los Roses: las negociaciones corrieron por cuenta del abogado de Zulema y los responsables de Olivos, para que los desterrados pudieran recuperar sus pertenencias: carteras, alhajas, artefactos electrónicos, muebles, libros y, lo más grave, un oso grande al que se había apegado Zulemita.

Los incidentes del divorcio —aun en trámite— alcanzaron su punto culminante en septiembre de 1991. Zulema se reclamó en la indigencia e inició acciones por alimentos alegando que ni ella ni sus hijos tenían por qué comer "la vianda" que desde Olivos se les enviaba puntualmente todos los días a las 12.30, confeccionada en base a un menú ordenado por ella y cuyo traslado estaba a cargo de empleados de la residencia (empleados distintos cada día para impedirle intimar con ellos). Como si esto fuera poco, el doctor Cormillot le enviaba también diariamente y gratis, una vianda dietética. No conforme con esto, su abogado, el riquista Alejandro Vázquez, exigió además dinero en efectivo, viajes en avión, un lugar permanente en los aviones presidenciales y un palco en el Teatro Colón, "abono que la Municipalidad debe entregarle todos los meses".

Menem demostró que no solamente la alimentaba sino que pagaba puntualmente sus suculentas cuentas: cinco mil dólares de teléfono bimestrales, diez mil dólares de joyas mensuales más unos catorce mil más para abonar las cirugías plásticas a las que la señora se había sometido en el último año. Convencido de que Zulema no atravesaba propiamente una etapa de necesidad, el juez Hugo Valerga desestimó su demanda.

Pese a que una serie de rumores indicaban que Zulema atravesaba un período anímico en baja, al poco tiempo reapareció más joven y prolijamente refaccionada. Retornada al bamboleo seductor, dejó trascender que estaba escribiendo un libro sobre su vida cuya intención no sería "tirarse contra el presidente sino rescatarlo". El libro nunca vio la luz y decepcionó las expectativas de conocer sabrosos detalles de su agitada relación matrimonial. De todos modos ella dejó bien sentada en altisonantes declaraciones que quería que sus hijos "sepan todo lo que su madre tuvo que soportar, que a veces fue una verdadera tortura. Me quisieron comprar. Me quisieron hacer callar. Trataron de manchar el apellido de la familia".

En la convicción de que visitar la tumba de su padre podría ayudarla a recuperar la tranquilidad perdida —y de paso sabotear el hígado de su marido— Zulema, acompañada por su hija y su hermana Delia —casada con un oficial de baja graduación retirado del ejército sirio que vive en Damasco con la hija del matrimonio—, emprendió a mediados de 1993 un viaje por Siria y por Arabia Saudita. En el primer país se llegó hasta Djumeier, su pueblo natal sito a 40 kilómetros de Damasco y a 80 de Yabrud, cuna de los Menem. Allí, haciendo un alto en las pésimas relaciones que mantiene con el presidente argentino, el dictador Hafez El Assad no sólo la alojó en el palacio para huéspedes oficiales sino que la recibió con honores de Primera Dama. "Usted es hija de esta tierra y cada vez que quiera volver, no tiene más que avisarnos", la homenajeó el jefe de los sirios. En Arabia Saudita el rey Fahd puso un avión a disposición de las viajeras que las trasladó de Damasco a Jeddah, a orillas del mar Rojo. Ataviadas a la usanza, es decir con túnicas y sin maquillaje, madre e hija peregrinaron por los lugares sagrados, visitaron Medina y rezaron ante la tumba de Mahoma. "Me encontré con mi esencia musulmana", explicó Zulemita a *Gente*. "Me retemplaron el espíritu", acotó Zulema al mismo medio luego de desmentir que se hubiera entretenido haciendo shopping, "no tenía ánimo para eso m'hijo", y que su gira de diecinueve días —que incluyó un equipo de guardaespaldas— hubiera costado 700 mil dólares.

Sus relaciones con Carlos Saúl conocieron una tregua cuando él mismo reclamó su presencia durante la operación de carótida a que fuera sometido. Zulema no se hizo rogar y se instaló en la habitación del enfermo representando a la perfección el papel de una Florence Nightingale en versión islámica. "Pasé cuatro días al lado del hombre de mi vida, del padre de mis hijos y del hombre que aún sigo respetando y queriendo", declaró, grandilocuente, a *Caras*. Incluso llegaron a pasar la Navidad juntos, para júbilo de la prensa del corazón que imaginó enseguida la reconciliación sentimental de la pareja presidencial sin reparar en que Zulemita había venido al mundo justamente un 25 de diciembre.

Esos mínimos asomos de cordialidad que habían emergido volvieron a naufragar luego de la detención de Júnior, en los primeros días de enero, en Punta del Este. Papá Menem, quien se encontraba en el balneario para asistir a la inauguración de la nueva casa de Bernardo Neustadt, optó —se dice que aconsejado por el presidente uruguayo Luis Lacalle— por no intervenir para apresurar la liberación de su hijo arguyendo que "ya es grande y debe hacerse cargo de las consecuencias de sus actos".

Zulema en ese momento estaba en Suiza, internada en la famosa clínica *La Prairie* dedicada a su ocupación predilecta: el rejuvenecimiento sin fin rotulado como "tratamiento antiestrés", y opinó que su ex marido "debió haber actuado como un padre, en todo caso pegarle una buena trompada, pero no desentenderse como si nada". Y aprovechó una vez más para enviar uno de sus crípticos mensajes: "yo sé que ahora van a empezar los lenguaraces de siempre a decir que estoy loca. Pero los desafío a que vayamos los cuatro al psiquiatra para ver quién es el que está fuera de sus cabales".

Uno de sus últimos alborotos tuvo lugar este verano cuando Zulema volvió a sorprender a sus compatriotas con lo mejor de su repertorio. En conferencia de prensa comunicó a los periodistas que había echado de su casa a su hija Zulemita por considerar que estaba "como hipnotizada" y que había sido víctima de "un lavado de cerebro" por parte del entorno de Carlos y de su hermano Eduardo. Este y su mujer, Susana Valente, son uno de los objetos de odio más intensos y continuos por parte de esta capitana musulmana. Zulema ha acusado a Eduardo Menem de ser antiperonista y hasta de despreciar a su hermano Carlos, amén de haberle hecho a ella la vida imposible amenazándola con internarla en un psiquiátrico.

"Desde que volvió de Pinamar, donde estuvo con los hijos de Eduardo, la nena estaba irreconocible, hecha una muda. Parecía hipnotizada, así que le pedí que se fuera de casa, supongo que ahora estará con el padre." La descripción que de su hija hiciera Zule ma motivó a la periodista Viviana Gorbato a definir a la nena, en una nota aparecida en *Página/12*, como un "sucedáneo criollo de Carrie", la protagonista de la famosa película de Brian de Palma.

"Primero metieron a Carlos en una burbuja para separarlo de su familia. Después se la agarraron con Carlitos, que era un muchacho sano, hermoso, a quien no veo desde hace más de un mes, y ahora hicieron lo mismo con Zulemita, que no es la misma desde que volvió a visitar la residencia de Olivos. ¿Les parece que yo puedo aceptar que la compañía más frecuente de mi hijo sea Ramón Hernández? ¿Qué buena influencia puede ser para un muchacho que era un deportista joven y sin vicios?", argumentó no sin razón "la voz bestial de la verdad".

Como suele ocurrir cada vez que alguno de sus dichos perturba la vida nacional, Zulema eligió una vez más el programa de Mariano Grondona para dirimir sus entripados. "Toda vestida de blanco con un aspecto más de adolescente que de madre abandonada" —la describió Gorbato—, Zulema se dirigió al conductor para excusarse. "Perdóneme, doctor Grondona, que haya venido de sport, pero cuando estoy en pie de guerra no puedo vestirme de otra manera". Peculiar concepto del sport el suyo según Gorbato: "Pelo rubio lacio con flequillo adornado con una vincha de raso generosa en incrustaciones doradas, camisola blanca de gasa y pantalones, zapatos bajos dorados, su atuendo guerrero se completaba con un pequeño ejemplar del Corán, encuadernado en azul que sostenía con fuerza en sus manos".

Llamada a silencio en los últimos tiempos, con la misma impetuosidad con que convulsionó a la sociedad denunciando las anormales conductas de sus retoños, Zulema parece haber recompuesto, una vez más, los deteriorados lazos familiares. Las vacaciones del invierno de 1994 sorprendieron a una feliz Zulema Yoma paseando en Las Leñas acompañada por sus dos pimpollos y con un aire de "aquí no ha pasado nada", y lo suficientemente rejuvenecida como para que algunos dudaran cuál era la madre y cuál la hija.

La Lolita musulmana

Tenía 18 años cuando su padre se convirtió en presidente de la República. Zulema María Eva Menem Yoma, "Zulemita" para el público, aún era "la nena" para su mamá y su aspecto se asemejaba, según Viviana Gorbato, al de "una Lolita musulmana abrazada a osos, elefantes y muñecos de juguete que daban a su habitación un aire todavía infantil".

Por entonces usaba minifalda —con el tiempo se clavaría en los pantalones que la "recopan"— y llevaba el pelo largo hasta la cintura que coronaba hacia arriba con un jopo desflecado en forma de abanico, creación exclusiva de Stella Lóndero.

Había concluido su bachillerato en Anillaco y por su juvenil cabecita revoloteaban dos sueños: recibirse de abogada en la Universidad de Córdoba "como papi", y ser modelo. Admiraba a Alejandro Lerner y a César Banana Pueyrredón, y tenía un novio riojano, Daniel Romero, con quien iba a bailar a *New York City* acompañados por un grupo que solían integrar, además de su teléfono celular —aparatito en el que resultó una pionera—, su hermano Júnior, Diego y Claudia Maradona y el empresario Guillermo Cóppola.

Como todas las jóvenes de su edad, aunque tal vez con más ahínco, Zulemita es una auténtica cultora de la vida nocturna y ha recorrido y recorre discotecas con el mismo empeño con que otros caminan universidades. No hay boliche de moda que no la haya contado entre sus VIPs. *New York City*, "la City" dio paso a *Trumps* —propiedad del finado "Poli" Armentano—, luego vino *El Cielo* (también de Armentano), *Pachá* y la que venga.

Aniñada, Zulemita no se sonroja cuando afirma que le gustaría que a los cuarenta años la "sigan cuidando". Aficionada a hablar en diminutivo, a su no demasiado extenso vocabulario suele adjuntarle el prefijo *re*. Relativamente agraciada, ella misma ha sabido describirse mejor que nadie: "Tengo una mezcla de los dos. La boquita chiquita la heredé de mi papi. El siempre me carga y me dice que soy la única nena que come una empanada de costado y no de frente. Yo le contesto que se calle porque de tal palo tal astillita. La parte de los ojos es más de los Yoma. En la cabecita tengo una mezcla de los dos. Digamos que sólo tengo de ellos lo mejor".

A diferencia de su hermano, que encontró en el deporte tanto como en la diversión un motivo de existencia, todo indica que a la hija presidencial, en realidad, no le interesa nada. Con excepción de dos visitas a hospitales en cinco años, por el momento las únicas constantes que se le han detectado han sido su pasión por la velocidad, las discotecas y el shopping.

Hasta que poco antes de asumir la presidencia su padre le regalara una tarjeta de crédito dorada, los desvelos adquisitivos de la nena se concentraban en las mercancías de los *duty free*. Quienes los acompañaron en los periplos europeos realizados por la familia enseguida de que Menem ganara la interna justicialista, mantienen frescos en la memoria los lunáticos arrebatos de la nena cuando en los aeropuertos, a vista y paciencia de toda la comitiva, exigía primero mimosa y luego imperativa: "papi, quiero ir al *duty free*" y no paraba hasta conseguirlo.

Desde que Carlos Menem se hizo cargo de la primera magistratura, su benjamina ha transitado con relativo éxito las carreras de Derecho en la Universidad de Córdoba y de Arquitectura en la de Belgrano, donde quedó libre por exceso de faltas. Finalmente, convencida de que "la economía mueve al mundo", recaló en la licenciatura en administración de empresas de la Universidad Argentina de la Empresa.

Su efímero tránsito por la arquitectura le permitió adquirir los conocimientos suficientes como para colaborar con el estudio Rossi (el preferido de su papi) en la refacción de la residencia de Olivos y hacerse cargo de la decoración del palacete que Menem se está construyendo en Anillaco. En el aspecto laboral, Zulemita pasó de tener una tienda para artículos de bebé en la calle Scalabrini Ortiz, a adentrarse en los vericuetos del canto y el baile con el objeto de convertirse en animadora de un programa infantil para la televisión chilena. Su falta de perseverancia en los emprendimientos es sólo comparable a su inclinación por cambiar de marcas de autos. Su móvil colección incluye, entre otros, un *Suzuki Vitara* y una camioneta *Isuzu,* en los que es posible reconocerla atravesando la ciudad a toda velocidad y sin matrícula que la identifique.

Sin embargo, en los últimos años su inquieto espíritu parece ha-

ber encontrado sosiego en la venta de motos. Su empresa, denominada *Moto House*, cuenta con dos locales: uno sobre la avenida del
Libertador frente a la residencia de Olivos y el otro en La Rioja, su
provincia natal. Su último hobby, convertirse en piloto automovi-
lístico a bordo de una *Nissan Sendra,* pese a contar con la aprobación paterna, naufragó al primer intento después que su "mami" y
Júnior pusieran el grito en el cielo.

El amor llegó de la mano de un jugador de Boca Júniors, Diego
Latorre, pero el romance quedó trunco cuando éste partió a jugar a
Italia y mamá Zulema se opuso a que su hija lo acompañara sin
previamente formalizar la relación. Latorre, siguiendo los consejos
de su padre, se decretó muy joven para comprometerse y Zulemita
terminó escribiéndole una carta en la que le pedía perdón por las
presiones de su madre, mientras partía a buscarlo a Europa. "La
nena" no tuvo suerte, no recuperó al novio y mientras trataba de
ventilar su disgusto paseando por Ajaccio, Córcega, olvidó en su
auto un bolso con once mil dólares, una suma poco frecuente para
una muchacha que no tiene ocupación fija y que, obviamente, le
fue robada.

Sus primeros pininos en materia de viajes los hizo escoltando a
su padre durante las visitas a Guatemala y Nicaragua, aunque unos
años antes había asistido en Brasil a la trasmisión del mando de
José Sarney a Fernando Collor de Mello. De aquella oportunidad
los periodistas brasileños recuerdan los inconvenientes que les trajo el jopo en abanico de la hija del presidente argentino, cuyas dimensiones obstaculizaron la visión de la ceremonia.

Tenía 21 años cuando en julio de 1992 comenzó a ejercer de
"primera damita" propiamente dicha. "Papá me necesita y a mí me
gusta mimarlo", explicó, y se embarcó hacia España y otros países
de Europa. Por cierto la relación entre ambos mejoró a ojos vistas
y las fotos se encargaron de inmortalizarlos "repegados", por utilizar un término caro a "la nena". A mamá Zulema la novedad no le
causó demasiada gracia y para conformarla Zulemita debe telefo-
nearla desde donde se encuentre. "La llamo todos los días, si no
me muero, la reextraño. Imaginate, yo vivo con ella y estamos todo el día juntas y repegadas", se justificó ante la prensa aunque la
realidad no resultara exactamente así.

Funcionarios habitués de estos viajes recuerdan que mientras visitaban el Ayuntamiento de Hamburgo, durante una gira por Alemania, Zulemita —para quien la palabra límites carece de significado alguno— se sintió cansada y con ganas de tomar mate. Encontró un salón apartado, se descalzó y colocando sus pies sobre la mesa se abocó a ingerir su infusión preferida. Ensimismada en esos menesteres recordó de golpe que debía llamar por teléfono a su madre: "Quiero hablar con mi mami", exigió angustiada. Le explicaron que por ser domingo no era fácil conseguir una línea para hablar al exterior porque los teléfonos estaban codificados y los telefonistas se encontraban en su día de descanso. "Quiero hablar con mi mami", fue toda la respuesta que obtuvieron sus interlocutores. Cuando le habilitaron uno y pudo hablar, "la nena", cada vez más nerviosa, se precipitó sobre el aparato: "Hola, mami, te extraño mucho, besitos, besitos", decía, mientras ella misma besaba el tubo.

Gracias a los viajes, el contacto con jefes de Estado y la inestimable influencia y compañía de la modista Elsa Serrano y el peluquero Miguel Romano, la hija presidencial comenzó su transformación. "Es una chiquilla puesta en el rol de primera dama", dijo su peluquero, Miguel Romano, a la revista *Gente,* y "procedió a llenarla de señoriales rodetes que le dieron un aire a Farah Diba. Los atuendos demasiado formales de Elsa Serrano contribuyeron también a sumarle años, produciendo un efecto sorprendente como el de una nena vestida con la ropa de la mamá", la analizó Viviana Gorbato.

Zulemita, en tanto, se dedica a deslumbrar a sus amigas de La Rioja con todo lo que aprende cuando se entrevista con personalidades tan importantes como los reyes de España o los primeros ministros de Chipre, Holanda y Japón: "A veces me canso mucho pero siempre salgo enriquecida espiritualmente", confesó a *Gente.*

Sin embargo, las actividades viajeras de la primera damita más que relacionarse con su bienestar espiritual, lo han estado con las satisfacciones materiales. Fue a José Luis Manzano, ex ministro del Interior, a quien le tocó decomisarles parte de sus equipajes cuando, durante la primera visita a Roma, "mami" y "la nena" se aparecieron con tal cantidad de maletas que el funcionario, intuyendo el escándalo que acarrearían, las obligó a deshacerse de algunas.

En su primera visita a España, además de no embocar con la reverencia a sus majestades, llevar pantalones cuando la reina iba con faldas e intimar con la infanta Elena —"miramos la vida de una manera similar", sintetizó luego—, se abocó a conocer la vida nocturna madrileña provocando la sorpresa de los encargados de protocolo, quienes comentaron no estar acostumbrados a ver a las acompañantes presidenciales sacudirse desenfrenadamente por la noche. Antes de abandonar la Madre Patria, Zulemita se dio un atracón de ropa en las más lujosas tiendas de la calle Serrano. De regreso al hotel, un botones se ofreció a llevarle a la habitación los vestidos que había comprado con tan mala suerte que arrastró el ruedo de uno de ellos por el suelo. El hecho descontroló a la "damita" cuyos insultos al infortunado mandadero han dejado un recuerdo imborrable entre el personal del *Hotel Ritz* de Madrid.

Empecinada y de carácter fuerte, suave eufemismo para sus constantes caprichos, es casi imposible disuadirla cuando se le mete algo entre ceja y ceja. Así lo comprendió la señora del representante argentino ante el Vaticano cuando, momentos antes de dirigirse a la entrevista con Karol Wojtyla, la hija del presidente exigió que dada su condición de "primera dama", se le otorgara el mejor baño de la sede para arreglarse, sin tomar en cuenta que allí también se encontraban señoras tan importantes como Amalia Fortabat.

Su empecinamiento en que Elsa Serrano y Miguelito Romano asistieran a la audiencia papal provocó el estallido de la denominada "guerra de los peluqueros" que enfrentó al coiffeur personal de su padre, Tony Cuozzo, con el susodicho Romano. La situación amagó en acabar a los golpes y el diferendo concluyó cuando Zulemita, una vez puesto a Cuozzo fuera de combate, le exigió al ex director de la Side, Juan Bautista Yofre, que le cediera su frac a Romano, exigencia a la que Yofre no tuvo más remedio que acceder. La cristiana ceremonia exacerbó la vertiente consumista de la "primera damita", quien atacó las boutiques de las elegantes vías Frattina y Condotti, siempre escoltada por la dupla Serrano-Romano. Recorrió los locales de Gian Franco Ferré y Valentino descartándolos por demasiado sobrios, pero la locura se le desató en los cuatro locales de Gianni Versace, extasiándose con su línea *Versus*, paradigma del estridente gusto del diseñador calabrés. Renovar su vestuario le insumió a la hija del presidente argentino tres horas y un desembolso que habría rondado, según algunas confiables infidencias, los 200 mil dólares. "Por discreción y para evitarse fatigas innecesarias, hizo enviar las compras directamente al hotel, excepto una campera de cuero negro que usó para combatir el frío incipiente del atardecer. Camisas de 200 dólares, pantalones de 300 y camperas de 400 dieron lugar a la «shopping tómbola», deporte practicado por los miembros de la comitiva en el bar del hotel *Excelsior* de Roma y cuyo fin era llegar al monto justo de las compras de la hija del presidente", escribió prudente el enviado especial de *Caras*, Andrés Bruzzone. Durante esa misma visita al mundo de Versace, Albert, uno de los vendedores de la casa, solicitó a Zulemita que transmitiera al secretario de su padre, Ramón Hernández —otro habitué del diseñador—, que las camisas de la última colección encargadas por Guillermo Cóppola viajarían en el avión presidencial.

Pero no todas han sido flores para Zulemita por sus actuaciones como "primera damita" argentina. Durante el último viaje a España, en marzo de 1994, el Palacio de la Zarzuela se llenó de reproches porque mientras la reina Sofía y la infanta Elena recibieron a Menem vestidas "casual", en trajes de calle, Zulemita apareció con un grave maxitapado violeta que casi se arrastraba por el suelo. En otras dos reuniones se repitió el error: la hija de Menem de largo y doña Sofía bordeando la minifalda. Esto bastó para que la prensa especializada calificara a Zulemita de "carroza" (vieja) y dado que las reglas del protocolo las fija la anfitriona, se consideró que la equivocación era responsabilidad argentina. Más precisamente de la costurera Elsa Serrano, encargada de ataviar a la niña. La diminuta modista se lavó las manos y oficialmente acusó a Protocolo por no haberle indicado cómo irían vestidas las primeras damas españolas. En la intimidad su versión fue distinta: la culpa habría sido de la propia Zulemita, quien se habría hecho lipoaspirar sus extremidades poco antes de viajar, y como tenía las piernas vendadas no había más remedio que vestirla de largo.

Caprichosa y rehén de la convulsa relación entre sus padres, ninguno de sus progenitores niega nada a Zulemita, mientras ella no termina de encontrar un eje ni siquiera como mujer. Entre los cercanos al poder menemista abundan las apuestas sobre lo difícil que —sospechan— le resultará a la benjamina de la familia encontrar marido. Ignorante de estas especulaciones, ella no se hace problemas y sigue abocada a lo que más le gusta: divertirse. Convencida de que sus privilegios son de auténtico origen teocrático, durante su última estadía en Las Leñas, acompañada por su madre y su hermano, más de uno la escuchó decir que "deberían subir los precios" porque "aquí está viniendo demasiada gente".

El joven Casanova del subdesarrollo

La historia oficial cuenta que Zulema María Eva y Carlos Facundo fueron el alimento espiritual que impidió a Menem quebrarse durante su cautiverio en épocas de la dictadura militar. Menos fantasiosa, la historia de estos últimos años muestra a "los chicos" como dos *good for nothing* —gráfica expresión que utilizan los sajones para designar a aquellos que son "buenos para nada"—, consagrados a la diversión por la diversión misma, propensos a los escándalos y a hacer valer su condición de hijos presidenciales, sin mencionar la extraordinaria aptitud que en todo momento han demostrado para el despilfarro. Virtud esta última que, según una investigación de la revista *Noticias,* le cuesta a papá alrededor de 45 mil dólares mensuales (monto cuestionado por algunos entendidos que encuentran que las cifras presentadas por la revista resultan demasiado "benévolas" en comparación con la realidad) que se repartirían entre los 26 mil que necesita Carlitos Júnior y los 19 mil que hacen feliz a Zulemita, considerada por muchos como "la perdición del presidente".

Primogénito varón de un matrimonio sin amor, Carlos Facundo es quien más padeció los constantes zarandeos familiares. Su rol como intermediario entre sus iracundos padres le trajo más de un disgusto, llegando él incluso a ligarse los palos. Por eso, confiesa, aborrece la política, la odia, y sueña con que "papi vuelva a casa". Típico producto de una pareja mal avenida, antojadizo, voluble e inconstante como suelen serlo los vástagos de las duplas conflictivas, Carlos Facundo —igual que Zulemita— conoce al dedillo los talones de Aquiles de sus culposos progenitores y sabe explotarlos en beneficio propio.

De singular parecido físico con su madre —en caso de que algún memorioso recuerde el original de Zulema Yoma—, de quien es el niño de sus ojos y su mejor aliado, fue el último en perdonar a su padre luego de la expulsión de Olivos. Aunque sus rasgos le ganan por varios cuerpos a los de su hermana, Júnior debe luchar contra un físico con tendencia regordete, manquedad que mantiene a raya sacrificándose duro en el *gym* de Liz Fassi Lavalle. De todos modos, estos esfuerzos no impidieron que la pubescente modelo Moira Gough —una Lolita que se califica a sí misma como una persona "no vacía" y sindicada como uno de sus infinitos "flirts"— evocara ante la prensa que cuando lo conoció le espetó a boca de jarro que era "un gordito forro".

Si Zulemita es aniñada, Carlos Facundo, en cambio, ha heredado de su madre el regodeo por las declaraciones crípticas. "En realidad el único que trabaja y se rompe para sacar el país adelante es mi padre y mi madre también, y dos o tres más que lo apoyan a mi padre de verdad", le aseguró a *Noticias* sin dar nombres. "Que cada uno tenga la conciencia tranquila y los que no la tengan el día de mañana se van a arrepentir. Pero, lamentablemente, esa gente basura que rodeaba a mi padre hizo que mi madre se separara (...) ella se encargaba de sacar a la gente mala que estaba al lado de mi papá. Tiene un carácter duro y no se anda con vueltas."

Oficialmente, Júnior se dedica al automovilismo en la especialidad rallies que, como se sabe, es uno de los deportes más caros de practicar. Pero su pasión por las diversiones nocturnas y sus trajinados avatares sentimentales han retrasado su despegue olímpico. Zulema siempre se ha quejado de que Buenos Aires le hizo mal a sus hijos que ya no son lo que fueron. "Ella —por Zulemita— era un ángel y me la cambiaron. Como a Carlitos. Yo quiero a Carlitos deportista", denunció a comienzos de 1994 dando a entender que su varoncito se había dejado tentar por otro tipo de ejercicios.

No obstante su falta de profesionalidad, el muchacho, según el vehículo que utilice, consigue siempre sponsors de primera línea: *Alba*, *Páginas Doradas*, el *Grupo República*, *YPF* o *Sevel*. Como sus pretensiones no conocen límites, en 1993 importó de Londres el *Ford Escort* que pensaba conducir para el Rally Mundial de Argentina, en el que no llegó a clasificar. El autito aterrizó en Ezeiza junto con dos mil kilos de repuestos y cuarenta llantas. Una nadería.

Su último chiche es un helicóptero *Bell* que pesa 1500 kilos y que ha sido valuado entre setecientos mil y un millón doscientos mil dólares, pero que luego de las elecciones del 10 de abril, y al parecer por sugerencia paterna, ha dejado de utilizar para cualquier cosa como lo hacía antes. Su consagración como piloto ocurrió en Anillaco, durante el último festejo del cumpleaños de su padre como presidente. Ante quinientos invitados que no tuvieron más remedio que aplaudir sus acrobacias aéreas y haciendo gala tanto de imaginación como de consideración hacia el prójimo, Júnior no encontró nada mejor que aterrizar —levantando la consiguiente polvareda— a pocos metros del lugar donde los parrilleros, desde hacía diecinueve horas, preparaban el asado del aniversario presidencial.

"Para qué voy a estudiar si no lo necesito", suele ufanarse el muchacho cuyos constantes alborotos le han valido el mote de "maraca" en alusión a ese objeto musical hueco, ideal para marcar el ritmo pero que cuando lo sacuden "no tiene nada adentro". Su ignorancia de la materia Instrucción Cívica, sobre todo, lo ha llevado a suponer que lo suyo, es decir, sus privilegios, son hereditarios. "Mi mamá podría ser gobernadora de La Rioja", ha declarado, dejando entrever que para él, su provincia natal es un feudo. "No pasen, esto es área presidencial", amenazó al juez a cargo del escándalo de los "autos truchos", Enrique Lotero, cuando éste allanó las oficinas de la agencia *Auto House* —propiedad de Cacho Steimberg, y en uno de cuyos galpones Carlitos preparaba entonces sus vehículos de carrera—, poniendo de manifiesto una vez más sus democráticas concepciones.

Cuenta Horacio Verbistky que Emir Yoma "reconvino a su sobrino Carlos Menem por sus exhibiciones de riqueza, que incluyen un helicóptero de un millón doscientos mil (dólares), un crucero de un millón ochocientos mil, un restaurante y un taller en Acasusso por otro millón y medio, y refacciones por un millón doscientos".

—Haga lo que haga igual van a hablar —se defendió el joven heredero de la dinastía.

—No es cierto. Si no te mostrás no hablan nada —replicó Emir Fuad Yoma.

"Así de simple", concluyó Verbitsky.

Sus caprichos y extravagancias tampoco conocen límites. En 1992, ya que andaba corriendo carreras por la zona, se presentó de improviso —y vestido como si saliera del río Reconquista— en el palacio del rey Fahd de Arabia Saudita, donde papi había recalado en busca de inversores. El 18 de julio de 1989, un mes después de asumir su padre como presidente de la República, el muchacho se cayó de su motocicleta en la ruta nacional 38, a 150 kilómetros de Córdoba, destrozándose una pierna. Trasladado a los Estados Unidos en el avión particular que puso a su disposición el empresario Carlos Bulgheroni, hubo de ser operado. Comentarios posteriores dieron a entender que de paso habría sido sometido a una terapia que le despejara un poco la cabecita. El accidente dejó sus secuelas y la rehabilitación del miembro le tomó dos años.

Al igual que Zulemita, Júnior vive rodeado de un nutrido grupo de guardaespaldas. "Unos auténticos fascinerosos" según algunos allegados a su padre, a quienes les corresponde sacarle las castañas del fuego en la mayoría de los alborotos en los que los hermanitos suelen verse envueltos, generalmente con la prensa. "El único gesto de amabilidad de Carlitos hacia el periodismo —recordó el periodista Hernán López Echagüe en una nota en *Página/12*— sucedió en junio de 1992, durante el Rally de Nueva Zelanda. El hijo del presidente enfrentaba el último tramo de la competencia cuando de sopetón se encontró con un temerario camarógrafo plantado en el medio del camino. Le pareció más sensato esquivarlo y fue a dar contra un árbol."

Unos meses antes de ese gesto gentil, en la madrugada del 27 de enero de 1992, "los chicos" presidenciales acompañados por tía Amira y la periodista Marilú Giovanelli —por entonces vocera oficial de Zulema Yoma— festejaban en la discoteca del *Hotel Hermitage* de Mar del Plata. Antes que la custodia del nene entrara en acción y le arrebatara a Marcelo Escayola, fotógrafo de *Editorial Perfil*, un rollo con tomas de la familia reinante, entró en acción Giovanelli, quien con evidentes signos de hipertensión y sin tomar en cuenta las consecuencias que un encontronazo físico podían tener para su reciente cirugía de nariz, trompeó violentamente a Escayola al grito de: "A la nena no le vas a sacar una foto, hijo de puta". Primero de los hijos en abandonar el nido materno de Posadas, Júnior se compró en 1992 un dúplex en Belgrano dejando la decoración en manos del arquitecto de la familia, el infaltable Alberto Rossi. Los problemas comenzaron cuando el consorcio objetó las reformas emprendidas y uno de sus "fascinerosos" golpeó impunemente a un inquilino.

Tampoco se reveló atinado en la elección de sus amistades. Durante un tiempo se pegó, cual perrito faldero, al tristemente notorio Guillermo Cóppola, uno de los mejores amigos de Ramón Hernández, secretario privado de su padre. Quienes alardean de entender los vericuetos de la psiquis presidencial aseguran que aunque Carlos Saúl Menem no es un dechado de sensibilidad, pocas veces se lo vio tan preocupado como por la proximidad de Cóppola con su primogénito. Conocedor de las inclinaciones del festivo empresario, ésta habría sido una de las poquísimas veces en que el presidente le bajó el pulgar a un capricho de su vástago, negándose durante largo tiempo a recibirlo públicamente.

Tal como lo que mamó en su hogar, su vida sentimental se nutre de escándalo y violencia. Sus romances no conocen la intimidad, y sus atracciones y distanciamientos ocurren a la vista y paciencia de todos, particularmente de la prensa, teniendo siempre la misma sede: alguna discoteca de moda. En octubre de 1991, Gonzalo Martínez, reportero de *Ediciones La Urraca*, intentó fotografiar al hijo presidencial divirtiéndose en *New York City*. "Con un simple chasquido de dedos —escribió López Echagüe— ordenó (Júnior) a sus custodios que se ocuparan del infortunado fotógrafo; los tipos se incorporaron de un salto y a los gritos le exigieron a Martínez que entregara el rollo; Martínez se opuso y Carlitos perdió definitivamente la calma. «Sáquenle el rollo. Yo decido quién y cuándo me toma fotos. A mí no me prepotea nadie. Si yo no quiero fotos, no hay fotos.» Y no hubo fotos desde luego."

Las mujeres le gustan jóvenes, bellas y famosas. Requisito que hasta ahora han cumplimentado personajes como la tenista Gabriela Sabattini, con quien fueron vistos juntos bailando en *New York City* y tomando helados en *Freddo*. "Me parece que es una persona excelente con la cual nos divertimos mucho. El tiempo dirá", reveló Gaby que aprovechó para elogiar al papá de su galán: "como persona es un tipo bárbaro. Creo que también es un buen gobernante que está haciendo todo lo posible para sacar al país adelante".

Fue Menem el encargado de anunciar a la prensa el noviazgo de su hijo con la rubia Ana Sol Vogler, salteña y periodista de ATC. Devenida primero cronista deportiva por expreso pedido de Carlos Facundo y ascendida más tarde a presentadora del noticiero del canal estatal, Ana Sol compartió la tarea con la dueña temporaria del corazón de su suegro, Leila Aidar, coincidencia que motivó que al informativo se lo bautizara "Grande Pa, porque están las dos hijas de Menem".

También aquí Carlitos logró producir su tumulto de cada novia cuando un día que fue a buscar a Vogler —mientras ella lo hacía esperar porque estaba arriba con su novio oficial—, descubrió a los reporteros de *Gente* esperándolos en la puerta de la casa de la presentadora en Charcas y Serrano. Júnior entonces volvió a buscar a sus custodios y se paró delante de la puerta del auto de los cronistas trabando la salida. Entre irónico y enojado, anunció "vengo a invitarla a tomar un café y no van a sacar ninguna foto de nosotros. Y ya sé cómo es esto y no quiero que termine mal...", y obligó al fotógrafo a poner la cámara en el suelo. Hizo subir al auto a la rubia reportera —a esa altura aterrorizada— y arrancó veloz. Los guardaespaldas detuvieron al fotógrafo y amenazaron al chofer para que no los siga. "¿El Estado les paga el sueldo a los guardaespaldas del hijo del presidente para impedir que le saquen fotos en la calle?", se preguntaba esa semana un editorial de la misma revista.

Joven Casanova del subdesarrollo, el repertorio femenino de Júnior es extenso y, seguramente teniendo en cuenta que es el hijo del presidente de la República, es raro que una ex se pronuncie en su contra. Con la modelo Carolina Fernández Balbis se siguen hablando por teléfono y ella lo describe como "un chico muy humano y cálido" a cuyo lado, por primera vez "sentí el calor de un hombre protector. Me sorprendió como un verdadero caballero. Nunca lo voy a olvidar porque fue una persona diferente que se ocupó de mí todo el tiempo". La modelo devenida animadora de televisión se vio envuelta a mediados de este año en un asunto de cocaína del que logró salir airosa.

Con Claudia Schiffer sintió que tocaba el cielo con las manos y olvidó por unos días a su novia de entonces, la gentil María Vázquez. La modelo top alemana puede ufanarse de haberle despertado una de las pocas aspiraciones útiles que parecen haber caracterizado la vida de Júnior: aprender inglés. El tiene a su favor haberle enseñado a montar a caballo. Las fotos lo mostraron llevándola en la grupa por la residencia de Olivos, mientras ella simulaba pegarle en la espalda y él, cariñosamente, le devolvía el ataque con cachetaditas hacia atrás.

Tan intenso como meneado resultó su romance con María Vázquez, hija de Jorge Vázquez, ex embajador argentino en las Naciones Unidas, al que la chica puso fin asfixiada por el paternalismo machista del heredero árabe. Meses más tarde, harta de la corrupción, acabó confesando públicamente su voto por el "Chacho" Alvarez. Escoltada permanentemente por los guardaespaldas de Júnior, uno de ellos incluso se anotó en su curso de Ciencias Políticas en la Universidad de Belgrano, aunque con poca fortuna ya que no logró aprobar el año. Esto obligó al Otelo presidencial a asignarle otra escolta menos ágrafa, capaz de seguirla en los cursos superiores. Atada a su novio por un *Movicom*, el tole-tole final ocurrió a fines de 1993 y el detonante fueron unas fotos de María en bikini.

A comienzos de enero, desasosegado por la ruptura, Júnior puso proa a Punta del Este en busca de olvido. Instalado en el balneario, Carlos Menem Jr. jamás imaginó que un traspié de tipo nocturno-pugilístico lo pondría fuera de combate en el reducto más "in" de la fiesta menemista. Aquel jueves 6 de enero, Júnior inició su jornada seguido, como es habitual, por dos autos que transportaban a sus *guardia de corps*. El mismo, al mando de una poderosa camioneta *Nissan* negra dotada de un equipo de música que hubiera hecho palidecer de envidia al disc jockey más avezado, se abocó a gozar de la diversión en sí misma. Practicó jet ski y enfiló luego hacia Punta Piedra, directo a la estupenda casa —obra del *fashion* arquitecto Mario Conío—alquilada por el conocido manager de modelos Ricardo Piñeyro. Llegado al lugar Júnior abrió de par en par las puertas de su vehículo e hizo sonar una serenata de cumbias que culminó en un bailongo callejero al que adhirieron curiosos y curiosas pero no las chicas de Piñeyro.

Por la noche se instaló en el VIP conocido como *El Cielo* de la megadiscoteca *Space*, y su humor se fue tornando cada vez más negro en cuanto divisó a su ex novia oficial bailando animadamente con alguien que no era precisamente él. La batahola comenzó cuando acusó a un fotógrafo y a una productora de modas de la revista *Gente* que se dedicaban a retratar modelos, de querer hacerle fotos a él. Unas horas antes que su papá aterrizara en Punta del Este para asistir a la inauguración de la casa de Bernardo Neustadt, Júnior volaba por el aire para asestar una patada en el estómago del fotógrafo Henry Von Wartemberg —sobrino de Constancio Vigil—, a quien retenían dos de sus custodios. Wartemberg y la productora Inés Hernández denunciaron ante la Justicia las agresiones recibidas y el robo de la cámara del fotógrafo que quedó en poder del heredero presidencial. El juez uruguayo, haciendo caso omiso del rango del agresor, lo retuvo incomunicado durante cuarenta y ocho horas. "Allá será el hijo del presidente, pero aquí es un turista más", se jactó ante la prensa la policía oriental.

"El hijo del presidente no tiene coronita, que se la banque", fue la primera reacción pública de Menem padre a su arribo a Punta del Este y optó por no visitarlo. Mientras en *Il Greco*, el café de Gorlero que nuclea algo de la nueva clase política y sus alrededores, sus habitués bromeaban sobre el episodio: "Esto pasa porque Carlos Corach no veranea en Punta", argumentaba el periodista Guillermo Cherasny.

—¿Por qué, es amigo del juez?

—No, viejo, no necesita. Simplemente lo hubiera ascendido a camarista y Carlitos ya estaría libre.

Antes de ponerle fin a su estadía de veinte días en Punta del Este donde, además de continuar procesado, sus gastos —según *Noticias*— alcanzaron los veintiséis mil dólares entre el traslado de su camioneta *Pathfinder* y dos jet ski, salidas nocturnas e invitaciones, Cupido le disparó otra flecha y Júnior "copó" el corazón de la brasileña Leila Schuster, Miss Brasil. Llegada para participar en el concurso Miss Punta del Este, Leila, de 21 años, adquirió cierto temporario renombre —tan efímero como el romance con el hijo presidencial— por el ataque de histeria que le provocó quedar segunda en la competencia —pisoteó coronita y ramo de flores— al considerar el jurado que su exuberante humanidad atentaba contra el aspecto elegante que requería el torneo.

Si en enero Júnior la emprendió contra la revista *Gente*, en febrero la barahúnda la organizó su hermana Zulemita en Pinamar y sus víctimas fueron los enviados de *Caras*. Júnior recaló en la misma playa que su hermana, pero ya más calmado se dedicaba a repartir remeras estampadas con idílicas leyendas oficialistas: "Menem 1995. Argentina te amo" sobre el pecho, y "Menem, cada día te quiero más" en la espalda.

Los hechos se desarrollaron a la salida de la discoteca *Ku* cuando un fotógrafo de la revista *Caras*, Julio Sanders, intentó tomar unas fotos de la hija presidencial que habían sido previamente pactadas. Al intentar acercarse a la joven, los custodios corrieron hacia ellos y uno, dirigiéndose al periodista, le espetó: "Te vamos a reventar si seguís molestando". Tras las gentiles palabras del guardaespaldas, la benjamina de los Menem se dirigió hacia su camioneta *Isuzu* de color rojo y protagonizó la segunda parte del episodio: puso en marcha el vehículo, maniobró hasta ponerlo perpendicular al automóvil de Sanders y lo chocó en la puerta. "Sonriente —aunque no se sabe bien por qué—, con los festejos complacientes de parte de quienes la acompañaban —relató el diario *Crónica*—, la hija del Primer Mandatario partió raudamente para perderse en la noche del balneario." Los periodistas realizaron la correspondiente denuncia en la comisaría 1ª del balneario, e iniciaron acciones por "agresiones". Al día siguiente, en el programa que Mauro Viale conduce por ATC, Zulemita negaba haber estado presente en el entredicho mientras una amiga suya, Elsa Gabriela Giay, denunciaba en la misma comisaría que mientras paseaba en la camioneta propiedad de la hija presidencial acompañada por un joven abogado de apellido Apostolo, un automóvil Fiat Uno se les cruzó en la calle impidiendo su paso y "al frenar y dar marcha atrás embistió al rodado. Al bajar y solicitar documentación del vehículo, el mismo se dio a la fuga".

Entrevistada por *Crónica*, Zulema se confesó "agobiada" y viviendo "un estado de estrés permanente". "Mis hijos son muy buenos, muy humildes. No entiendo qué les pasa (…) ¿Cómo estoy yo? Con el corazón destrozado. No concibo que mis hijos estén así, provocando este tipo de situaciones, siendo protagonistas con el mal ejemplo".

El desgaste del verano, y algún parate recibido después del aluvión de votos en contra del 10 de abril de 1994, parecen haber calmado los violentos ímpetus de los vástagos presidenciales. Además de un profesor de inglés, Júnior contrató un asesor de imagen, Charly Burgin, quien le controla los modales y le ahorra el trabajo de realizar los contactos femeninos. Fue Burgin el responsable de presentarlo con su último amor, la colombiana —rubia— Xiomy Xibille, integrante del grupo infantil *Nubeluz*. A Zulemita, en cambio, la televisión la mostró visitando a los niños del Hospital Garraham.

La princesa de Nonogasta

La falta de flexibilidad de las leyes de la época impidieron que Amin Yoma y Chaha Gazal, los padres fundadores de la dinastía Yoma, llamaran a su hija menor Amira —"princesa" en árabe—, por lo que hubieron de contentarse con el más corriente Amalia Beatriz. Consentida por sus infinitos hermanos de quienes la separan bastantes años ("es como una madre para mí", suele asegurar cada vez que se refiere a Zulema), Amira reconoce que su cómplice, compinche y además consuelo de las horas amargas es su sobrina Zulemita de la que se enorgullece por el parecido físico que las une.

Los mimos que le prodigaron y la falta de límites a que la acostumbraron los Yoma, convencieron a Amira de que lo de "prince-

sa" iba en serio. Una de sus máximas aspiraciones fue la de deve-
nir una estrella de sociedad, meta que concretó efímeramente
cuando el desconocido clan de Nonogasta (en Djumeier, Siria, tierra del patriarca de la familia, hay 22 mil habitantes de los cuales
seis mil se apellidan Yoma) accedió al poder, merced al cambala-
cheo familiar a que se vio obligado el presidente electo para lograr
que su irascible ex esposa se prestara al juego de la pareja feliz.

Musulmana y afiliada al partido Baas*, la princesa vivió quince
años en Siria e inició su carrera hace más de dos décadas oficiando
de secretaria de su cuñado, entonces gobernador de La Rioja. Sin
embargo, hoy se dice justicialista, aunque se niega terminantemen-
te a hablar de política lo que hace sospechar que parte de su cora-
zoncito sigue con el sui generis estatismo baasista.

Fanática de los perfumes, las joyas —en sus manos lleva tres
anillos de diamantes—y las pieles —las fotos suelen mostrarla con
un visón blanco que erizaría la pelambre del ecologista más pinta-
do—, la cuñada presidencial también se destaca por ser una danza-
rina árabe sin par. Hasta el Yomagate la modista oficial, Elsa Serrano, le diseñaba todos los vestidos. Siempre en colores vivos y
con un cierto toque árabe aunque, según dichos de la propia Serrano, sin que la cotizada costurera cobrara un peso por tan noble tarea. Viajera infatigable, sus tribulaciones con la justicia hicieron
que el gran público se enterara de que en dos años de menemismo
Amira Yoma había acumulado 69 salidas del país.

Poco es lo que queda de aquella muchacha de corta estatura,
pelo negro y tirante peinado hacia atrás, esmirriado corte de cara,
pronunciada barbilla, boca finita, caderas respetables y piernas pesadas, tal como la mostraron —junto a una desabrida Zulema—
unas delatoras y antiguas fotos familiares sacadas a relucir por la
revista *La Semana* en el momento del triunfo de su cuñado. La infinidad de refacciones a las que las más conocidas de las hermanas
Yoma se han sometido durante este último lustro, metamorfosea-

---

* El partido de Baas sirio comenzó con un vago y laico socialismo
abrevado en fuentes nasseristas, concluyendo en una dictadura de tipo
capitalista de Estado que desde 1973 conduce con mano férrea Hafez El
Assad.

ron a Zulema en una réplica de la vedette Alejandra Pradón, mientras que Amira, en cambio, ha quedado convertida en un calco de Connie Seleca, actriz estadounidense de series de televisión como *Hotel*.

"Amira vive en obra", reflexionan quienes la conocen para referirse a la particular disposición para las transformaciones físicas que ha demostrado la cuñada presidencial. Inauguradas a comienzos de 1990 con una lipoaspiración de ancas y una reformulación de la delantera a cargo del doctor paraguayo Rolando Pisanú, uno de los escultores de las estrellas locales, las obras continuaron con una intervención para rasgarle los ojos (a los que desde entonces agregó lentes de contacto verdes), una reconstrucción de nariz y un lifting que la hizo retroceder en el tiempo; operaciones estas últimas que corrieron por cuenta del doctor Ricardo Leguizamón, el mismo que delineó los ojos y los pómulos de su hermana Zulema. Cuando las fuertes tensiones del Yomagate comenzaron a aflojar y ya en vías de ser sobreseída, Amira, aconsejada por la cirujana plástica Cristina Zeaiter (segunda en el staff de José Juri y por cuyas manos también ha pasado Zulema), se puso nuevamente en obra para borrar las marcas que el disgusto había impreso en su delicado rostro. En este caso se sometió a un lipofeeling, tratamiento que consiste en quitar grasa de alguna zona del cuerpo del paciente y aplicarlo en la cara. A juzgar por los flamantes y generosos labios estrenados por la princesa, buena parte del sebo extraído por la doctora parece haber recalado allí.

El mil y una nochesco festejo de los 37 años de la por entonces todopoderosa y arbitraria secretaria de audiencias del presidente de la Nación —el 18 de agosto de 1990, siete meses antes que su estrella comenzara a declinar—, no sólo significó su presentación en sociedad —y la de su nueva cara también— sino que marcó el tono del boato que regiría desde entonces en la corte de Carlos Saúl Menem. Desde los tres gigantescos hombretones bien morenos y tocados con turbantes orientales encargados de recibir y despedir a los invitados en la entrada del Roof Garden del *Hotel Alvear*, hasta el inicio del ágape con Amira bailando árabe con su hermano Emir en medio de globos de colores, nada faltó en esta fiesta —definida como "erótica" por la revista *Gente*— que costó la módica suma de 45 mil dólares y que congregó a 300 invitados, embriones de los neomillonarios de hoy.

"Parece una reina", fue el comentario que deslizó una de las invitadas en el momento en que Amira hizo su aparición en el ascensor principal seguida por la fiel Serrano, dedicada a alisarle cada pliegue de su atuendo. Enjoyada con brillantes de la colección familiar y ataviada con un vestido de encaje regordé bordado en mostacillas y piedras color lila y rosa —creación de Serrano—, transparente en los hombros, con mangas bien cortas que terminaban en ondas pronunciadas y con una falda muy amplia formada por tres capas de taftán de seda natural lila —pedida especialmente por la anfitriona para que ningún obstáculo se interpusiera entre ella y los contoneos de las danzas árabes—, más que una reina Amira se asemejaba, sobre todo por los ojos verdes, a la actriz Merle Oberon actuando de odalisca en technicolor.

Antes de hacer su ingreso a la fiesta la princesa de Nonogasta había visto realizar uno de sus dos más acariciados sueños, ambos producto de una indigestión de lecturas del corazón: vestirse en la misma suite que eligió Susana Giménez el día de su casamiento con Huberto Roviralta. Hasta allí llegaron sus coiffeurs favoritos, Lía y Javier —de la cadena Roberto Giordano—, para hacer gala de sus habilidades como arquitectos capilares. Lo único suave fue el brushing porque al pelo se lo recogieron con un chignon estilo francés bien tirante y con mucho volumen y le armaron un jopo —de esos que los peluqueros denominan "importante"— en movimiento. Su otro sueño, entrar a la fiesta por la misma escalera en que lo hicieran Su y Huber, lamentablemente no pudo ser cumplimentado. La fiel Serrano le hizo notar que los altísimos tacos de sus zapatos forrados de seda natural lila —asimilables a unos *fashions* zancos—, podían jugarle una mala pasada.

Al día siguiente del baile e ignorante de lo que la vida le deparaba, la cuñada presidencial junto a Elsa Serrano —una gentil y devota compañía capaz de arrodillarse para hacerle las maletas—, emprendió viaje a Marbella invitada por el traficante de armas sirio Monzer Al Kassar, para pasar unos días en su fabulosa mansión. "Al Kassar hablaba en árabe con Amira todo el tiempo y jugaban al backgammon (...) ¡Yo me sentía una reina! Al Kassar mismo nos fue a buscar al aeropuerto de Málaga con su impresionante *Mercedes Benz*. ¡Qué auto! Seguro que era a medida, porque era enorme... Color nácar, tapizado con dorado adentro, con flores, champagne... una cosa impresionante", relató oficialmente la modista a la revista *Gente*, aunque por lo bajo hiciera hincapié en la impresión que le había causado el trasiego de hombres armados que circulaban por el palacio.

Casi cuatro años más tarde el mismo Al Kassar se encargaría de desmentir a la diseñadora top del menemismo. En un extenso y lujoso reportaje publicado por la revista *Caras* que el traficante concediera —por expreso pedido de la princesa— a Jorge Marchetti, su último y más oficial novio, Monzer se explayó acerca de la visita que las cuestionadas damas le hicieran en Marbella: "Me vinieron a visitar aquí, al palacio, para pasar tres días con mi familia. Cuando leí que Elsa Serrano aseguraba que yo sólo hablaba turco —así como dice ella— me dio mucha bronca. ¿En qué idioma estamos hablando ahora?".

Para Amira la pesadilla se desató siete meses después del viaje de marras, en marzo de 1991, cuando la revista española *Cambio 16* reveló que el juez Baltasar Garzón investigaba en ese país la vinculación de la secretaria de Audiencias del presidente argentino con una banda de lavadores de dinero del narcotráfico.

La princesa fue entonces protagonista principal del melodrama conocido como *Yomagate*, ese perturbador alboroto que la vinculó al tráfico de drogas y que la eficaz Justicia local se encargó de diluir para siempre. El episodio policial sirvió además para convencer a los argentinos que los términos "política" y "delito" son sinónimos, y sus capítulos, dada la inestable personalidad de la acusada y su singular parentela, mantuvieron en vilo al país. Salvar a la cuñada presidencial le costó al gobierno, además del encono del presidente sirio, promover la detención de Diego Maradona por consumo de cocaína en la convicción de que de esta manera lograría distraer a la opinión pública.

Amores desgraciados y no tanto, lexotaniles e internaciones en clínicas de refacción psíquica y física conforman el grueso de la historia de Amira Yoma. Sus amoríos han sido tan numerosos como dispares y antes de la bendita aparición de su actual pareja, el periodista Jorge "Chacho" Marchetti quien finalmente parece haberla puesto en caja, por el corazón de Amira pasaron —que se sepa— el sindicalista Saúl Ubaldini, el narcosheik Monzer Al Kassar, el empresario italiano Pascual Ammirati, el recluso Mario Caserta y hasta un conocido periodista de la oposición.

A Ubaldini llegó a acompañarlo a España para entrevistarse con el dirigente de la UGT española, el socialista Nicolás Redondo, con la consiguiente desesperación familiar. Cuando la relación terminó, la princesa hizo uno de sus típicos cuadros depresivos y tuvo una fugaz reconciliación con su ex marido.

El empresario italiano —casado— Pascual Ammirati, con quien se habían conocido dieciocho años antes y que, cuentan, tiene un raro parecido con su ex marido Ibrahim Al Ibrahim, mantuvo con ella una relación pacífica pero lamentablemente el flechazo coincidió con el estallido del Yomagate y Amira volvió a quedar sola.

La ex secretaria jamás habló mal de su brevísimo y único ex esposo; más bien lo definió como "un tipo muy dulce" aunque reconoció que le "complicó la vida". El sirio no llevaba dos años en el país, apenas farfullaba algunas palabras en español —iba a "atender vuelo"— y como único antecedente académico esgrimía el título de perito mercantil cuando, el 30 de agosto de 1989, el presidente Menem creó un nuevo puesto en Ezeiza: "categoría C.T.A. 2 de la planta de personal permanente" de la Aduana. El 4 de septiembre el vicepresidente Eduardo Duhalde firmó el decreto designando al perito Al Ibrahim y al pie del texto colocó las iniciales "f.c.a.", Feliz Cumpleaños Amira. La princesa había pedido a Duhalde que apurara el trámite porque era su cumpleaños y quería festejarlo con el nombramiento de su ex marido.

Antes de su divorcio Amira tenía previsto habitar en un petit hotel, valuado en alrededor de 500 mil dólares, en la calle La Pampa, en Belgrano R. La primera decoradora que contrataron, una de las más conocidas y prestigiosas del ramo, recuerda sorprendida que todos los electrodomésticos los importaban de Siria y que la mayoría de las veces los pagos se los efectuaban en dólares, pero en billetes chicos. La relación terminó pronto ("por suerte", evoca la experta que palidece sólo de imaginar que su nombre hubiera aparecido mezclado en el episodio) y luego de que Ibrahim, evidentemente encargado de administrar los despilfarros de su ex esposa, la acusara de haberle cobrado dos veces "la mármol". La profesional se molestó menos por el cargo que por el mal uso del español que hacía el sirio.

El aislamiento en el que la sumergió el escándalo del Yomagate no sólo la llevó ante los estrados judiciales, sino que además le hizo conocer la soledad. Aquellos que la adulaban y perseguían el poder que le confería el estar a cargo de la agenda presidencial, aprovecharon para vengarse del tiránico manejo que de ella hacía y negaron conocerla. Saúl Ubaldini fue uno de los pocos que se le acercó en esos momentos.

Pese a que en reiteradas oportunidades Amira proclamó que nada ni nadie vale el que uno se quite la vida, lo cierto es que la suya es una personalidad que recurre al suicidio ante la menor contrariedad. Desde que el juez Garzón comenzó a interesarse por sus andanzas, trató al menos en cuatro oportunidades de abandonar este valle de lágrimas que, sumados a otros cuatro intentos anteriores, contabilizan unas ocho tentativas de poner fin a su vida en sólo cuarenta años de existencia.

El 2 de febrero de 1991 fue internada de urgencia en el centro *Medicus* de diagnóstico a causa de una exagerada ingestión de Lexotanil. Seis meses más tarde la familia la encerraba en la prestigiosa clínica DITEM, Docencia, Investigación y Tratamiento de las Enfermedades Mentales que dirige el doctor Jorge García Badaracco, luego de que la mucama encontrara una caja de Lexotanil vacía en su mesa de luz. "Es la séptima u octava ocasión en que trata de limpiarse", confió a *Noticias* alguien que conocía su historia clínica. "Era la mejor decisión que podíamos tomar. Ahí iban a cuidarla y tranquilizarla", reconoció su hermano Emir Yoma, que con Jorge Antonio es uno de sus más acérrimos defensores.

"Amira es una chica que sufre mucho. Parece fuerte. Pero es mujer y las mujeres son más débiles. Es muy sensible", la excusó el jefe del clan. "Ella tenía infinidad de nombres en su agenda. A su vez, estaba ella misma en la agenda de infinidad de personas. Por su carácter, creo que la engañaron. La usaron", alegó Emir sin dejar entrever quién era el responsable, si Caserta o Ibrahim: "No sé... quién sabe". En cuanto a Ibrahim, para Emir no pasaba de ser una de "esas cosas que, lamentablemente, ocurren en las familias".

Durante su estadía en la clínica Amira pidió videos en árabe pero no se los pudieron conseguir. Eligió en cambio *La fiesta de Babette* y *El maestro de música* porque "son para pensar", explicó. Entre las visitas que más la animaron se destacó la de Zulemita, que llegó con un ramo de rosas, y la de la jueza encargada del caso, la doctora María Romilda "Chuchi" Servini de Cubría.

Aunque el Yomagate estaba llegando a su fin, le quedaban todavía sinsabores por atravesar. El 9 de marzo de 1993, cuando nada hacía sospechar que la princesa hubiera decidido una vez más poner fin a sus días y habiendo incluso fijado fecha para su boda con Marchetti, Amira, hecha un guiñapo, llegó al sanatorio Otamendi acompañada por su leal novio al que le pedía que no la dejara. Le diagnosticaron una "ingesta de alcohol con tranquilizantes" y el corolario fue un nuevo lavaje de estómago. "Chacho —declararía Amira más tarde— me da su comprensión y toda su paciencia para todo lo que me toca vivir, que no es nada fácil". "Nadie podrá imaginar lo que sufrió Amira con todo esto, ni la impotencia que siento yo cuando la veo, en medio de la noche, con la vista clavada en el techo, llorando", declaró a su vez el prometido, devenido el Job de los Yoma.

"El lunes me reintegro", amenazó en los peores momentos del Yomagate. Sin embargo, ningún periodista acreditado pudo confirmar su vuelta. Casi dos años más tarde, el jueves 6 de mayo por la noche, acompañada por su novio, la ex funcionaria procesada volvió a taconear por los pisos de la Rosada. Fue la primera señal de que sus penurias iban camino de resolverse.

El 13 de abril de 1994, el juez Nerio Bonifatti dispuso el sobreseimiento provisorio de la princesa de los Yoma (el definitivo se lo dictaría la cámara unos meses después). Amira resultó ser una paloma engañada y el papel de malvado le tocó a su ex marido, Ibrahim Al Ibrahim, quien fue detectado poco tiempo antes friéndose al sol del Caribe. Ese mismo día, radiante y con rastros de haberse refaccionado el rostro una vez más —según una descripción del diario *Crónica*—, luciendo un conjunto color crema con un manto de gasa al tono, Amira, con aire más propio de una estrella de cine que acaba de recibir un Oscar que con el de una funcionaria procesada a quien sólo una Justicia complaciente con el poder acababa de salvarla de la cárcel, abandonó Tribunales luego de notificarse de la buena nueva.

"Ustedes, los periodistas, me condenaron, pero el pueblo nunca me condenó", proclamó con tono épico abrazada a Chacho, mientras subía a un vehículo importado a la par que lanzaba una velada advertencia a la jueza Amelia Berraz de Vidal, único magistrado que osó dictarle la prisión preventiva y que rápidamente fuera premiada con un ascenso a la novedosa Cámara de Casación.

A mediados de 1994, la Cámara Federal dictó su sobreseimiento definitivo y los complacidos sirios —que habían retirado su embajador del país— dieron luz verde a la ansiada visita de Carlos Saúl Menem a la tierra de sus ancestros. Aparentemente más feliz que nunca, la insistente princesa volvió a pasar por el quirófano con un inquietante efecto: el de una inédita Amira cuyo labio superior quedó casi enrulado y que confundió hasta al propio Marchetti quien al verla exclamó: "encantado de conocerla".

2.
Corazones en Conflicto.
Un sucedáneo banana
de Peyton Place

La estupefacta opinión pública ha asistido, tan ávida como impertérrita, a la exhibición mediática de infidelidades conyugales y venganzas político-afectivas que suelen derivar en enfrentamientos de conventillo.

"El menemismo corrompe hasta el tamborcito de Tacuarí", escribió acertadamente Mario Wainfeld para describir determinados y peculiares hábitos de estos años, de los que no han escapado siquiera los vaivenes del corazón. Comprobarlo no es difícil. Basta repasar algunos de los muchos, emotivos y pasionales episodios que han matizado la cotidianidad menemista para darse cuenta de que ni el poder ni las riquezas parecen haber contribuido a la felicidad sentimental de los protagonistas de la fiesta gubernamental, cuyas relaciones afectivas suelen estallar en mil pedazos dentro de un escenario que desconoce la prudencia y el pudor.

Modelo de infelicidad conyugal, las desavenencias de Carlos Saúl Menem y Zulema Yoma parecen haber tenido un efecto cascada sobre el resto de los tórtolos oficiales y farandulescos.

La estupefacta opinión pública ha asistido, tan ávida como impertérrita, a la exhibición mediática de infidelidades matrimoniales y venganzas político-afectivas que suelen derivar en enfrentamientos de conventillo. Enfrentamientos en los que se mezclan desde moteles "porno-hard", misteriosas cuentas en el exterior y asuntos de drogas, hasta lavado de dólares con amenazas de muerte, y que han convertido al gobierno de Carlos Menem en el sucedáneo banana de aquel mítico Peyton Place que inmortalizara en *La caldera del diablo* la escritora estadounidense Grace Mitalius.

Mientras ellas se dedican a exteriorizar —casi a manera de catarsis y sin distinción de matices— sus rencores y bonanzas en los medios que les quedan a mano, ellos, inseguros como nuevos ricos y poco convencidos de sus propios valores, buscan rehacer su ego vareando beldades.

Ocupación esta que le insumió buena parte de su tiempo al ex ministro del Interior, José Luis Manzano, quien después de su separación de Nancy Fernández, además de quitarse parte de los 100 kilos que lo acomplejaban y de realzar —cirugía mediante— sus deprimidos glúteos, se convirtió en habitué de las fotos de la farándula, y no tuvo empacho en admitir que llegó a salir —pasear, quizás sería el término más apropiado— con más de 500 chicas "para demostrar que podía".

Versión barrial de la desdichada Emma Bovary, Amira Yoma, hasta que dio con el paciente periodista Jorge "Chacho" Marchetti, no había tenido mucha suerte con el sexo opuesto. Su primer marido, Ibrahim Al Ibrahim, un sirio de nombre capicúa a quien su cuñado, el presidente de la Nación, designara asesor de la Aduana de Buenos Aires, tuvo que huir del país implicado en el Yomagate. Otro de sus galanes, el ex subsecretario de Recursos Hídricos Mario Caserta, hoy entre rejas, más que amarla la convirtió en transportadora de caudales en maletas marca *Samsonite*. Pero antes de embarcarse en el rubro mudanzas, labor que acabó comprometiendo su buen nombre y honor, Amira se había ilusionado cual adolescente con Saúl Ubaldini. El sindicalista, escurridizo a la hora de concretar, generó en la ex secretaria de audiencias del presidente una considerable desazón que fue diagnosticada como "descompensación psíquica" y de la que hubo de reponerse en la clínica Mater Dei.

Cual Lorenas Bobbits vernáculas —en alusión a la manicura ecuatoriana que seccionó el miembro de su marido— menos cruentas pero no por ello menos vengativas, la modelo Raquel Mancini y la cronista de ATC Leila Aidar, apelaron a la prensa para blanquear sus relegadas situaciones afectivas. Vinculada afectivamente a Enrique "Coti" Nosiglia —uno de los duros del

alfonsinismo—, la escultural Mancini logró que durante un tiempo éste trocara el domicilio conyugal por el suyo. Pero esta convivencia no llegó a superar la semana: en cuanto el coordinador detectó la estrambótica personalidad de su querida, se reintegró al hogar familiar aunque sin renunciar a la modelo. La casualidad hizo que tropezaran en la calle la legítima señora de Nosiglia —la economista Nina Ciarlotti— y la aspirante a reemplazarla. Fue Ciarlotti quien tomó la palabra para recordarle a la intrusa que era a ella, la legítima, a quien le tocaba disfrutarlo los fines de semana relajado y junto a los hijos, mientras que Raquel sólo recibía los despojos semanales del cascado coordinador "malhumorado y .
agotado". En reunión de amigas Mancini, evidentemente poco dada a la tragedia, reseñó el encuentro en una sola frase: "Por suerte yo estaba muy bien vestida".

Meses más tarde la modelo recurrió a la revista *Noticias*, donde contó con pelos y señales la relación que la había unido al ex ministro del Interior de Raúl Alfonsín. Haciendo gala de la profundidad de su léxico, Mancini admitió que la inteligencia de Nosiglia "le había dado vuelta el coco". Mezcla de Ivanhoe con el Cid Campeador, el dirigente radical consultado por el mismo medio negó siquiera conocerla.

De origen árabe, Leila Aidar, Miss Argentina 1984, ingresó primero como cronista rasa en ATC, pero luego de pasar un fin de semana en Anillaco junto al presidente de la Nación logró un meteórico ascenso que la catapultó a reportera viajera. Enviada a cubrir la gira de Menem por España, en julio de 1992, nadie la vio trabajar nunca pese a haber sido testigo de la repartija de "menemtruchos" con que el inefable Gostanian se entretuvo en el lobby del hotel *Palace* de Madrid. Sin embargo, no fue ésta su única tarea. Aidar fue una de las pocas que continuó la gira al frente de guerra serbio-croata junto al presidente de la Nación, dando pábulo a que se rumoreara que la difícil cobertura periodística tornaba indispensable su presencia. A su vuelta una cirugía no demasiado perfecta le desniveló un ojo y la retiró un tiempo de la pantalla.

Víctima también del "efecto Bobbit", en el verano de 1994 la beldad oriental —pudores aparte— se explayó en una extensa y colorida nota en la revista *Caras* sobre la relación que la unió durante largos meses con el presidente de todos los argentinos. El romance se concretó a través de innumerables visitas vespertinas a la Casa Rosada que, amén de depararle solaz y esparcimiento al atareado mandatario, a ella le valió —en homenaje a su destreza amorosa— un valiosísimo anillo también exhibido en la nota de marras. El episodio no fue desmentido ni por el propio interesado ni por alguno de sus ocasionales voceros.

A quien no conformó la franqueza de la ascendente cronista fue a la señora Zulema Yoma: "Lo de esa señorita son bajezas. Son porquerías. Yo sólo hablo de cosas importantes", graznó la ex primera dama cuando le preguntaron su opinión sobre las confesiones de la muchacha.

De vendetta sentimental puede catalogarse la revancha que imaginara la millonaria italiana Renata Ciccioni, como represalia por el abandono de su ex marido, el ingeniero Vittorio Orsi. Este último la canjeó por la más fresca Eva Dominika, veinte años menor que Orsi y anterior esposa del secretario de Medios de Comunicación, Raúl Burzaco.

A sabiendas de que su ex estaba enfrentado al Gobierno* y pasando por alto las épocas en que juntos compartían su desconfianza por el "play boy árabe" —según lo apodaba el ingeniero—, la rencorosa Renata no encontró nada mejor que organizar un asado para apoyar la reelección presidencial. El 27 de marzo de 1983, en su estancia de Carmen de Areco se dieron cita, además de Menem, buena parte del cuerpo diplomático, incluido el embajador italiano Claudio Moreno, gran amigo del presidente de la Nación. Pocos meses más tarde Claudio Moreno daría con sus huesos en la cárcel romana de Regina Coeli acusado por los jueces del operativo "Mani Pulite".

Cuando el helicóptero presidencial aterrizó en la estancia, decidida a sorprender a Menem, la Ciccioni había alterado las leyes de aeronavegación internacional: la manga que indicaba el senti-

---

* Como secretario de Planificación, Orsi fue uno de los primeros en cuestionar ciertos manejos turbios con los créditos que venían de Italia.

do del viento llevaba los colores celeste y blanco, además del rojo y blanco correspondiente. "A Menem le gustó muchísimo ese
gesto y dijo que se sentía enormemente halagado por la original
idea", se enorgulleció la dama ante el estupefacto periodismo.
Orsi tampoco se quedó callado: "Mientras estaba conmigo compartió mis críticas al gobierno. Nunca fue amiga de Menem, aunque lo conocía. Y jamás estuvo de acuerdo con la reelección",
declaró poniendo el dedo en la mal cicatrizada llaga de Renata.

Pero no sólo de Lorenas Bobbits se nutren estas lúdicas épocas. También abundan las émulas de Lucrecia Borgia —locales,
claro—, como la que le cayó en suerte a un prometedor político
del oficialismo estrepitosamente derrotado en capital durante las
elecciones del 10 de abril, y quien a causa de sus largos amores
con su temible secretaria, no pudo —hasta ahora— acceder a un
Ministerio. La muchacha —que inició su carrera machacándole
el alma a un reputado senador radical— se convirtió a lo largo de
casi cuatro años en la responsable de manejar el celular de su jefe, artefacto de inapreciable utilidad a la hora de dirigir a funcionarios y jueces disponiendo traslados y sugiriendo —es un decir— fallos judiciales. Los despistados fotógrafos que los
registraron haciendo compras de Navidad hubieron de inutilizar
sus placas luego de que un llamado "de arriba" prohibiera su publicación.

Morochita y treintañera, eficiente y rápida como el rayo, y co-
nocedora como pocas de los talones de Aquiles del menemismo,
los numerosos enemigos de esta hábil mendocina no la consideran "demasiado agraciada, pese a que se echa encima más ropa
que Adelina, lo cual no es poco". Sin embargo, agregan com-
prensivos que, "de todas maneras, para la Casa de Gobierno está
muy bien porque allí son todos oscuros".

La concupiscencia que tanto desvela a Juan Pablo II estuvo en
el origen del secuestro de tipo sexo-afectivo padecido por el gobernador de San Luis, Adolfo Rodríguez Saa, a manos de su
amante Esther Sesín, alias "la Turca", y de su novio Alejandro
Salgado, pocas horas después de haberse pronunciado en contra
de la reelección presidencial.

El episodio se reveló como uno de los más sofisticados del

Kamasutra nacional y culminó con el primer mandatario puntano protagonizando una película del género "pornohard". Amordazado y maniatado en la habitación número 1, "La Colonial", del hotel alojamiento *Y... no C**, el jefe del gobierno de San Luis fue grabado en video junto a su amante, quien se entretenía introduciéndole un objeto fálico en su viril trasero mientras lo obligaba a aspirar un polvo blanco que yacía sobre su abdomen.

"El Adolfo", como se lo conoce por sus pagos, intentó al principio darle al episodio una connotación de secuestro político y en su relato se guardó bien de contar sus peripecias dentro del motel. Pero visto el escepticismo con que fueron recibidas sus denuncias, —"desde el principio me pareció muy confuso", declaró Menem—, el mandatario volvió sobre sus dichos. Rodríguez Saa reveló entonces detalles de su calvario y avanzó sobre su amiga y amante, acusándola no sólo de no haberlo defendido sino de ejecutar al pie de la letra las poco ortodoxas órdenes que le impartían sus secuestradores: "Ponéte así, negra, agarrá el consolador... ponelo ahí".

Psicóloga, 43 años, separada y madre de tres hijos, Esther Sesín llegó a ser uno de los personajes más populares de San Luis. De una típica familia de clase media, su hermano Juan Domingo es juez de Cámara en Córdoba y su padre, el ingeniero Domingo Sesín, fue presidente de Vialidad de la Provincia. "La Turca" debe su desenfrenado temperamento a la rigidez educativa que le impuso su progenitor. Pero su casamiento con el ingeniero Terre le permitió dar su primer paso hacia la liberación: la revancha se la tomó el mismo día de su boda ya que, sin cambiarse el vestido de novia, Sesín se dirigió a *Yuqueri*, el boliche de moda de fines de los sesenta, y bailó por todos los años en que se lo habían impedido.

El vertiginoso ascenso social de "la Turca" comenzó en 1985 cuando, durante la campaña electoral, y merced a una incursión en el periodismo, conoció a "El Adolfo". El providencial encuentro se tradujo en un importante incremento de sus bienes. Se compró un

---

* El hotel alojamiento es propiedad de Juan Carlos Carbonari, a quien su intimidad con el gobernador le valió que el gobierno le financiara la construcción del motel, valuado en un millón de dólares y considerado una de las mejores "obras públicas" de la provincia.

departamento, alquiló la casa paterna al Ministerio de Acción Social, integró el directorio de la Caja Social con un sueldo estimativo de cuatro mil dólares y embriagó a su entorno con fragancias varias, tan caras como trilladas, del tipo *Carolina Herrera, Montana* o *First*. Su muñeca pasó a lucir un *Rolex* auténtico y colgó sobre sus hombros un tapado de piel de zorro de Groenlandia que desveló al establishment de San Luis cuando la escuchó decir: "me lo regaló el Jefe".

A medida que pasaba el tiempo, su influencia sobre "El Adolfo" se hizo cada vez más notoria. En el mejor estilo de las favoritas de los poderosos, "La Turca" logró que un tramo de la ruta provincial número 3 fuera bautizado con el nombre de "Ingeniero Sesín" y hasta se animó a publicar en el *Diario de la República*, propiedad de la familia reinante, Rodríguez Saa, un saludo de cumpleaños para "El Adolfo" escrito por ella en clave.

Erotómanos con inclinaciones exhibicionistas, los Rodríguez Saa/Sesín edificaron su unión sobre bases sadomasoquistas. Quienes los frecuentaron aseguran que lo de ellos era una atracción muy fuerte que iba "más allá de lo sexual". El dependía psicológicamente de ella, y ella, recurriendo a su vez a la literatura universal, se definía como la sufrida de *El reposo del guerrero* de Christian de Rochefort. Sin embargo, los increíbles vericuetos de la historia permiten suponer que en este caso era a ella a quien correspondía el rol del guerrero.

Quienes sí pudieron solazarse con la vista de sus acrobacias amatorias fueron los pilotos del avión de la gobernación, uno de los escenarios preferidos por la dupla para efectuar sus demostraciones. La propia Turca se encargaba de abrir la cortina de la cabina azorando a los pilotos que llegaron a declarar que "ella lo hacía intencionalmente para que lo viéramos todo".

Turbulenta y alborotada, Esther Sesín fue finalmente víctima de su propia incontinencia verbal. Así como no vacilaba en jactarse de ser la amante del gobernador, también se encargaba de poner en duda su virilidad. Sus tribulaciones comenzaron cuando alguien la escuchó decir que "el negrito había perdido la virilidad" y "El Adolfo" se enteró. Ni corto ni perezoso, "el negrito" la retiró de la dirección de la Caja Social y la pasó a un oscuro cargo en la Legislatura. Despojada de todo su poder, conoció a Alejandro Salgado, su último novio, quien llegó a su vida en el momento justo para ayudarla en sus deseos de venganza. Y aunque el rocambolesco episodio en el motel la envió a la cárcel, fue liberada unos meses más tarde, de manera que los puntanos la contarán nuevamente entre ellos.

Si a algunas de estas yuntas las malas pasadas se las jugó el sexo, en otras se mezclaron infidelidades con cuentas bancarias. En 1980 Oscar Lescano era capataz en Segba. Doce años más tarde, el robusto y maduro sindicalista, convertido en secretario de la CGT y con un sueldo reconocido de 1.500 pesos, no tuvo empacho en mostrar a la prensa el anillo de brillantes que le regaló a su segunda ex esposa, la agraciada cuarentona María Liliana Bassino, Marilí para los íntimos. Vana galantería puesto que la pasión que los había unido culminó con Marilí iniciándole a su benefactor una querella penal por estafa —en la que lo involucró a él y a once personas más—, infidelidad y malos tratos. En su confesión a los medios Lescano prefirió no opinar sobre la estafa, pero negó lo otro: el adulterio y los golpes.

"Yo la quise mucho a Marilí, dejé una familia con siete hijos por ella. Pero no me arrepiento", se justificó luego de reconocer que su señora, la mamá de su prole, murió de cáncer al mes del abandono. Con tal de enredarlo Marilí no le perdonó nada. Haciendo caso omiso de su magro sueldo como empleado de Luz y Fuerza, ella se encargó de que todos conocieran el tren de vida que llevaban: el departamento que tenían en la calle Arroyo, las tres veces por semana que el sindicalista descargaba su adrenalina en la ruleta de Mar del Plata, las comidas en la Recoleta —para más datos, en *Lola*—, los viajes a Europa que el propio Lescano oblaba de su bolsillo, amén de haberle obsequiado un módico millón de dólares.

—¿Hizo muchos viajes con ella? —le preguntó Miguel Wiñazki en un reportaje de la revista *Noticias*.

—Y con ella fui al Caribe, pero la Polinesia no la conozco —respondió el sindicalista.

Embarullados en un tema de deudas impagas, acusaciones de mojigatería y un abusivo consumo de *delicatessen* que culminó en un episodio de boxeo, la pareja formada por Julio Carpinetti (ex intendente de Florencio Varela y ex mano derecha del gobernador Eduardo Duhalde), y la rubia y sensual abogada Graciela Giannetassio (ex senadora y Directora de Escuelas bonaerense), culminó en 1988, después de durar un lustro. Tres años más tarde, y a instancias de las rígidas normas morales que guían la conducta del matrimonio formado por el gobernador Eduardo Duhalde y su señora Hilda "Chiche" González, el ex intendente estuvo a punto de ser declarado persona no grata por la legislatura provincial luego de haberle propinado una feroz golpiza a su antigua concubina. Cortesía del matrimonio Duhalde que, con el tiempo, Giannetassio supo agradecer incluyendo la reelección del gobernador Duhalde como materia de estudio entre los niños de las escuelas a su cargo.

Durante la época del pugilato y a tono con un tiempo en que el pudor ha perdido vigencia, Carpinetti utilizó a los medios para ventilar patéticos entretelones de su concluida relación sentimental. Caballeresco, el ex intendente de Florencio Varela enfatizó el hecho de que ella nunca había sido su esposa sino su "amante" y se ufanó de haber logrado quitarle el aire de "mojigata". Emprendimiento en el que resultó exitoso dado los coquetos ronroneos emitidos por la vistosa rubia durante una emisión de *Tiempo Nuevo*. También la acusó de "derrochona" y no mintió. Según algunas versiones periodísticas, en octubre de 1993 las deudas de esta discípula de Sarmiento ascendían a 150 mil dólares, lo que no deja de ser una cifra un tanto abultada para alguien que se mueve en el mundo de los docentes. "Ella no roba. Ella se endeuda y no puede pagar. Pero sigue pidiendo créditos. Cuando la conocí tenía muchísimas deudas. Yo le pagué todo", describió galante su conflictivo ex. "Cuando nos separamos se compró una casaquinta en Florencio Varela de 45 mil dólares y parece que no pagó. El dueño empezó a sacar cartas en los diarios nombrándome a mí y convirtiendo eso en una cuestión política. Entonces, yo le di la plata, pero no mía porque no tenía. Saqué 33 mil dólares adelantados del partido y se los di, justamente porque era una cuestión política", gimió Carpinetti, entre cuyos méritos se cuenta el ser egresado de la Escuela de Arte Dramático.

Pero lo que más irritaba a este actor frustrado era la propensión al despilfarro de que hacía gala su Julieta: "Actuaba como una princesa. Cuando íbamos a comer a algún lado, ella pedía el vino o el champán más caro y tomaba sólo tres sorbos. Pedía el plato más caro y apenas comía un langostino. A mí eso no me gustaba porque después venía un pobre tipo a pedirme 20 pesos para comer y yo pensaba que ella se había gastado 200 para tomar tres sorbos y dejar el resto de la botella. Yo, en cambio, si gasto esa plata, me tomo toda la botella y lo hago sin culpas, pero no derrocho de esa manera."

La divulgación masiva de los dimes y diretes financieros que jalonaron su relación con la abogada-senadora-funcionaria, obligaron a Carpinetti a sincerar sus cuentas. Juró que siempre tuvo "una posición acomodada" y que era rico desde antes de ser intendente. La lista de sus posesiones, enumeradas por él a la revista *Gente*, revelaron que el hombre tampoco era tan mal partido: una fábrica de ropa en Once, ocho locales de venta al público, cuatro automóviles, un departamento en Libertador y Virrey del Pino, una casa-quinta en Florencio Varela y varias propiedades que liquidó a comienzos de los ochenta para dedicarse a vivir de rentas. "En el 86 —confesó— hice una cosa de la cual me arrepiento: vendí algunas propiedades y puse la plata a interés."

Encargado por el gobernador Duhalde de administrar dinero para la asistencia social, Julio Carpinetti, director del Fondo de Reparación Histórica del conurbano bonaerense, imaginó una aventura llamada "Programa Días Felices" que permitía que niños de escuelas pobres conocieran Mar del Plata en viaje de fin de curso. El organismo dirigido por Carpinetti se hizo cargo de la financiación y contrató con los hoteleros a 10 pesos diarios por chico, comida incluida. El único detalle discordante provino del monto de las facturas que pasó: en vez de los diez pesos acordados fijaban una suma de 300 pesos diarios. Como es fácil de imaginar los hoteleros no lograron cobrar y se quejaron de que los chicos eran más que pobres, "ni siquiera sabían tirar la cadena del inodoro". Carpinetti juró que él no tenía nada que ver aunque admitió al diario *La Nación* que "coimas seguro que hubo pero pocas".

Una misteriosa cuenta de banco en Bahamas y la separación de su marido, el psiquiatra Pedro Menéndez, fueron el detonante de la serie de desventuras que destruyeron la carrera de la doctora Matilde Svatetz. No se sabe si profundamente afectado por la apasionada relación de su ex mujer con un hombre más joven, o simplemente furioso por lo que consideró un latrocinio, Menéndez —ex terapeuta de José Luis Manzano— habría denunciado a su ex consorte en la comisaría 31ª por el retiro de unos fondos de una cuenta en Bahamas en la que se dijo que había hasta tres millones de dólares.

Laboriosa como pocas, a más de uno se le hacía imposible seguirle el ritmo de trabajo en el Pami a la infatigable doctora Svatetz de Menéndez, a quien las diez de la noche solían encontrarla sola y encerrada en su despacho. Esta solicitud fue quebrada un día por su apuesto jefe de ceremonial, el joven Máximo Pérez Catán —dieciséis años menor que su jefa—, quien con tacto y comprensión poco a poco fue adentrándose en la vida de esta mujer hasta entonces solamente obsesionada por el Poder. De oficiar como acompañante en las largas noches de trabajo pasó luego a confidente y, por fin, devino un servicial objeto de amor capaz tanto de procurarle el teléfono celular como de compartir su lecho.

La aguerrida Matilde tuvo que atacar un doble frente cuando, en medio de la tormenta desatada por el descubrimiento de un sistema de "retornos" en el Pami, se vio obligada a desmentir —utilizando el calificativo de "infamia asquerosa"— que su ex consorte le hubiera exigido cinco millones de pesos para dejarla usar el apellido Menéndez. Pese a estos avatares, destronada y llamada a un silencio que sólo rompe para inundar con lágrimas los grabadores de la prensa, la doctora Svatetz de Menéndez parece haberse afianzado en su parte sentimental. Los últimos días de agosto del 94 la encontraron en un conocido SPA de Tandil acompañada, aún, por su joven enamorado.

Omar y Liz Fassi Lavalle representan el modelo de felicidad conyugal dentro de la farándula menemista. El ex secretario de Turismo llegó a la vida de Elizabeth Massini cuando ella tenía 17 años y dos metas muy claras: el teatro y la administración de empresas. Fassi —contó Liz en sus "memorias"— venía precedido de una aureola de "hombre que a sus treinta y pico de años ya había decidido vivir de rentas y llevaba una rutina de amigos, veleros, motos y fiestas", por lo que tuvo que yugarla bastante hasta convencer a Liz de sus méritos. Devenidos marido y mujer, Omar se encargó de que su jovencísima señora olvidara el teatro y se abocara al business, ocupación en la que parece haber recalado con éxito.

Instalados en un tiempo en una pomposa quinta del Boating de San Isidro exhibida en casi todos los medios, los Fassi emergieron ante el público como el modelo monógamo de felicidad conyugal. Fanática de Luis Miguel, una vez que ella le pidió a su marido que la llevara al Sheraton a escucharlo, él le contestó: "Yo no voy a comprar dos entradas para que vayas a ver a un tipo que te gusta. Mejor compro el compact, el video y lo vemos los dos en la cama con champagne".

Fervorosos católicos —particularmente Omar, hombre de integristas convicciones religiosas—, ambos no cesan de agradecerle al Señor por los dones que la vida les ha deparado. Y cada vez que emprenden el camino a la Capital lo hacen con la suficiente antelación como para detenerse en cada una de la iglesias que encuentran en la ruta y echarse unas agradecidas preces.

Sin embargo, esta imagen de pareja "refeliz" resultó un tanto malmeneada cuando un indiscreto artículo publicado en la revista francesa *Paris Match*, a comienzos de 1991, ubicara a Liz en una extensa lista de novias presidenciales. "Omar sabe que yo con el presidente, nada que ver. Confiaba en mí. También en Menem, por supuesto. (...) Además el presidente es padrino nuestro de bodas y de uno de nuestros hijos, Maxi. ¿Cómo va a dudar de él? Lo considera mujeriego pero no para tanto, no cree que sea tan arriesgado", declaró Liz, quien aún fue más lejos en la descripción de sus intimidades maritales.

Otra de las pocas nubes que osaron empañar tanta dicha se relaciona con el pasado de Fassi Lavalle, quien antes de que la bella Liz se cruzara en su camino había estado casado con Vilma Insaurralde, madre de su hijo mayor. Cuando la vida parecía sonreírle más que nunca al ex secretario convertido en padre nuevamente gracias a los tres hijos habidos con su segunda esposa, Vilma lo demandó por alimentos exigiéndole dos mil dólares por mes. Fassi quiso conformarla con 800 pero la Cámara lo condenó a un año de prisión en suspenso basándose en el suntuoso tren de vida exhibido por el ex funcionario y su nueva familia.

Pataleta mediante, Fassi Lavalle se declaró harto de las presiones y amenazó con irse del país. Liz salió a defenderlo y anunció que todo lo que les ocurría era producto de la envidia que ellos despertaban: "A veces pienso que no nos perdonan el éxito, una buena pareja, un matrimonio bien constituido, unos hijos divinos. Somos jóvenes, nos va bárbaro en todo lo que emprendemos", se consoló.

Rumores oficiales de separación sonaron solamente a fines de 1993, cuando Liz llegó sin Omar y con Graciela Alfano como ladera a la gran fiesta que la revista *Caras* realizó en el Colón para festejar el lanzamiento de su homónima brasileña. Tampoco tuvo suerte cuando la prensa la detectó sola en *Mau Mau*, desliz que la segunda señora de Fassi Lavalle se apresuró a justificar alegando que estaba allí con su mamá, Lola Capurro, porque le iban a entregar un premio por sus obras benéficas. El tiempo demostró que se trataba simplemente de maledicencias: los Fassi no sólo siguen juntos sino que han vuelto a cambiar de residencia, esta vez por una más grande. Si cabe.

Fugaz y publicitado, aunque no llegaron a comer perdices, fue el romance que vivieron la bella Liliana Caldini y el feroz comisario Luis Patti. Hombre de pocas palabras y mirada torva acusado de usar la tortura para lograr confesiones, a Patti se le ablandó el corazón cuando conoció a la linda y rellenita ex esposa de Cacho Fontana. En el primer encuentro ocurrido en un lugar poco apropiado para un aficionado a la picana eléctrica —la quinta del peluquero Miguel Romano—, Liliana y Luis descubrieron el común interés por la figura de Napoleón Bonaparte. El le prometió prestarle un libro sobre el estadista francés y esa fue la excusa para volver a verse.

Conscientes de que el corazón les había hecho tilín, de inmediato se permitieron una breve luna de miel en Junín, de donde es oriundo el extravagante servidor del orden. Claro que sin champagne y sin discotecas porque el policía no bebe y no sabe bailar. Visitaron en cambio una muestra equina, ingirieron choripanes con *Seven Up* y anduvieron de compras.

Traspuesta de felicidad, Liliana sentía que había tocado el cielo con las manos: "Me corre la silla en un restaurante, me abre la puerta del auto, la puerta del teatro". Nada despertó sus sospechas, ni siquiera la peregrina actitud del policía cuando una vez que fueron al cine y Caldini se adelantó a pedir las entradas, él se acercó y le dijo: "La próxima vez, si te parece bien, también las vas a pagar vos". "Hace mucho tiempo que no me siento tan protegida como ahora. Es un tierno", dedujo la enamorada.

La alegría duró poco. Al cabo de un mes en el que se cartearon diariamente, el comisario, jaqueado por el artículo 58 del Estatuto del Policía que amenaza sumariar a aquellos miembros de la institución "que no guarden pudor en la vida privada", aprovechó su internación en una clínica de Campana con un cuadro de gastroenteritis aguda para poner fin al incipiente acoplamiento. "Disculpáme, pero no puedo más. Necesito tiempo para pensar. Me están destruyendo políticamente", fueron sus palabras de despedida. Beatriz, su esposa de siempre y madre de sus hijos, lo definió con más precisión: "Es un inmaduro", dijo. "Lo único que le reprocho a Luis es que nunca me habló de frente. Que vino con el coche de ella y me lo negó. Siempre tuvo miedo."

Demudada y con síntomas propios de alguien que todavía cree que los niños vienen de un repollo, Liliana Caldini sólo alcanzó a murmurar: "Lo más terrible es que yo me había enamorado". Meses después, ya repuesta del shock emotivo y en medio de una seudo reconciliación con su segundo ex marido, Eduardo Bernadiner, tendida al sol de Punta del Este, confiaba a la revista *Noticias* que se había encontrado con "algo" a lo que no le había podido descubrir la "faz positiva" y que lo único que le dejó fue "un sabor amargo".

Affaire sentimental con cambio de gabinete incluido fue el que tuvo como intérpretes principales al ex ministro de Trabajo, Enrique Rodríguez, y a la periodista Gloria López Lecube, propietaria de FM *La Isla*. Su paso por la función pública permitió a Rodríguez encontrar, temporariamente, resabios de felicidad sentimental. Una misteriosa llamada alertó a un medio gráfico sobre la posibilidad de encontrarlos y el hecho oficializó la relación. Los tórtolos no escondieron su bienestar y no fueron pocos los que tuvieron el privilegio de observar al ministro que imaginara el día domingo como jornada laborable, prodigándole más que tiernos arrumacos a su novia en confiterías de la Costanera. Poco antes del verano el entusiasmo amoroso de Rodríguez provocó un cambio de gabinete al insistir éste en abandonar su cartera para irse al Caribe con López Lecube. El promocionado romance no parece haber tenido un final feliz puesto que unos meses después Rodríguez era descubierto, igualmente acaramelado, con una nueva compañía femenina, más joven que la anterior.

Escarceos menores también los hubo y entre los que tomaron estado público se destacan el que involucró al marido de Adelina, Carlos Viola, con una empleada del Concejo Deliberante, y el romance que algunos rumores atribuyeron a Eduardo Menem con la modelo portuguesa Carmen de Deus, ex Yazalde.

"Se acabó la familia unida y la pacatería", cuentan que exclamó María Julia Alsogaray cuando en 1991 se corrió la voz de que el consorte de Adelina se había rendido a los encantos de la juvenil Dolores Rey, empleada de prensa del bloque de la UCeDé del Concejo Deliberante. El matrimonio reaccionó furibundo y salieron en patota a desmentir la especie. La veinteañera pasó a ingresar a las huestes de los desocupados y el concejal Viola sacó a relucir sus mejores cualidades paternas fotografiándose con todo tipo de biberones en la mano, mientras Adelina por lo bajo sindicaba a María Julia como autora de la mentira. Este fue el primer contratiempo público que se conoció de la pareja antes de que otras especies, más maledicentes, vincularan a la señora de Viola con el presidente de la Nación.

Cuentan que la espléndida Carmen de Deus fue la causa de que en los primeros meses de 1991, Susana Valente, esposa de Eduardo Menem, hiciera abandono del domicilio conyugal, (un magnífico piso de 300 metros cuadrados, ubicado en Barrancas de Belgrano con tres líneas telefónicas y tres cocheras). Por su parte, la modelo involucrada realizó su descargo apelando a argumentos irrebatibles: "si anduviera con un señor así no viviría en un departamento de 48 metros cuadrados sino en uno de 400 y tendría por lo menos un coche". Quince días más tarde Valente se reintegraba al hogar y le confiaba a una amiga que "hay muchos que nos quieren divorciar".

3.
La cultura del transformismo

> La verdad es que no sé qué es la belleza.
> Conozco las reglas de la estética, pero la be-
> lleza... Quizá exista, o por ahí mi trabajo no
> tenga demasiado que ver con ella. Es un atri-
> buto que está dentro de cada ser humano. Y
> hasta ahí no llega el bisturí.
>
> YVO PITANGUY.

Mezcla de los ostentosos ochenta con la ególatra y desculpabilizadora *New Age* de los noventa, la Argentina que ha ido perfilando el menemismo —un país donde en la misma medida en que se han acentuado las injusticias sociales, se ha hecho un culto de los ricos y famosos— conserva de la década reaganiana el desenfreno exitista, el *show off* desatinado, el neovulgar triunfante y la cirugía estética como categoría de pensamiento: "Me opero luego soy".

El pensamiento positivo que impulsa la *New Age* —"somos lo que creemos", proclama Louise Hay, indiscutida gurú del movimiento— está a la cabeza de la cada vez más expandida cultura del yo, el narcisismo, la preocupación corporal y el auge de las creencias irracionales de las que se ha ido nutriendo el espíritu del menemismo, esta mentada cruza de farándula con política, abierta a todas las modas y en consecuencia con poco interés por el pasado. En el menemismo el éxito o la fama están al alcance de cualquiera simplemente porque nadie tiene pasado, nadie es nadie, no hay historia y todo depende de lo que se sienta en ese momento.

A Ludovica Squirru se la conoce como la bruja "pop" por su onda "repositiva" que se expresa en el recitado de poemas que invitan a comer "praderas hasta indigestarse". La almodovariana pitonisa que masificó el horóscopo chino y lo colocó en las góndolas de todos los supermercados de Latinoamérica no mentía cuando en enero de 1993 vaticinó que "en el año del gallo la gente se va a sentir más útil porque lo necesita. Está muy maltratada por el país, desvalorizada. Y buscará desesperadamente otros métodos de terapia...".

Meditación, Control Mental, New Age, Cursos de Milagros, Insight y otros, son variantes de lo mismo: cómo alcanzar la cúspide de la pirámide sin demasiados remordimientos y sin necesidad de producir cambios en la conducta. De estas creencias tipo espirituales existen tantas versiones como castas socioculturales. El Curso de Milagros y el Insight convocan —entre otras cosas por el precio— a la clase alta. El primero —más para católicos— invita a concentrarse con fuerza en el Espíritu Santo y, en caso de que este se haga presente, garantiza la conmutación inmediata de todas las penas. El Insight, en cambio, actúa sobre un esquema más del tipo sádico/hedonista. Luego de oblar lo que corresponde, el aspirante se interna en un seminario de desarrollo personal junto a otras diez personas, quienes en una primera etapa se destrozarán mutuamente acusándose de los peores defectos para luego intentar recomponer sus maltrechos egos a través del amor. La síntesis de todo este proceso entierra rencores y resquemores y debe producir un efecto de intenso amor al prójimo. Uno de estos seminarios que aplica la técnica del Insight es el responsable de que la modelo Raquel Mancini decidiera dedicar parte de su tiempo a la atención de niños con síndrome de Down. Más prosaicamente, el Insight también es el método ideal para formar vendedores cara a cara.

Un ejemplo del impacto de estas nuevas religiones en las capas medias bajas es "Marga, la armonizada", una sutilísima creación de Antonio Gasalla que interpreta a una ama de casa de clase media baja cuya cara es un espejo de todas las tensiones imaginables mientras, entre sahumerios, pirámides y péndulos, su boca no cesa de repetir: "Estoy protegida, nada me llega, estoy a salvo, Om, Om. Todo está bien en mi mundo. Soy amor. Om, Om". Un entrevero de apotegmas yogas, guevaristas (de Nacha), new age y control mental, que reflejan como nada los efectos que en estos sectores tiene la mística posmoderna.

Las modificaciones se reservan para el exterior y remiten a cambios de tocador: eliminación de arrugas, retoque de nariz, pelo, cola, pechos y muslos que convierten a sus portadores en perfectas remakes de la película *Brazil,* y hacen sospechar que a esta altura de las cosas, el bisturí debería incluirse como emblema en el escudo nacional. El interior, en cambio, no se toca y, que se sepa, sigue albergando a Frankestein.

Cómo emperifollarse

Hace una década atrás Carlos Saúl Menem todavía estaba orgulloso de sus nacionalistas patillas y no le temía a los colores, cuanto más chillones mejor. Por entonces usaba trajes entallados y con hombreras —que parecían extraídos de una viñeta de Divito—, estridentes zapatos blancos, anillos muy grandes y pesadas cadenas en el cuello y en la muñeca. Ataviado con uno de estos trajes, sus inefables zapatos, una camisa color rosa pálido y una corbata color salmón, se presentó una vez a un cumpleaños de Amalia Lacroze de Fortabat. De más está decir que fue más mirado que las mujeres.

La llegada a su vida del sastre Jorge Mazzola —dueño de *George* en la avenida Alvear— resultó providencial. Mazzola, que comenzó a vestirlo durante la campaña electoral, puso manos a la obra: le colocó trajes de alpaca inglesa de corte derecho o cruzados más apropiados para el look sport, y logró atenuar —aunque no del todo— la fosforescencia de sus colores. A mediados de 1990, Mazzola comenzó a ser desplazado por el ex modelo y conductor televisivo, Ante Garmaz. Enojado porque Menem atendía las sugerencias bastante poco sobrias de Garmaz, el exquisito sastre declaró a la prensa que la vestimenta presidencial, pese a que había mejorado mucho, "a veces tiene rachas que son lamentables. Durante la Guerra del Golfo, por caso, estaba rodeado de adulones que lo remalvistieron" (refiriéndose a Sofovich y a Garmaz, que se encargaban de elegirle las corbatas).

Esta obstinada depuración de su vestuario le valió en 1992 ser nominado en París para compartir el premio "The Best" a los mejor vestidos* junto con Ivanna Trump, el marqués de Vilallonga y la millonaria argentina Liú Terracini. "Este es un premio a mi habilidad para vestirme, al gusto y al talento en la elección de mi vestimenta", testimonió humilde el presidente desde su Anillaco natal. A Mazzola y Garmaz los nombró solamente de pasada y para decir que lo único que habían hecho era ayudarlo al principio; todo el mérito era suyo. "Uno va poniéndose viejo y a medida que los años pasan hay que ir perfeccionando el vestuario para parecer siempre más joven", sentenció.

En 1982 Menem conoció en una peluquería de Mar del Plata a Emilio Bianco, un zapatero de origen calabrés como Elsa Serrano que desde entonces oficia de botinero oficial. En 1992 —y después de que la Dirección de Fauna y Flora Silvestre le secuestrara 390 zapatos de ñandú en el sótano de uno de sus locales—, Bianco visitaba una vez por mes al presidente para mostrarle sus nuevos modelos. "Es un hombre exquisito que siempre calzó y vistió bien, aun antes de ser presidente. Siempre fue un pituquito", declaró por entonces el zapatero. Aunque admitió a *Noticias* que en la colección de zapatos del presidente argentino había de todo, incluidos los de colores y combinados, "unos que no se pueden decir porque… bue… porque no. De esos tiene toda la línea". Serio competidor de Bianco, el español Manuel Alonso se ocupa no solamente de las extremidades presidenciales sino que calza las delicadas patitas de Zulema y Zulemita —quien para cada uno de sus viajes le exige novedosos diseños—, además de las de Susana Giménez, Andrea del Boca y Lucho Avilés entre otros popes del "farandulomenemismo".

Al afable y paciente —por lo que tarda en cobrar— Homero Pereyra Inchausti, un uruguayo nacionalizado argentino, se lo conoce como "el joyero de la Corona" y es el encargado de confec-

---

* El premio fue creado en 1976 en Roma por Massimo García.

cionarle al presidente alhajas que hagan juego con su ropa, requerimientos que no suelen ser frecuentes. Zulema y Zulemita también son sus clientas, sobre todo la benjamina que, según Homero, "compra bastante (...) aunque no son piezas significativas". Homero jamás reconoció el rumor que señalaba que Zulemita llevaba y no pagaba.

Modos, maneras, inclinaciones, todo ha ido puliendo Carlos Saúl Menem, a quien una mala jugada de la historia hizo nacer en la presuntamente democrática República Argentina y no en algún sultanesco emirato. Peluqueros, maquilladora, manicura, dietólogos, sastres, masajista corporal —como Livio Forneris, que llegó a ser secretario de Deportes de la Nación—, masajista capilar —que lo somete diariamente a sesiones de una hora—, cirujano plástico, médicos, asesores de imagen y protocolo, profesores de tenis, de golf, de boxeo y de inglés insumieron en un momento dado casi un cuarenta por ciento de la semana del presidente de la República.

La lengua inglesa se la enseñó durante un tiempo el hijo del embajador inglés —el primero luego de la guerra—, Harold Maud. Raúl Fiscalini, director de Asuntos Públicos de la petrolera *Astra* y elegido por el Vaticano durante los años setenta como uno de los diez jóvenes sobresalientes, llegó a ser su asesor parttime en la materia "Conducción y planificación de estrategias", pomposo título para encubrir lecciones de declamación y gesto. Albino Rojas, más conocido como el "El soldado Chamamé" es quien le enseña aún hoy a contar chistes, mientras sueña con "refundar" el Chaco, provincia de la que es desopilantemente precandidato a gobernador por el partido de su aplicado alumno. Edgardo Prestefelipe, preparador de Darío Víctor Galíndez —hijo de Víctor—, presumía en 1992 de hacer guantes con el presidente aunque, claro, sin pegarle. "Guantes y todo lo demás. Soy una especie de asesor en los deportes que practica, un consejero deportivo de mi presidente (...) ¡No le puedo pegar! —aclara—. Yo tengo 82 kilos y él con sus 67 o 68... Le llevo como tres categorías de diferencia. No, no. Hacemos tres rounds y le marco los defectos. El sí mete mano dura."

Menem descubrió el golf a los 61 años. Las primeras clases se las dio Raúl Travieso, pero su actual profesor es Juan De Luca, quien suele acompañarlo en las giras internacionales.

Dante Pugliese, uno de sus maestros de tenis, llegó a integrar el círculo áulico presidencial y estuvo a su lado durante el partido que el presidente argentino disputó con George Bush en Camp David (Bush le ganó tres veces). Tony Cuozzo también estuvo allí pero para ocuparse de acomodar la melena del mandatario después de cada set.

Quinchos, avispas y otras yerbas

La eficiente y discreta maquilladora Fanny Cuello —preferida de Bernardo Neustadt, Eduardo Angeloz y Fernando de la Rúa entre otros importantes— fue, en algún tiempo, encargada tanto de poner a punto el rostro presidencial como de masajearlo con la técnica "shishedou", cuarenta y cinco minutos de suaves apretones en los centros energéticos ubicados en la cabeza, el cuello, las manos y los pies.

A comienzos de 1991, Menem, que se hallaba en el sur, apareció con un hematoma en el arco superciliar izquierdo y la cara inflada como un globo. Su explicación fue simple: lo había picado una avispa. Pero la verdad era otra. Hacía tiempo que visitaba en secreto la clínica de su cirujano plástico, Abel Chajchir, y de su esposa, la doctora Ileana Benzaquen. Consultados por los medios, diferentes cirujanos plásticos dictaminaron que la avispa presidencial consistía en una aplicación de colágeno en el surco nasogeniano y en la mejilla, y un lifting en los párpados inferiores para eliminar bolsas. El insecto devino tema nacional y hasta un hotel de Punta del Este basó su publicidad en el eslogan "A nosotros también nos picó una avispa", para explicar que se había renovado.

Amigos obsecuentes como Omar Fassi Lavalle se obstinaron en defender la picadura de avispa. Pero Jorge Antonio fue aún más lejos:

—Usted estaba en *El Messidor* cuando a Menem se le hinchó la cara. ¿Fue una avispa? —le preguntó *Noticias*.

—Sí, lo picó por descuidado, se paró cerca de una colmena silvestre. Una avispa enorme, amarilla, azul y negra, se posó en su rostro. El se la sacó con la mano y lo picó.

El primero que trató de domesticar las enruladas hebras de la cabellera presidencial fue Enrique Kaplan, propietario de las peluquerías *Adán*, ex director de Ceremonial de la Presidencia de la Nación y actual subsecretario de Medio Ambiente. Amigo desde hace más de veinte años del presidente, Kaplan lo convenció de abandonar el parecido con el "Tigre de los Llanos" y en *Adán* hicieron el resto. Aunque su testa lucía más ordenada, para desdicha del Jefe del Estado la pelada avanzaba día a día haciéndose cada vez más evidente. Las manos maestras de las masajistas capilares convocadas por Menem desde 1975 no habían logrado que desaparezcan ni las entradas en las sienes ni una incipiente calvicie en la zona occipital.

Duhalde lo conectó con Tony Cuozzo —desde entonces su peluquero-ñoqui de cabecera— quien le ideó un peinado consistente en echar el pelo completamente hacia atrás, teñido de color caoba y con mucha laca para mantener el modelado. No pasó mucho tiempo sin que la obra maestra de Cuozzo comenzara a hacer agua y el presidente, influenciado por los comentarios de su maquilladora, la señora Cuello, convocó a Olivos a la peluquera Stella Maris Torres de Lóndero, la reina del aplique invisible de la corte menemista y sus alrededores. La aparición del matrimonio Lóndero —ambos discípulos del inglés Vidal Sassoon— significó un cambio radical en la testa presidencial.

Responsable del "gato" o "quincho" que lució hasta su operación de carótida en octubre de 1993, Stella Maris le recortó aún más las patillas, lo sometió a aplicaciones progresivas de hebras capilares que le taparon las orejas hasta la mitad, y le constituyó un jopo frondoso y ondulado. El matrimonio de artistas hizo todavía más con la cabeza de Carlos Saúl: le oscurecieron el pelo llevándolo a un tono "negro presidente" —como lo definiera Antonio Gasalla—, le cambiaron el corte y le agregaron pelo natural. Un ritual de artesanos que demandó varias horas diarias pero que entrañaba un serio inconveniente: no podían fotografiarlo de espaldas ya que desde esa posición la pegatina se notaba mucho.

Las relaciones entre Cuozzo y Lóndero por el dominio de la cabeza presidencial se tornaron cada vez más conflictivas, hasta que la operación de carótida puso fin al dilema y la estilista quedó fuera de combate en beneficio de Tony. El quincho desapareció para dar paso a un cuasi sobrio entretejido que le disimula las entradas y que peina hacia atrás con una discreta melenita. "Tenía una enfermedad en el cuero cabelludo que me estaba haciendo caer el pelo —declaró el Primer Mandatario utilizando un eufemismo por calvicie—, pero ahora me está creciendo un poco. Ya estaba cansado de estas prolongaciones que tenía, eran incómodas, no me dejaban mover con naturalidad." "Por fin se acabaron las preocupaciones con el viento cada vez que llegábamos a un aeropuerto", se alegró en cambio uno de sus más fieles amigos, Armando Gostanian.

Siliconlandia

El trasiego con el cuchillo ha llegado a tal punto que la Argentina figura entre los cinco primeros países del mundo con mayor cantidad de mujeres operadas en la especialidad "aumento de busto". La demanda no sólo no se ha visto disminuida por los problemas surgidos con las siliconas, sino que incluso se ha incrementado. La moda de las "Lolitas" incorporó a las quinceañeras al grupo de las injertadas y la edil Inés Pérez Suárez, vista la alegre inconsciencia con que las connacionales entregan sus senos al bisturí, presentó un proyecto de resolución que incluye una campaña de prevención sobre las peligrosas consecuencias de incorporar siliconas al cuerpo humano.

A falta de un debate nacional sobre la conveniencia o no de agregarse redondeces artificiales, Mirtha Legrand trajo el tema a colación durante uno de sus almuerzos. La descripción de los engorros que suelen traer aparejadas este tipo de intervenciones corrió por cuenta de la ex modelo Adriana Aguirre, quien apuntó que lo feo es cuando "la silicona se pone dura y hay que reventarla". Aguirre consoló a sus congéneres acotando que cuando una mujer se opera "los maridos colaboran con masajes". Un médico, también invitado, peló una valijita de la que fue sacando siliconas de todo tipo y tamaño. Cuando Mirtha descubrió una inmensa envuelta en su kit importado, comentó: "me parece que esta es tamaño baño, tipo Moria Casán".

Un cuarenta por ciento de los que se operan son hombres y el sesenta restante corresponde a las mujeres. "Muchas creen que al salir del quirófano se van a cruzar con el amor de su vida o que van a salvar su matrimonio. Y como no se cruzan con el príncipe azul o se divorcian igual, vuelven y piden más. Empiezan con el lifting, después quieren afinarse la nariz, retocarse la boca, lipoescultura, colágeno, delinearse el rostro. Estoy harto de hacer los labios de la Bassinger", confió a *Gente* el cirujano plástico Juan Carlos Pinto Barbieri, discípulo de Juri y por cuyas manos han pasado Susana Giménez, Guillermo Andino, Amelita Baltar y Violeta Rivas.

El récord —recuerda el médico— fue una paciente de 81 años que quiso que le operaran las piernas para poder usar shorts en Punta del Este. De este modo se confirma lo dicho por la ensayista Beatriz Sarlo a la revista *Claudia*, cuando afirmó que "el auge de los liftings tiene un elemento que roza lo siniestro y que es cuando dejan de ser estéticos y se convierten en un ritual mágico para la negación de la temporalidad".

Una investigación de *Noticias* aseguraba que en el país se harían unas 150 mil operaciones de estética anuales que significarían un desembolso de 450 millones de dólares. Hasta donde ha sido hecho público, Amira Yoma llevaría gastados 25 mil dólares en rehacerse y Zulema 50 mil en las siete operaciones que se le calculan desde 1987, cifras que contrastan con los modestos tres mil oblados por el doctor Alfonsín para sacarse las bolsas de abajo de los ojos.

Los cirujanos VIP son tan famosos como las estrellas a las que operan. José Juri es el pionero: retocó a Silvia Montanari, Carmen Barbieri, Soledad Silveyra y Moria Casán, entre muchísimas otras. Roberto Zelicovich, discípulo de Yvo Pitanguy, puso a punto a

Mirtha Legrand para su vuelta a la televisión en 1979 y en 1994. Abel Chajchir custodia el rostro del presidente de la Nación desde hace veinte años y Menem llegó a recomendárselo a su amigo Alain Delon. Rolando Pisanú es uno de los tantos por los que han pasado las Yoma, además de haber operado varias veces a su propia mujer, la modelo Daniela Cardone. La doctora Cristina Zeaiter es la artífice de algunos de los sorprendentes looks con que suelen maravillar las mutantes Zulema y Amira.

Los metamorfoseados

"¿Será posible que madre e hija tengan ojos azules de verdad?", preguntó azorada a mediados de 1990 una periodista de la revista francesa *Le Nouvel Observateur* luego de entrevistar a Zulema y Zulemita en el serrallo de Posadas. Efectivamente, tanto la madre como la hija, la tía Amira, e incluso el mismo presidente de la Nación, no desdeñan occidentalizar el color de sus ojos recurriendo a las lentes de contacto. Analizando el transformismo del que prácticamente todos han hecho gala en la familia reinante, la periodista Viviana Gorbato escribió que "todos han sufrido transformaciones muy fuertes desde el punto de vista físico". Más allá de las exhibidas por el propio Menem, para Gorbato "el cambio más interesante y menos previsible porque obedece más a razones psicológicas que políticas, es el de Zulema (…) poco queda de esa cuarentona mezcla de Farrah Fawcett y Evita que se estrenaba de Primera Dama…".

Producto de los bisturíes de Yvo Pitanguy, Ricardo Leguizamón, Rolando Pisanú y Cristina Zeaiter, y de los carísimos y sofisticados tratamientos de la clínica suiza *La Prairie*, la nueva Zulema tiene nariz respingada y labios carnosos, a medio camino entre los de la Bardot y aquellos que tan vívidamente describía Corín Tellado. "Minifaldas, flequillos y una cara tersa —Gorbato dixit— convirtieron a Zulema en una especie de Nacha Guevara rubia que reparte sonrisas y besos, procurando borrar la expresión altiva y rígida del rostro."

Atrasar el calendario a semejantes extremos requirió, por parte de Zulema, una gran cuota de valor y tesón. En julio de 1987, en la famosa clínica "Doña Mariana" ubicada en el barrio de Botafogo de Río de Janeiro, Yvo Pitanguy le borró las cicatrices que le habían dejado dos cesáreas, los pliegues en el vientre fruto de sus múltiples embarazos —tres perdidos— y le retocó cara y pechera. En agosto de 1988, reconciliada con su marido ya en carrera hacia la presidencia, Zulema recurrió nuevamente a Pitanguy. "También lo hago por Carlos, porque una quiere estar bien con el marido", proclamó. Pero esta vez debió sufrir una complicada derivación de su operación estética. En su libro *El Jefe,* Gabriela Cerruti cuenta que "por una reacción posoperatoria los médicos habían necesitado hacer una transfusión sanguínea, pero Zulema se había negado temerosa de que toda la sangre brasileña estuviera contagiada de sida. Hubo que esperar la sangre que llegó desde Buenos Aires y la demora la puso al borde de una anemia irreversible".

Sin embargo, la señora Yoma volvió a emprender el camino del quirófano luego de la última separación de su marido. El 20 de agosto de 1991 se hizo una dermolipectomía —una especie de lifting que elimina las flacideces de los muslos— en el Centro de Estética que dirige el doctor Rolando Pisanú. La intervención demandó sólo 35 minutos, pero requirió tres horas de reposo en el Centro, la toma de antibióticos y desinflamatorios, y la indicación de no hacer ejercicios violentos ni tomar sol. Por todo este chicherío, Zulema abonó entre tres y cinco mil dólares. No conforme con esto, un tiempo después se reflotó la pechuga con el doctor Ricardo Leguizamón, quien aprovechó para retocarle el lifting que le había hecho Pitanguy y aplicarle una técnica denominada "smach" que se realiza por debajo de la piel para resaltar los ángulos y quitar los surcos. Desde entonces, y cada seis meses, Zulema se aplica colágeno para dar brillo y nutrir su piel aunque nada indica que haya puesto fin a su carrera transformista.

Zulemita, en cambio, siempre ha desmentido cualquier retoque en su cuerpo, e incluso se encargó de aclarar que por su "posición" podría hacerse "todas las cirugías que quisiera". Aunque admitió que tal vez se hiciera algo en la "naricita", llegó a solicitar una junta médica que certifique la veracidad de su busto. Sin embargo, se atribuye a las excelentes dotes de observación del ex ministro del Interior, José Luis Manzano, el haber puesto en evidencia la existencia de mamas artificiales en la hija presidencial. En 1992, durante la gira por Alemania, en una fiesta en Hamburgo, María Julia Alsogaray habría escuchado murmurar al "Chupete", de smoking y pajarita colorada: "Esta chica, esta chica, para qué se hizo las lolas si las esconde".

La lista de refaccionados locales —algunos asumidos otros sospechados— incluye también a Raúl Alfonsín, quien a mediados de 1992 emprendió un cambio de imagen. Según el ex presidente, este consistió en bajar quince kilos y cambiarse el peinado. El "milagro" ocurrió en realidad en la clínica *La Sagrada Familia* del doctor Carlos Juri, encargado de retocarle los párpados y sacarle las bolsas de los ojos.

—¿Se hizo un lifting, doctor? —le preguntó Ernesto Tenenbaum durante una entrevista para *Página/12*.

—Patrañas, patrañas. Avispa hay una sola. Yo bajé más de veinte kilos. Por eso me ven cambiado.

—Vamos, vamos, que las ojeras no adelgazan.

—Les puedo probar que sí. Y si ustedes quieren hacerlo les voy a explicar cómo es...

Y procedió a explicar el draconiano régimen de comidas al que se había sometido.

El récord de adelgazamiento en el mundo político que hasta ese momento ostentaban el ex presidente y la señora Haydée de Triaca, fue superado en 1993 por Emir Yoma, quien bajó cuarenta kilos de un tirón.

Antes de la elección interna del 6 de junio de 1993, el gobernador Eduardo Duhalde —aunque habitué del *Club Mediterranée* de Itaparica, Brasil— se recluyó en el centro adventista *Vida Sana*, en la provincia de Entre Ríos, para reponerse de un cuadro de agotamiento nervioso. Un periodista le preguntó al director del centro, Juan Carlos Picasso, si a Duhalde también no le habría picado una avispa en los días que pasó allí. "Es una pregunta demasiado irónica. No hay avispas en nuestro centro", respondió molesto.

En 1993, el periodista Luis Beldi negó en un reportaje de la revista *Humor* haberse hecho algún lifting, aunque admitió una lipoaspiración en la cintura "porque hay unos rollitos que no se van con gimnasia ni con nada".

María Julia ya advirtió que piensa hacerse cirugía todas las veces que lo necesite. Lleva confesadas una corrección del contorno del mentón —algo así como dibujarse la cara de nuevo— y la eliminación de las bolsas de los ojos, operación a la que se sometió luego de que una mañana, estando recién levantada, uno de sus hijos la encontrara parecida a Alfonsín.

Representante no sólo de Jujuy sino también de la estética de la metamorfosis, la diputada Cristina Guzmán, aunque siempre lo ha negado, lleva diez años dedicada a remodelarse. Una serie de retratos suyos publicados por *Noticias* muestran cómo, desde que en 1984 el cuchillo de Roberto Zelicovich la emprendiera con su rostro para ahuyentarle el aire de tierra adentro que le valió el mote de "la kolla" que la persigue hasta hoy, la diputada fue modificando párpados, pómulos y enderezando sus senos.

También la diputada Irma Roy apareció en 1994 sumamente rejuvenecida. La actriz confesó que se sometió a una operación en la frente con el doctor López Carlone, pero que mientras todavía estaba dormida, éste aprovechó y le hizo un retoque en la boca que ella no aprobó. Irma ya había pasado por el quirófano en 1950, cuando otra operación limó el pronunciado hueso de su nariz y la dejó ñatita.

Graciela Alfano se indigna si alguien le sugiere que se hizo un lifting, "¿te parece que a mí me hace falta sacarme o agregarme algo?", responde coqueta a la menor insinuación. Aunque puesta en el brete, y dadas sus inclinaciones místicas, Alfano ha reconocido que necesita un lifting "pero del alma". "Yo ni me operé la nariz. Mi mamá me hizo así", confió a la revista *Emanuelle*. Sin embargo, la implacable memoria periodística se ha encargado de recordarle que en 1974 se dio una manito en la nariz, y que en 1985 incorporó las siliconas a su tórax. A fines de 1993, cuentan las malas lenguas, la Alfano se habría puesto en manos del citado doctor Leguizamón, quien la habría rejuvenecido en horas de la noche y previo pago de cinco mil dólares. Una tapa de *Caras* del mes agosto la mostraba esquiando y luciendo una boca del tipo Bardot/Bassinger.

Definida por el filósofo Jaime Barylko como "un fenómeno real de refutación del tiempo", Nacha Guevara —síntesis del transformismo en su vertiente físico-espiritual— jamás se ha sometido a un lifting. Su notable involución física la atribuye a trece años de trabajo cotidiano consigo misma. Para probarlo Nacha esgrime orgullosa los resultados de un chequeo médico realizado en los Estados Unidos, cuyo resultado reza: "mujer sana de entre 35 y 37 años". Guevara desprecia al cuchillo porque es una forma de "transferir tu cara, tu cuerpo, lo que fuere al bisturí de otro", y la irrita que alguien crea que se puede cambiar en tan poco tiempo con sólo recurrir a este instrumento cortante.

Sus detractores sostienen que la estrella tiene operadas las mamas, el mentón y la boca, que se ha hecho aplicaciones colágeno en la cara y que cuenta en su haber con liftings y sucesivas modificaciones, más lipoaspiración abdominal. Casi nada.

Los rumores acerca de que la siempre veinteañera Daniela Cardone era el "Frankestein" de su marido, el plástico Rolando Pisanú, responsable entre otras cosas de haberla rediseñado rebanándole dos costillas para afinarle la cintura, obligaron a la modelo a reconocer que su media naranja, si bien no la esculpió íntegramente, alguna que otra corrección le hizo. Pisanú le aplicó colágeno en el labio superior —un toque tipo Linda Evangelista— y le adicionó tetas. "Fue lo único que hizo Rolando y porque empezábamos a salir. Ahora él no me operaría porque están los afectos de por medio", explicó Cardone.

Esteticoadicta confesa, Amalia *Yuyito* González sostuvo durante mucho tiempo que someterse a una intervención estética era para ella "lo mismo que hacerse color en la peluquería o pintarse las uñas". Para *Yuyito* lo invertido en su físico equivale a la compra de cuatro departamentos. "Gané y gasté mucho, más que nada en mi físico." Su historia clínica reporta arreglo de nariz, muslos y rodillas. Dos veces se retocó la delantera y recurrió al cuchillo para disimular una operación de cesárea. La muerte de su mamá en julio de 1993 y el sentirse "no aceptada por el hombre que yo amaba", la decidieron a cambiar de imagen. Al parecer con su ex pareja, Claudio Fontanel, había "muchos conflictos por esa onda mía de la exuberancia".

Aprovechando que lo último que hizo su progenitora fue cortarle el pelo, la ex vedette se aclaró el maquillaje, redujo los escotes, eliminó las medias "danceskin" de red —"además muy difíciles de encontrar en Buenos Aires", según especificó—, se puso a régimen y emprendió la ruta del doctor Carlos Jury decidida a vaciarse de todas las siliconas que le moldeaban el cuerpo. Jury le sugirió que lo pensara mejor, que no era posible hacerle todos los cambios juntos, de modo que Yuyito lo meditó bien y resolvió quedarse por lo menos con las "lolas".

Para la modelo Dolores Moreno pasar por el quirófano significó encontrar un eje en su vida. "El año pasado terminé con un noviazgo de dos largos años y también con mis complejos", se confesó la bella con *Caras*. "Hacía mucho tiempo que tenía ganas de operarme las lolas, pero nunca me había animado. Hace un mes decidí entrar al quirófano y también a la peluquería para cortarme el pelo bien cortito. (...) Imagináte cómo será lo segura que me siento que, en mi último viaje a la Polinesia, no tuve ningún reparo en hacer topless en la playa. ¡Y eso que antes era la más tímida! Ahora no sólo me animo a mostrarme, sino que me siento orgullosa."

Elsa Serrano, Alicia Betti, Raquel Mancini y Claudia Maradona son otras famosas que no le han hecho ascos al cuchillo. En 1986, el plástico Luis Ripetta modeló la nariz de la modista y le recicló la delantera. Alicia Betti, más modesta, en cuanto pudo sobreponerse a la trágica pérdida de su marido se arregló los ojos. Mancini admitió públicamente haberse agregado lolas —el mínimo, aclaró— en 1990. "No lo hice por nada profesional, lo hice por mí. Para sentirme mejor. No por tener un poco más de lolas voy a perder mi look, mi onda."

Guillermo Nimo, el ilustrado astro de *Tribuna Caliente*, quedó encantado con el lifting que le hizo el doctor Daniel Puente. El cirujano, además, le sacó las bolsas de los ojos y le subió los párpados y las pestañas. Nimo, que no decide nada sin consultarlo con su amigo Gerardo Sofovich —él no lo llama obsecuencia sino "agradecimiento"—, llegó al quirófano con la bendición de su padrino.

4.
Espiritualidad menemista

> Desde que los hombres ya no creen en Dios, no es que ya no crean en nada, creen en todo.
>
> CHESTERTON

Aficionado de siempre a las cábalas, brujas, tarotistas y adivinadoras, Menem es también un ferviente católico. Prueba de esto fueron los días de recogimiento que pasó hace unos años en el monasterio trapense de Santa María de los Angeles, más conocido como La Trapa, a instancias de su otrora delfín, Gustavo Béliz. Su religiosidad también le ha sido útil para asegurar que el rumbo de su gobierno "está marcado por Dios". Su ruta, la del ajuste, "es el camino justo y necesario que nos marca Dios y el pueblo argentino", le respondió a monseñor Laguna cuando este criticó la dureza de la vía elegida.

Cabulero, dicen, Menem tiene fechas buenas y malas. Por eso quiere que para las elecciones de 1995 la transmisión del mando tenga lugar el mismo día en que él asumió en 1989: el 9 de julio. En junio de 1992 tuvo un encuentro casi místico con Indra Devi, 93 años, quien logró dormirlo en cuanto lo conoció. Invitada a La Rioja, Devi lo sometió a una sesión de relax de veinte minutos y el presidente se durmió. "Se despertó sobresaltado y ya iba a salir corriendo pero le dije no brinca (sic). Le expliqué que no hay que salir de golpe del relax, hay que estirarse primero", recordó ante Claudio Zeiger, de *Página/12*, la mítica maestra de Yoga.

El presidente, en cambio, es un autodidacta en la búsqueda de nuevos senderos del espíritu, tan de onda en estos tiempos. Lector ávido de ensayos sobre control mental —interés que comparte con Michael Jackson, por citar algún ejemplo—, a mediados de 1993 trabó relación con José Mouyabed, instructor y director de *Silva Mind Control* para la Argentina, Paraguay y Uruguay. Aunque Menem lo niega, Mouyabed fue el responsable de que en el invierno de 1993 el presidente de los argentinos se paseara casi en cuerpo gentil por el foro multinacional de Davos, Suiza (el mismo en el que María Julia se dedicó a arrojarle bolas de nieve a Anzorreguy envuelta en un tapado de visón "de criadero"). "Yo no siento frío porque se trata de una cuestión mental. Es muy simple: me digo que no siento frío, y no lo tengo. Es una práctica de control mental", expuso ante los ateridos funcionarios que lo miraban asombrados.

"A mí me da risa todo lo que se dice ahora de la New Age y de todas las técnicas mentales, psicológicas y esotéricas. Yo, sencillamente, hago de mí lo que yo mismo me propongo. Es increíble, es como si tuviera todas esas técnicas dentro de mí", se envaneció luego el presidente. Mouyabed se encargó de desmentirlo y se adjudicó el mérito de haber logrado "una diferencia entre aquel Menem que descargaba todo un rosario de opiniones, y el actual, más mesurado y reflexivo, que se puede traducir en un control exigente de sus emociones".

En el plano político fue el diputado Carlos "Chacho" Alvarez quien le colocó el cable a tierra: "Si el presidente puede negar la realidad política gracias a unos pocos ejercicios, éstos también pueden servir para negar la realidad social. Así, le resulta fácil decir que no hay pobreza". Pese a tomar a la New Age a la chacota, los caprichos y transgresiones que han caracterizado la conducta presidencial pueden muy bien ser tomados como ejemplo del "pensamiento positivo" y de la recuperación del niño interior o ensalzamiento de la infancia a que tiende el movimiento de marras. "Cuando uno se siente *number one* inevitablemente termina siéndolo y esto es algo piola porque una, que está colaborando con él, se siente más protegida", explicó en una oportunidad Claudia Bello de su jefe. De ahí que su "yo quiero ser presidente" —si es posible para toda la vida—, es el equivalente del "me gusta ser mujer" que celebra Nacha Guevara, la

Louise Hay local. Nacha profetiza además que "uno envejece cuando deja de creer, cuando pierde la inocencia. Por eso trabajo para recuperar el niño que todos llevamos dentro, para recuperar la candidez que sólo tienen los niños".

Contactos con el más allá

Católica en sus formas pero pagana en sus contenidos, en la sociedad argentina el movimiento mensual financiero de adivinos, videntes, brujos y compañía se estima en 450 millones de pesos. Uno de los principales consultantes de los arúspices vernáculos es el presidente de la Nación. Desde que en 1961 la vidente Ilda Evelia le predijera su llegada a la primera magistratura, Menem no ha cesado de mirar con respeto la cuestión esotérica. Incluso llegó a crear una especie de gabinete de vates presidenciales que integran —entre otros muchos que entran y salen como Teresa, la mamá del fiscal trucho Jorge Damonte— Evelia, la astróloga Aschira y el presidente de la Confederación de Espiritistas.

El presidente de la Nación fue también un asiduo visitante del extinto padre Mario Pantaleo. Las sanaciones y videncias de Pantaleo convocaron durante años a una variopinta gama de figuras tales como Raquel Hartridge de Videla, Hugo Anzorreguy, María Julia y Franco Macri, a quien el padre vidente le aseguró que el secuestro de su hijo terminaría bien.

En 1990 Menem llegó a lo del santo Pantaleo de la mano del brigadier Antonietti en busca de auxilio espiritual cuando, luego de las acciones de Olivos, sus hijos se apartaron de él. Durante el invierno de 1991 sus visitas se hicieron más frecuentes y no pasaba un mes sin que, en jueves o en domingo, un helicóptero a bordo del cual viajaba el presidente acompañado por Antonietti o Eduardo Bauzá, aterrizara en el jardín de la quinta del sacerdote.

Entre las clarividentes más cercanas a la farándula menemista, Ilda Evelia fue considerada durante un tiempo como "la bruja de Menem". Durante una reunión en Buenos Aires, en 1961, Evelia tuvo una alucinación en la que lo vio "con la banda presidencial cruzada en el pecho" y le pronosticó que esto ocurriría cerca de la década del 90. Sin embargo, las acciones de la iluminada bajaron cuando en agosto de 1993 auguró que "nuestro país está pasando por un período muy difícil", atreviéndose incluso a predecir casi una derrota para las elecciones del 3 de octubre. Menem —pese a su cacareado control mental— no pudo contenerse y le contestó que la astrología "es una burda patraña". Ilda Evelia hizo caso omiso de la bien ganada inquina presidencial y le puso más pimienta a su presagio: "Toda mi vida dije que el doctor Menem no va a terminar un mandato. Lo dije desde el momento en que asumió la primera magistratura. Ojo, no digo que no va a terminar este mandato presidencial. No sé si este o el siguiente, pero reitero, tengo que decirlo, hay un mandato que Menem no termina".

Por la misma época la astróloga Aschira auguró que Menem ganaría si hay reelección y la también astróloga Lilly Süllos —quien suele acercarse a la Casa Rosada para dejarle sus predicciones a los secretarios presidenciales— vio bien aspectado al Primer Mandatario. "Menem tiene una muy buena revolución solar en la carta astral. Hasta el próximo cumpleaños (1º de julio de 1994) está muy protegido porque tiene una muy fuerte presencia de Júpiter, aparte el Sol está en la décima casa, que significa personalidad y prestigio", auguró Süllos, quien se vanagloria de haberle avisado que no saliera a navegar con Daniel Scioli porque podía ocurrirle una desgracia.

Quienes la conocieron antes de que alcanzara el estrellato opinan que "la mentalista" Blanca Curi era una excelente tarotista "hasta que se codeó con el Poder". De dimensiones similares a Marianne Sagerbrecht, la gorda actriz de *Bagdad Café*, rubia como ella aunque bastante más híbrida que los personajes que la alemana suele interpretar, Blanca tiene el rozagante rostro de los rellenos. Su boca en forma de "O" siempre parece estar dispuesta a aspirar lo que venga y cuando come —así sea en un restaurante— se coloca un babero tamaño Blanca Curi alrededor del cuello.

Adivinadora oficial del farandulomenemismo, en 1990 se convirtió en la bruja preferida de Adelina Dalesio de Viola a quien le anticipó —con movediza exactitud— que venían para ella "seis años muy importantes". A comienzos de 1992, un entredicho con la división narcóticos del Departamento de Policía la apartó momentáneamente del entrañable jet set oficialista. A causa de una denuncia por ejercicio ilegal de la medicina, la Policía Federal allanó su casa y le secuestró cajas de remedios farmacéuticos. Además de a la adivina, los servidores del orden arrestaron a un cliente suyo, Ernesto Rodríguez. Este acababa de oblarle a la "mentalista" doscientos dólares por "remedios" que le había recetado, entre cuyas sustancias curativas se detectó la presencia de "clorhidrato de cocaína". Un traspié menor que no ha sido obstáculo para que la nigromante represente a la Argentina en el campeonato mundial de bridge en Albuquerque, Estados Unidos.

La canción popular —junto con el *Club del Clan*— también ha hecho su aporte al esoterismo político de la Nación. El santiagueño Leopoldo Dante Tévez, más conocido como Leo Dan, aspirante a gobernar su provincia, descubrió hace diez años sus poderes sanadores y los utiliza curando enfermos. El compositor y cantante Cacho Castaña, *né* Humberto Vicente Castagna y autor de *Café La Humedad*, después de trece experiencias matrimoniales —entre ellas Diana María y Mónica Gonzaga— devino pai umbanda, cura pacientes y adivina con bola de cristal. Aunque hasta el momento nadie lo ha convocado para integrar algún elenco político, Castaña considera que Menem ha hecho todo lo que él hubiera querido hacer y amenaza con poner un aviso en un diario que diga "cantante labicarnoso morocho, se ofrece para gobernar". El pai-cantante piensa disputarle a Duhalde el trono de la provincia de Buenos Aires porque quiere "comer un poco de la torta". Aunque se encarga de aclarar que él "afanaría con dignidad porque por lo menos haría cosas". Nunca se llevaría "ciento cuarenta palos verdes". Le parece exagerado.

No obstante este aquelarre que sobrevuela la vida política argentina, en 1993 el Senado de la Nación dio media sanción a un proyecto de ley elevado por el Ejecutivo que pretende —ingenuamente— que no se considere como cultos sacros a "actividades tales como la experimentación o estudio de fenómenos astrofísicos, psíquicos o parapsicológicos, la adivinación, la astrología…".

Los apóstoles

Introductora de la New Age en el tubo catódico, desde su programa *Me gusta ser mujer* Nacha Guevara se empeña en convencer a sus congéneres de que toda conducta negativa puede ser transformada en positiva. Como su alter ego, "Marga la armonizada", Nacha no cesa de repetirse "me amo, me acepto, me apruebo". Para la diva, el eje de su vida pasa hoy por su relación con la "divinidad". Si bien la deidad no parece favorecerla en materia de rating, su más terrenal relación con Susana Valente, esposa de Eduardo Menem —quien como la Guevara, milita a favor de cortajear los abrigos de piel y convertirlos en frazadas para los pobres—, y el hecho de que Víctor Bo, su productor, pertenezca al círculo áulico presidencial, permiten suponer el porqué de su chamánica sobrevivencia en el canal oficial. Los memoriosos quizás recuerden que en su primera emisión, en agosto de 1993, la estrella probó que el amor da para todo, hasta para abrazar repollos e incluso recibió de su primera invitada, la actriz —con propensión a mutante— Silvia Montanari, el más místico de los piropos: "Dios te puso como puente, Nacha, para enseñar todas estas cosas".

Graciela Alfano practica yoga, acupuntura y no come químicos ni embutidos porque asegura que le sacan la energía. A la mañana, además de desearle los buenos días a las tostadas, escucha a Wagner, que le da fuerzas y la pone belicosa. Después, siempre según los sones de la música que inspiró a Hitler, la emprende con la lambada. Otra variante matutina que suele practicar Alfano es la de los gorilas —explicó en una larga entrevista en la revista *Emanuelle*—, y acto seguido se golpeó el pecho y emitió un rugido. "Yo soy ingeniera, estudié antropología, estudio cada vez más y cada vez quiero saber menos. Porque me condiciona. Porque cuando yo empiezo a saber que esto es negro y que esto es blanco ya soné, porque no tenés más libertad", declaró en la misma entrevista en una extraña apología de la ignorancia.

Sai Baba le dio sentido a la vida de la vedette Silvia Pérez, a quien llegó vía una amiga terapeuta floral. Pérez viajó a la India para conocer al gurú y desde entonces se define "más tolerante, más paciente, más buena". Siente que la presencia de Dios la "protege" y admite estar entregada "a lo que Dios disponga".

Personalidades como Domingo Cavallo, Luis Barrionuevo y el general Antonio Bussi recurrieron en alguna época al pai Carlos Luconi, una especie de Zé Arigó pero en versión umbanda y de ultraderecha (uno de sus partidos se llamó "Nueva Derecha"). Luconi supo ser muy frecuentado por los ucedeístas, quienes lo abandonaron cuando en 1989 el brujo quiso postularse como diputado y sus partidarios no quisieron correr el riesgo de mezclar la magia con la política.

A Irma Roy la fuerza se la da la meditación trascendental y, gracias a esta práctica, llegó a diputada. "Estaba número 17 en la última nómina para diputados, y al que estaba número 19 le dije, «yo voy a hacer mucha fuerza para que entren hasta el 19». Y entró. ¿Qué me dice?", recordó ante un periodista de *Noticias*. Otro incondicional meditador es Eduardo Varela Cid. En 1988 Cid viajó a los Estados Unidos para hacer un curso con sus símiles estadounidenses y al segundo día ya dormía sin pastillas. En sus épocas de diputado, antes de hablar en el recinto tenía por costumbre subir a su despacho y meditar durante quince minutos.

Claro que no siempre las aventuras esotéricas llegan a buen puerto. Juan Percowicz y sus seguidores de la Fundación Escuela de Yoga de Buenos Aires, en el escándalo conocido como "yoga-sex" fueron acusados de robo, asociación ilícita, corrupción de menores, promoción de la prostitución y privación ilegal de la libertad. Fruslerías estas que la Fundación hacía funcionar en una estructura paralela —diferente a la que utilizaban los que estaban realmente interesados en practicar la vertical— y en la que a cambio de favores o avales para distintas actividades se entregaban mujeres que realizaban lo que ellos denominaban tareas sexuales o de "geishado", vocablo que en el argot de sus militantes significa "bien educado, que respeta al otro". El ex intendente Grosso —quien declaró a la Escuela de "interés municipal"— habría sido uno de los que recibió este respetuoso servicio.

Percowicz había logrado que en 1992 su conferencia sobre "La filosofía occidental como alternativa ante las lacras de la droga, el sida y la violencia" fuera declarada de interés nacional. Resoluciones mediante, la conferencia fue avalada por el ex ministro de Educación, Antonio Salonia, el secretario de lucha contra la drogadicción, Alberto Lestelle, el secretario de Turismo, Francisco Mayorga, el presidente del Comité Nacional de la UCR, Mario Losada, y la infaltable Claudia Bello.

Un ex colaborador de ministro José Luis Manzano (quien firmó junto con el presidente Menem) recordó más tarde que fueron Carlos Corach y Moisés Ikonikoff los que le pidieron al ministro del Interior que rubricara el decreto. Como es de imaginar, ninguno se hizo cargo de nada.

5.
El imperio de los Fígaros

Poco a poco, el rol desempeñado por los encargados de atusar las melenas del menemismo trascendió las fronteras del rulero, la planchita y las "extensiones", y los ubicó en las cercanías del Poder, en una rara combinación de válido y bufón.

Tradicionalmente depositarios de los secretos de sus parroquia-
nas, que los ven como a confesores, los peluqueros dominan como
nadie el arte de domesticar e influir sobre sus damas. Los hedonis-
tas tiempos que corren sumados a la feminización de las costumbres masculinas, dieron permiso a los varones para utilizar ellos
también sus servicios.

La progresiva farandulización de los políticos, correlativa a la
politización del varieté, cargó las orejas de los Fígaros patrios
con un nuevo tipo de material: los vericuetos de las internas y las
denuncias de todo tipo. A esto se agrega la fascinación que en los
barberos despierta el casco con que la naturaleza dotó al presidente de la Nación. Dusty Fleming, el coiffeur que obligó a Barbara Bush a tener una cabeza menos pelada y más "gonflée", responsable también de las testas de Joan Collins, Claudia Schiffer,
Raquel Welch y Robert de Niro, coincidió con Menem a comienzos de 1992 en la inauguración de la muestra de Antonio Seguí
en la Casa Rosada. Fleming observó complacido los benéficos
efectos que el implante capilar o "gato" habían producido en el
plumón presidencial. "Yo le iba a decir que cambiara esas patillas tan largas a los costados. El tiene una buena estructura ósea,
pero las patillas le sacan fortaleza y, si las achica, tendrá más

fuerza en sus facciones, mostrará mejor su personalidad", dictaminó el maestro estadounidense previo hacer saber que no estaba dispuesto a ofrecerse como voluntario.

Poco a poco el rol desempeñado por los encargados de atusar las melenas del menemismo trascendió las fronteras del rulero, la planchita y las "extensions", y los ubicó en las cercanías del Poder en una rara combinación entre válido y bufón. Pocos saben que Tony Cuozzo ha intervenido en la resolución de problemas que atañen a la Nación, y que junto a Ramón Hernández y Lalo Cáceres, ex director de Ceremonial de La Rioja, entre mate y mate, aconsejan al presidente sobre las medidas a tomar. Tampoco muchos saben que Miguelito Romano, además de ser el único en el mundo que encuentra que Zulema Yoma es una "mujer muy dócil" que le permite hacer lo que él quiere con su pelo, cumplió su sueño de ver al Papa gracias a Zulemita. En una de las innumerables giras por el exterior del Primer Mandatario, el diario *La Nación* se interrogaba acerca de la identidad de una las integrantes de la comitiva que lo acompañaba: la ignota Nicolasa Torres. Hecha la investigación pertinente, se supo que la mencionada no era otra que la nueva coiffeur presidencial, conocida en el medio como la estilista Stella Maris Lóndero.

A fines de 1991, Enrique Kaplan, ex peluquero y ex director general de Ceremonial, se convirtió —María Julia Alsogaray mediante— en el subsecretario de Relaciones Institucionales de la Secretaría de Recursos Naturales y Ambiente Humano. Propietario de las peluquerías *Adán* y dueño junto con su hermano Rubén de la Compañía Internacional de Eventos, organizadora de la discutida *Expo-Auto '90* de la Costanera Sur, Kaplan no parece haberse lucido demasiado en sus funciones. Pese al entusiasmo de sus declaraciones el día en que asumió: "nos vamos a ocupar realmente de los problemas ecológicos", nunca más se lo escuchó hablar.

Tony Cuozzo

Junto con "la Lóndero", Cuozzo es responsable de varias de las reconstrucciones capilares a las que periódicamente se somete el Jefe del Estado argentino. Costumbre ésta que desespera tanto a diplomáticos como a funcionarios que casi nunca consiguen que la fotografía oficial coincida con la imagen actual del Primer Mandatario. En uno de sus monólogos en *La verdá de la milanesa*, y en presencia de Menem, acompañado por Gerardo Sofovich y Zulemita, Antonio Gasalla ilustró las profusas transformaciones del pelaje presidencial: "Yo creo que usted está mejor, presidente —lo ponderó Gasalla—. Lo eligieron el más elegante del mundo (por el premio The Best), esto no nos había pasado nunca. No se sabe con qué foto lo eligieron, porque empezó como Facundo Quiroga y ya está como Tito Luisiardo".

Antonio Cuozzo llegó a Carlos Menem vía Eduardo Duhalde, a quien lo une una amistad de años. En febrero de 1991, en una nota aparecida en *Página/12*, el periodista Román Lejtman denunció que Cuozzo había sido designado el 23 de enero de 1990 por el vicepresidente Eduardo Duhalde como agente administrativo A-6 del Senado de la Nación, con la específica misión de atender el "intercomunicador telefónico", justo en el mismo momento en que Duhalde impulsaba un proceso de racionalización en la Cámara Alta. Sin embargo, según descubrió el periodista, Cuozzo concurría a la Cámara nada más que "para cuidar la apariencia capilar de Duhalde", tarea casi justificada dada la abundante cabellera y las dimensiones de la mollera del entonces vicepresidente de la Nación.

Por esos días Cuozzo dividía sus tareas entre la cabeza de Duhalde y la de Menem, a quien cardaba todas las mañanas y después de la siesta, además de acompañarlo allí donde fuera sin dejar de percibir los viáticos correspondientes. "Es decir —escribía Lejtman—, el Parlamento solventa los gastos del peluquero presidencial que, lógicamente, no sube al *Tango 01* para recibir las llamadas en el intercomunicador telefónico."

—¿No le parece un disparate que el Senado le pague viáticos cuando viaja con Menem? —lo interrogó el periodista.

—No. Yo de vez en cuando le atiendo los teléfonos, hago algún mandado para el presidente o le digo a la gente que espere, que ya la van a atender.

—Pero usted debe atender los teléfonos de Duhalde.

—Yo vengo al Senado, le arreglo el pelo a Duhalde y también atiendo alguna llamada...

Lejtman también investigó las veces y las cantidades por viáticos que la Cámara Alta autorizó, entre julio de 1990 y enero de 1991, en beneficio de Cuozzo. Por ocho días, cuando Menem se aprestaba a viajar rumbo a Brasil, Colombia y Perú, Cuozzo obtuvo 1.650 dólares. Dos meses más tarde, durante el viaje a Venezuela y Estados Unidos, por seis días de viáticos el barbero presidencial se hizo acreedor de otros 1.650 dólares. El 10 de octubre de ese mismo año, Duhalde firmó una resolución otorgándole a Cuozzo 4.300 dólares para solventar su gira por Tierra del Fuego, Venezuela, Italia, Polonia y Rusia. "El 12 de diciembre, para cerrar un año agitado, —concluye Lejtman— a pedido del director general de Ceremonial de la Presidencia, el ex peluquero Enrique Kaplan, el Senado entregó a Cuozzo —que viajó con Menem a Posadas y Mar del Plata— 250 dólares para comer sin problemas." En enero de 1991, Duhalde mediante, Cuozzo obtuvo 900 dólares para cubrir los gastos del viaje que hizo con Menem a Río Gallegos, La Rioja, Pinamar y Mar del Plata. Un día después, el vicepresidente firmó otra resolución por 300 dólares destinados a costear la comida de Cuozzo en Mar del Plata donde Menem veraneó por setenta y dos horas (del 18 al 20 de enero).

Su última hazaña conocida fue la participación en el Operativo Recuerdo, a bordo del rompehielos *Almirante Irízar*, en el homenaje con que se recordó el duodécimo aniversario del hundimiento del Crucero General Belgrano durante la guerra de Malvinas y que provocó la muerte de 377 marineros. Del centenar de familiares de los muertos, sólo 65 lograron embarcar. Incluso el secretario de Defensa, Jorge Baeza (uno de los organizadores oficiales del homenaje junto con Claudia Bello) prefirió no viajar para dejar un lugar libre. Cuozzo, inmutable, con su maletín reglamentario en mano, hizo oídos sordos a las poco simpáticas menciones a su familia materna por parte de los frustrados viajeros. "...Preguntále al presidente por qué me lleva a todos lados. El es el que decide. Mirá el resfrío que tengo por haber ido al sur. Ves que no es fácil lo mío…", se sinceró el "repiloso" Tony ante *Noticias*.

La relación Cuozzo/Menem ha tenido, y tiene, sus altibajos. A mediados de 1991 fue desplazado por la Lóndero, cuyas "extensiones" más que remodelar el peinado presidencial ridiculizaron aún más el acicalado look (amén de enriquecer el vocabulario de los argentinos con las palabras "gato" y "quincho"). Víctima de lo que dio en llamarse "la interna del gato", el entrañable Tony no tuvo más remedio que ponerse a las órdenes de la estilista y aprender a pegar pelos con cierta gracia.

Pero Cuozzo recuperó su lugar como ladero presidencial durante la operación de carótida y luego de que Duhalde convenciera a Carlos Menem de la necesidad de reponer a Tony, visto que "la reina del aplique" se iba mucho de lengua. Cuando el presidente emergió de la intervención había perdido ese aire de muñeco de *Canal K* que le confirió el trabajo capilar de la estilista preferida de Nacha Guevara.

En los últimos tiempos Cuozzo comenzó a prestar más atención a la inauguración de su peluquería en Pacheco de Melo y Junín —que incluiría hasta salón VIP— que a la primera testa del país. Durante el viaje a España, el peluquero-ñoqui se dedicó a comprar camisas floreadas para sus asistentes que debían estar a tono con el aire tropical que pensaba darle al local. Otros rumores apuntaban a que, al igual que *McDonald* o *Benetton*, Cuozzo concedería "franchising" para abrir locales de su especialidad en varias provincias. Este cúmulo de ocupaciones retrasó su aparición en numerosos actos oficiales y provocó una serie de incidentes. Uno de los últimos ocurrió cuando la delegación oficial tardó en salir para Chile porque Tony no aparecía y Menem sin él no quería viajar.

Venganza o coincidencia, lo cierto es que el presidente de la Nación ha optado por poner menos atención a su pelambre. A Cuozzo se lo ve cuasi desocupado, resignado a cumplir el rol de "ball senior" (el que recoge las pelotas) de Carlos Saúl cuando éste juega al tenis.

La madre del gato

Después de diez años de aprendizaje en Londres con el estilista Vidal Sasoon, Stella Maris Lóndero, enemiga de los ruleros, estaba decidida a terminar con el "look tango" de la mujer argentina. Importó entonces el método de los apliques capilares invisibles, que ella considera tan funcionales como la "bijouterie" porque "te los ponés y sacás y volvés a ponértelos". Confeccionada con pelo natural importado de distintos lugares del planeta, Lóndero desmiente enfáticamente que esta armazón capilar se sostenga a base de la *gotita* como insisten algunos calumniadores. "Trabajo con productos dermatológicos a base de resina —explicó Lóndero a *Página/12*—. Tienen control de Salud Pública de Inglaterra."

Una de sus principales clientas es Nacha Guevara, para quien la creadora, en oportunidad de la producción fotográfica que la diva New Age realizara para *Playboy*, diseñó una extensión de casi doscientos apliques, a razón de sesenta dólares cada uno. La multiplicación arroja un desembolso de 12 mil dólares más cuatro de mano de obra que constituyen los honorarios de la Lóndero. "Pero no podía decirle que no a Nacha que es una de mis preferidas. Además, con una estrella como ella yo juego mi prestigio", explicó la peluquera sembrando la duda sobre si había trabajado gratis.

Cuando María Julia Alsogaray apareció peinada estilo "demi sauvage", con una abultada melena larga hasta los hombros y de un opinable tono cobrizo, nadie dudó que la discípula de Vidal Sassoon había hecho de las suyas en esa cabeza. Silvia Montanari, la madre de la tira *Son de Diez*, lleva bucles "Lóndero" desde que asumió el personaje. En el casamiento de Diego Simeone, Claudia Maradona —completamente londerizada— lució una larga y brillante madeja de pelo rubio casi más grande que ella. Otro que se puso a las órdenes de la coiffeur fue el radical Eduardo Angeloz, quien aceptó a regañadientes quitarse el jopo que lo acompañaba desde su adolescencia. Finalmente, también las envidiables matas de pelo de Moria Casán, Graciela Alfano, Su Giménez, Liz Fassi Lavalle y Carolina Papaleo, las más comunes de Marcelo Tinelli y Daniel Scioli (que nunca se presenta a una carrera sin pasar antes por el local de la calle Rivadavia) llevan el inconfundible sello de esta artista. De todos modos para Lóndero la mejor propaganda es ella misma, dada las dimensiones de su arquitectura capilar, particularmente las del jopo que le cae sobre la frente.

Pami enrula

La suerte de "Fernando Valerio Ducca Coiffeur", más conocido como "Valerio" pero nacido Juan Fernando Sosa, cambió cuando cayó en sus manos la cabeza de la presidenta del Pami, Matilde Menéndez. Desconocido hasta que las hazañas de su jefa en el Pami lo catapultaron al top de la corrupción, "Valerio" (quien asegura haberse doctorado en pelo en Italia) siempre se jactó de que en su salón-casa de la calle Gorriti al 4800, en pleno Palermo Viejo, se atendían, entre otras muchas, Susana Giménez, Libertad Leblanc y la extinta Beba Bidart.

Entusiasmada con sus dotes, la ex presidenta del Pami lo contrató primero para que fuera a su casa todos los días a las siete de la mañana para ponerla a punto —a su cabeza, claro—. Deseosa de que los abuelos a su cargo tuvieran la fortuna de que un diestro como Valerio les ordenara las mechas, Menéndez creó luego un plan que se llamó "Servicio de Peluquería para Residencias Propias", e hizo contratar a su Valerio —secundado por aprendices y una hermana— por cinco mil pesos mensuales. Los empleados del Pami, que perciben por jornadas de ocho horas y un año de antigüedad una suma mensual no mayor de 500 pesos, rebautizaron al innovador servicio como "Pami te enrulo". Para embolsar lo mismo que Valerio, un médico de la institución debía hacer 16 guardias de 24 horas al mes.

Antes de acceder a un Ford Escort propio, el coiffeur se desplazaba para atender a su clientela en un vehículo del Pami. "Valerio puede utilizar los coches del Instituto como si fuera un funcionario más", había ordenado Matilde provocando un revuelo entre los choferes de la entidad que se negaban a ir a buscarlo. El tocador de la tercera edad fue inaugurado el 11 de noviembre de 1993, con un ágape en el Centro de Jubilados Ramón Carrillo —Zapiola al 500—, reducto de militantes matildistas. El festejo costó 4.600 pesos y la autorización de pago la firmaron Cesar Pombo, gerente del área, y Saverio Tedesco, gerente general del Pami. La novedosa prestación no despertó el entusiasmo que se esperaba entre los otoñales clientes y muchos ancianos prefirieron cortarse ellos el pelo antes que someterse a los experimentos de Valerio o sus aprendices.

Miguelito Romano

Roberto Giordano siempre ha hecho gala de una tendencia más *Hola* y ha buscado rodearse de lo más chic de los famosos, entre ellas su madrina y diva, Mirtha Legrand, la ex modelo Teté Coustarot o las paquetísimas princesas que suele importar de Europa para sus mitológicos desfiles de pelo en Punta del Este. Además, durante los cinco años y medio de radicalismo, fue el encargado de embellecer a María Lorenza Barreneche de Alfonsín, por quien sentía una auténtica veneración. Miguelito Romano, en cambio, es un fiel representante de la variante *"Radiolandia-Idilio-Nocturno"*, y su especialidad es la farándula propiamente dicha. Hasta que las extensiones de la Lóndero desbancaron sus postizos, no hubo cabeza del varieté (o mejor dicho peluca) de la que Miguelito no se ocupara.

Peronista y menemista de alma, de gusto recargado, Romano entró "a palacio" de la mano de Norma López Rega de Lastiri. Fugaz primera dama en épocas de triste memoria, Lastiri llegó un día a su salón para pedirle que la peinara porque era "cholula" suya, transformándose así en una de sus primeras clientas políticas y convirtiéndolo luego en su peinador exclusivo. "Al mes manejaba la quinta de Olivos como ninguno", suele recordar Romano. Casi dos décadas más tarde las aparatosas damas del "peronomenemismo" parecen haber encontrado en él su coiffeur ideal. Como clientas ganó a María Julia y a Zulema Yoma, quien abandonó a Giordano para incorporarse a su staff. A Zulemita suele acompañarla en los viajes, aunque la comparte con Javier Matheus, el peluquero estrella de Roberto Giordano.

Pero lo que más le gusta a Romano es disfrutar de su mansión de Ingeniero Maschwitz. Pese a que la casa supo ser el castillo de los Saavedra Lamas (cuyo viejo ascensor fue un regalo de Hipólito Yrigoyen a sus dueños), Miguelito no pudo evitar darle un toque *Dinastía*. A comienzos de 1991, durante los fines de semana solían acompañarlo María Julia y hasta el mismo presidente. "Cuando viene jugamos al paddle o al fútbol o vemos cine, él es un dulce. Todos nos maravillamos con sus cuentos. Acá se distensiona, quizá lo que más le preocupa es el manejo del helicóptero porque todavía no lo domina muy bien", evoca feliz el peluquero.

Romano se enoja cuando le dicen que su magnífico palacete es un regalo de Amalita Fortabat y apunta que "de ella es solamente la pileta". En realidad, el palacete fue el origen de la trifulca que le costó la amistad con la señora de Fortabat, su clienta más amada. En la ruptura, además de celos y chismes, intervino un crédito de 200 mil dólares del *Citibank* de Miami con el que el peluquero compró su mansión y que luego no pagó, y por el que la señora de Fortabat le había salido de garante. Quienes conocen el meollo del asunto sugieren que la disputa entre la millonaria y su coiffeur se habría originado cuando éste prefirió peinar a Susana Giménez para su casamiento en diciembre de 1988, en vez de a la nieta de Amalita, Bárbara Bengolea, quien se casaba en esos días. Esto sumado a un comentario hecho por Miguelito y oído por una amiga de Amalita quien corrió a contárselo, provocaron que la señora de Fortabat pidiera una intervención recaudatoria en la peluquería de las estrellas. Romano se defendió insinuando que ella no le había pagado varios trabajos y declaró a *Gente* que "Amalita" un buen día se dejó de peinar "sin decir nada". El último comentario del coiffeur abandonado fue: "Tuve que ir al psiquiatra porque la amé mucho".

6.
El harem masculino

Cuando Carlos Menem alcanzó el Poder arrastraba tras de sí, además de los desposeídos de siempre, a un heterogéneo conglomerado de alrededor de quinientos amigos: rejunte de peronistas —en su vertiente menos progesista— y conservadores, más una caterva de eternos compinches y los infaltables parientes, propios y políticos.

"El fin justifica los medios" es evidentemente la máxima preferida de Carlos Saúl Menem, que nunca le hizo ascos a nada ni a nadie con tal de llegar al Poder. Cuando finalmente lo alcanzó arrastraba tras de sí, además de los desposeídos de siempre, a un heterogéneo conglomerado de alrededor de quinientos amigos: un rejunte de peronistas —en su vertiente menos progresista— y conservadores, más una caterva de eternos compinches y los infaltables parientes, propios y políticos. Sin demasiado en común entre ellos, los hermanaba el "sicarlismo", además de la ansiedad por "progresar" rápidamente en el terreno económico y el profundo desconocimiento acerca de ese mecanismo que Freud denominara superyó y la religión *voz de la conciencia*. De la galera que destapó el mago riojano escaparon desde marginales, amigos/as de toda la vida o de la noche, montoneros "arrepentidos", fascistoides de Guardia de Hierro y violentos del Comando de Organización, hasta pares de Massera y José López Rega —como Juan Carlos Rousselot. Al principio el establishment los miró con desconfianza, aunque finalmente acabó aceptándolos en la seguridad de que terminarían protegiéndolos de algún otro tipo de avanzada ideológica.

Los entrañables

Desde tiempo inmemorial es Ramón Hernández quien comparte las mañanas presidenciales. Cuando Menem se convirtió en presidente y designó también como secretario a Miguel Angel Vicco, se decía que Ramón era quien lo levantaba y Vicco el que lo acostaba. Casi al final de su mandato, aunque Vicco fue sobreseído por la Justicia, ya no es más uno de los secretarios privados presidenciales y el encargado de acostar al presidente. Amigos de corta data y origen farandulesco como Gerardo Sofovich, Rolo Puente, Luis Beldi y el Soldado Chamamé (Albino Rojas Martínez, su profesor de chistes) no sólo hacen dormir al Jefe del Estado, sino que también lo entretienen. Además de los naipes, una de las diversiones favoritas de este pintoresco grupo consiste en poner *FM Tango*, escuchar los primeros compases de un tema y apagar la radio. Luego apuestan —por montos que llegan a los miles de dólares— tratando de adivinar la fecha de grabación, el solista y el nombre de ese trozo de música.

Ramón Hernández, "El Gigante"

Fanático del básquet, Ramón Hernández, el gigante secretario/valet del presidente (casi dos metros de altura), conoció a Menem cuando éste, recién graduado de abogado y pese a su corta estatura, se convirtió en el entrenador del equipo de básquet local. Necesitado de dinero, Hernández ingresó en 1972 a la policía como cabo; años más tarde la dictadura militar lo trasladaría a Buenos Aires, donde fue destinado a tareas de vigilancia en la Facultad de Derecho de la Universidad de Buenos Aires. De traje gris y anteojos oscuros, el gigante se dedicaba a informar sobre el "zurdaje" que por allí pululaba.

El 14 de marzo de 1989, Menem, Hernández, Vicco y el médico Osvaldo Rossando se encontraban en el aeropuerto de La Rioja saliendo para Santa María, un pueblito de los pagos de los Saadi al que solía llegarse Mohibe Menem a tributar sus oraciones a la Virgen de

Valle. A último momento Menem se fue en el avión de Ramón Saadi y el resto de la comitiva subió, como siempre, al Lear Jet. Carretearon, ascendieron y luego cayeron. Cuatro tripulantes murieron (el médico Rossando un mes después) y Vicco y Hernández padecieron quemaduras graves. Una feroz patada de Ramón al techo del avión les permitió salir con vida y no achicharrarse adentro.

Al igual que a su patrón —a quien suele imitar en sus preferencias—, a Hernández lo pierden los relojes de oro *Rolex* y *Mont Blanc*, así como la buena ropa. Casado con "La Chochi", madre de sus dos hijas, tiene un ojo especial para encontrar secretarias y siempre se ha dicho que las suyas son las más vistosas de la casa de Gobierno. A comienzos de 1990, Hernández conoció a Beatriz Salomón mientras acompañaba a su patrón a un almuerzo en el Hotel Provincial con motivo de la inauguración del "Encuentro Argentino y Latinoamericano de Cultura". La Salomón se acercó al presidente y lo saludó con un beso en la mejilla en medio de los aplausos de la comitiva presidencial. "Menem llamó a Ramón, que estaba en una mesa contigua. Ramón habló con la Salomón, y nadie duda de que en ese instante nació otra amistad", escribió en *Noticias* el periodista Daniel Capalbo.

Después de la caída de Vicco, el manejo de la agenda presidencial recayó en Hernández. "A Vicco se lo puede acusar de muchas cosas pero no de no conocer el *who's who* del país. Ramón, en cambio, no tiene criterio y lo peor es que la agenda está en sus manos", se lamentaba un allegado al Gobierno que siempre defendió a Vicco.

Habitué de la noche, gran amigo de Guillermo Cóppola tanto como del fallecido "Poli" Armentano, Ramón suele ser fotografiado en *Trumps* o *Fechoría*, siempre bien acompañado, y ha llegado a ser considerado "un exitoso galán". Sobre todo después de haber abandonado su casa suburbana para mudarse a un piso de 500 metros en Belgrano. "No sé qué va a hacer Ramón el día que Carlos no sea más presidente", comentaba la misma fuente para explicar hasta qué punto Hernández se ha mimetizado con el Poder.

Miguel Angel Vicco, "Fresco"

Armando Gostanian se lo presentó a Menem allá por 1981. El futuro presidente pasaba por una de sus múltiples separaciones y Vicco acababa de concluir de una manera rocambolesca su primer matrimonio. Julia Conte, la legítima de entonces, lo había desalojado del departamento que ocupaban en Scalabrini Ortiz y Cerviño, depositándole las pertenencias en la calle con una nota en la que le sugería que se comunicara con su abogado.

Vicco alcanzó cierta notoriedad por su apodo de "Fresco", cuando poco después de asumir formó junto a Emir "Batata" Yoma una suerte de secretaría privada paralela que administraba la agenda del presidente, seleccionaba los contratos con el Estado y, según las malas lenguas, ordenaba las "comisiones" en un fondo común.

A mediados de 1991, el diario *Página/12* denunció que una de las empresas del secretario del presidente, *ERA*, producía leche adulterada que a su vez era distribuida entre organismos estatales de asistencia social por *Summun* —propiedad de Carlos Spadone—. Durante dos meses el escándalo ocupó las portadas de diarios y revistas. Las presiones de la prensa y, cuentan, las de Bernardo Neustadt, obligaron a Vicco a despedirse de la casa de gobierno.

Vuelto a casar con Marta Mordestern, las relaciones entre ambos se tornaron tempestuosas cuando María Julia Alsogaray irrumpió en la escena. Restaurantes como *Lola* o *Pedemonte* fueron testigos de las escenas de celos montadas por la segunda señora de Vicco. Y algunos hasta llegaron a asegurar que había visto cómo Marta le tomaba fotografías a María Julia mientras ésta se bronceaba en el *Concorde*, el barco de Mario Falak, durante un viaje de placer a Punta del Este, en el verano de 1991. Las fotos no fueron nunca publicadas pero la relación entre María Julia y el secretario no parece haber prosperado. Cuentan que cuando éste por fin se habría decidido a formalizar con la atractiva funcionaria, el affaire de la "mala leche" se interpuso en el camino de los tórtolos. "Lo dejó cuando a Vicco se le vino la noche", recriminan a María Julia amigos del ex secretario.

El tropezón penal de Vicco no disminuyó para nada el afecto del presidente ni su influencia en el poder. Se dice que fue él quien aconsejó a Menem publicar la lista completa de deudores del Banco Central, e incluso hay quien lo escuchó amenazar: "en cualquier momento hablo y más de uno va a tener que agarrarse los pantalones". Durante el exilio del ex secretario, Menem nunca dejó de comunicarse diariamente por teléfono con él ni interrumpió sus encuentros en Olivos o en Gelly y Obes, domicilio de Vicco, donde el primer mandatario se refugió cuando recién se había separado de Zulema.

Vicco reapareció públicamente el día de la operación presidencial y las cámaras lo retrataron sonriente en la puerta de la clínica. Acompañó también al presidente durante el posoperatorio, cuando todos los rumores coincidían en señalar que Menem estaba "muy bajoneado". Un sábado de noviembre Guido Parisier recibió un llamado del presidente de la Nación preguntándole si podía ir a comer a su casa porque estaba "triste y aburrido". Ni cortó ni perezoso, el propietario de *Hippopotamus* le organizó una cenita de dieciséis personas que incluyó a Graciela Borges, Patricia Miccio y Horacio Rodríguez Larreta. A los postres llegó Vicco acompañado de José Luis de Vilallonga, marqués español y autor de la biografía del rey Juan Carlos.

Vicco se había resistido a volver a aparecer en el elenco estable del presidente argumentando: "estoy procesado y te voy a perjudicar". "Dejáte de embromar, Gostanian y Spadone también están procesados. Estoy rodeado de procesados. ¿Te parece que estar con vos me va a perjudicar?", habría respondido el jefe del Estado para quien el estar bajo proceso parece ser comparable a una condecoración.

La Justicia sobreseyó definitivamente a Miguel Angel Vicco a fines de 1993, poco tiempo después de protagonizar junto a Luis Barrionuevo el encuentro Menem-Alfonsín. El miércoles 22 de diciembre, en el piso de la avenida Alvear al 1500 de los Sagastume, dueños de la parrilla *Mirasoles*, le organizaron una fiesta bajo la consigna "Para los amigos que estuvieron siempre". Jorge Antonio, Hugo Anzorreguy, Triaca, Homero Pereyra, Blas Medina, Hugo Santilli, Juan José Basualdo, el arquitecto Rossi, Fernando Archimbal y Enrique Kaplan fueron algunos de los invitados presentes.

Andrés Arnaldo Antonietti, "El Briga"

Chaqueño, hincha de Chaco for Ever y de Racing, amante de la música litoraleña, el atildado brigadier (R) Andrés Antonietti atiende por dos motes: "Huracán Andrés" porque no se detiene ante nada, y "Conde de Montecristo" por su ilimitada capacidad de réplica. Veterano de la guerra de Malvinas, ex jefe de la Casa Militar, ex jefe del Estado Mayor Conjunto, ex ministro del Interior en Santiago del Estero y actual titular de la Secretaría de Seguridad, Antonietti es amigo del presidente desde hace más de veinte años. Fue además quien le presentó a Maia Swaroski, a la que sabe ubicar cada vez que Menem la necesita.

Cuando en 1989 Menem resultó electo, Antonietti voló a La Rioja para compartir el triunfo. El entonces jefe de la fuerza, brigadier Ernesto Crespo, lo sancionó poniéndolo en disponibilidad. Carlos Saúl Menem lo rescató de este ostracismo y lo nombró jefe de la Casa Militar. En agradecimiento el "briga" —como cariñosamente lo apoda el presidente— se convirtió en un adalid del "sicarlismo". Un año más tarde le devolvería el favor desalojando a Zulema de Olivos, en un operativo que ha sido calificado como el comienzo de su entrenamiento en la lucha contra el fundamentalismo islámico.

Más obsecuente que Gostanian, si cabe, Antonietti responde ciega y solamente a Menem. Según lo describieran los periodistas Luis Majul y Olga Wornat en *Somos*, cuando el "briga" está en vuelo entra a cada rato a la suite del avión presidencial y dice: "Atención, Jefe: estamos sobrevolando Córdoba". O, "atento, Jefe, salió el sol por aquel lado". También, según los periodistas, en el momento exacto en que Menem ingresaba a la Casa de Gobierno "Antonietti se cuadraba y procedía a contarle los últimos chismes de palacio".

Mientras esperaba que se cumplieran alguno de sus dos máximos deseos: desalojar al brigadier Juliá del frente de la Fuerza Aérea y ocupar un lugar en el Estado Mayor Conjunto (aspiraciones que obstaculizó como pudo el ministro Erman González), el peripuesto Antonietti se dedicó —para desesperación de Cavallo— a la decoración. Dotado de un dudoso gusto barroco, redecoró el escritorio presidencial sin llamar a licitación, colocando una mesa de directorio de cristal espejado que mezcló con sillones de cuero negro de estilo moderno, espejos, dorados y terciopelos por todas partes, plantas artificiales y dos perros de material a los costados de la chimenea. Convertir al escritorio presidencial en una especie de *boudoir* ejecutivo le salió al brigadier tres millones de dólares.

Tampoco llamó a licitación para remodelar el Boeing 707 del presidente, al que de paso le sacó varias plazas para que fueran menos los que compartieran la intimidad de los vuelos de Menem. Y mucho menos licitó la compra del nuevo avión Boeing 757-23A, por el que pagó 66 millones de pesos al contado. Pero lo que sus críticos no le perdonan es el manejo discrecional que habría realizado con el dinero de los viajes presidenciales.

Cuentan Majul y Wornat que el día en que asumió como jefe del Estado Mayor Conjunto —en agosto de 1992—, Carlos Menem miró a los ojos al subordinado inmediato de Antonietti y le dijo: "¡Qué gran jefe tiene!". "De inmediato el brigadier general ordenó que se emitiera un comunicado en el que figurara expresamente el elogio presidencial."

Obsesionado por la belleza y el confort, su primera tarea en el alto mando fue reacondicionar algunos de sus ambientes. Para iluminar y agrandar las cocheras del edificio le pidió al ministro de Defensa, Erman González, 100 mil dólares. Le aprobaron gastos por solamente veinte mil. "¿Usted realmente cree que aquí hay lujo? Mire: Las paredes recuerdan hechos históricos del país; está el cuadro del Padre de la Patria, iluminado, como corresponde, y está el retrato de nuestro presidente, iluminado, como también corresponde. La moqueta no es símbolo de lujo, así es mi despacho, tan simple como esto… ¿Me quiere explicar dónde está ese lujo del que tanto se habla? Yo soy transparente. Todo lo que hago está a la vista…", declaró a *La Nación* el martes 10 de noviembre de 1992, en su recién remodelado despacho del Ministerio de Defensa.

Antonietti permaneció tan sólo tres meses al frente del Estado Mayor Conjunto. Derrotado por el ministro Erman González, el 23 de noviembre pidió su retiro. Durante su corto reinado, el "briga" objetó sin éxito la compra de una flotilla de aviones de combate a los Estados Unidos, fracasó en el intento de transformar al jefe del Estado Mayor Conjunto en una especie de comandante superior de las Fuerzas Armadas y logró desatar un gran escándalo cuando la prensa descubrió su compra de un departamento de superlujo en el barrio de Belgrano.

Ubicado en un piso 13 sobre la calle Virrey del Pino entre Luis María Campos y Arribeños, el nuevo departamento de los Antonietti ocupa casi 500 metros cuadrados y cuenta con baños con jacuzzi y sauna, tres cocheras —ellos pidieron una más— y hasta un hoyo de golf. Aunque escriturado por 250 mil dólares, su valor real es de 700 mil. Erman González le pidió explicaciones por la compra del departamento y Antonietti justificó el desembolso alegando ingresos adicionales a su salario militar (2.700 pesos). Un colaborador del brigadier, el comodoro Luna, explicó a la agencia *Noticias Argentinas* que Antonietti es propietario de campos en Córdoba y en el Chaco, además de una empresa que fabrica calzado. "Piloto, Ganadero y Zapatero" tituló entonces *Ambito Financiero*.

Hasta que el estallido de Santiago del Estero lo recuperó para el menemismo, Antonietti dio rienda suelta a su vertiente literaria y debutó como editor de *Proa*, una revista fundada en 1922 por Borges y refundada en 1928 por Ricardo Güiraldes. En diciembre de 1993 y por expreso pedido de Menem, partió con Schiaretti a "restablecer el orden en Santiago del Estero". Allí dejó algún que otro recuerdo imborrable, como cuando dispuso que ninguna Unidad Regional o seccional de la provincia debía quedar sin su retrato colgado en el lugar más visible. Para ello hizo imprimir 2.500 fotos de 25 por 15 centímetros, mientras que en las comisarías se comentaba que el fotógrafo policial se ganó un arresto de cinco días porque la primera versión del retrato lo mostraba con el traje arrugado.

Tras el atentado a la AMIA, Menem aprovechó para crear por decreto su anhelada Secretaría de Seguridad y poner al frente a su más experimentado especialista en este tipo de acciones.

—¿Usted tiene experiencia en inteligencia internacional? —preguntó un periodista tras la asunción de Antonietti como nuevo Secretario de Seguridad.

—¿Cómo?

—Si tiene experiencia en inteligencia internacional.

—Sí, he leído mucho.

—¿Con eso alcanza?

—No, no alcanza. Pero no se olvide que soy un hombre de acción.

Armando Gostanian, "El gordo Bolu"

Inimputable con permiso presidencial, Armando Gostanian, "Don Fulgencio" o "Gordo Bolú" —ilustrativos apodos que el presidente de la Nación utiliza para dirigirse a uno de sus mejores amigos—, es propietario de las camisas *Rigar's* y titular de la Casa de la Moneda. La amistad entre ambos data de hace muchos años, y ya en 1973, cuando el entonces gobernador de La Rioja venía a Buenos Aires, Gostanian no sólo le cedía su coche con chofer sino que también le hacía compañía. Más tarde, cuando López Rega la emprendió contra el patilludo y nacionalista mandatario riojano, fue el "Gordo Bolú" quien lo escondió en su propia casa. Cuentan también que Gostanian supo ser generoso a la hora de aportar para las dos campañas que tuvo que enfrentar Menem para llegar a la Casa de Gobierno (la interna y la presidencial).

Compinche de las escapadas nocturnas del presidente, es por todos conocido cuánto disfruta este armenio cuasi gigante atiborrándose de bocados árabes o bailando con odaliscas. "No me molesta que digan que soy el alcahuete de Menem. No soy sólo el alcahuete; soy el chupamedias y el obsecuente. Lo tengo que cuidar, porque soy el único que le queda. El sabe que nunca lo voy a traicionar, porque jamás me quedaré con un vuelto. Estoy acostumbrado a manejar plata desde siempre."

Notoriedad, lo que se dice notoriedad, cobró en el verano del 92 cuando mandó imprimir alrededor de 500 mil billetes con la cara de Menem, que pasaron a la historia como los "menemtruchos" y que repartió indiscriminadamente por Punta del Este. Con impune alegría declaró que la gracia no costó nada y que los había hecho imprimir fuera de la Casa de la Moneda.

—Quién los hizo algo debe de haber cobrado.

—Nada. Gratis.

—¿Por qué?

—Bueno, yo voy a comer a *Look* y no me cobran, voy a comer a *Los años locos* y no me cobran. ¿Por qué?

—Eso le preguntaba.

—Qué sé yo. A mí no me cobran.

Ese mismo verano, durante el viaje de la comitiva presidencial a Carlos Paz, protagonizó un intento de acoso sexual sobre la redactora de *Somos*, Olga Wornat. Gostanian se defendió como un caballero: "¿Ustedes vieron a la periodista?", se quejó ante la prensa. Y en diálogo con Clara Mariño agregó: "Se lo voy a rectificar, discúlpeme. No es feíta, es feísima".

Luego, en plena gira presidencial, en París, la difusión por parte de *Página/12* de una información sobre la aparición de los billetes mellizos confeccionados en la Casa de la Moneda lo descontroló de tal manera que su veta hilarante dejó paso al patoterismo. El lobby del hotel *Crillon* fue testigo de las amenazas a la enviada de ese medio, Gabriela Cerruti. "Esa chica quería coima. Me llamó a mi habitación a las tres de la mañana, me dijo que tenía una nota sobre los billetes «mellizos» y me preguntó: «¿Qué hacemos con la nota del domingo?» Quería una coima, si no para qué me va a llamar a esa hora…"

Una vez más había desoído las instrucciones claras y precisas de Munir Menem: "Callate, gordo, que la embarrás más, porque te van a buscar el punto y te van a encontrar la coma".

En febrero Menem salió a defenderlo desde La Rioja: "Gostanian no cometió ningún delito y por ahora está firme en su cargo (…) Poco a poco han ido, casualmente, atacando a los funcionarios más cercanos al presidente. No sé si será una campaña o no…".

En abril del 92, sobre su escritorio en la presidencia de la Casa de la Moneda, además de los papeles, se destacaba una alcancía de Bart Simpson. En cuanto a los problemas con los billetes que originaron un pedido de informes en la Cámara de Diputados, Gostanian insistió en que no se le podía imputar ningún delito, que los "menemtruchos" no representaban nada concreto y que la historia de los "mellizos" debía dilucidarse en otro ámbito. En mayo de ese mismo año, la Justicia lo investigó por haberle comprado mercadería a la empresa de Carlos Spadone con un sobreprecio del 105 por ciento. En el 93 volvió a ocupar los titulares cuando un decreto del Poder Ejecutivo prohibió a la DGI hacerle un juicio a la Casa de la Moneda, en reclamo de una deuda por IVA. Por entonces se prendió en una lucha de vulgaridades por radio con el periodista Marcelo Bonelli.

Pese a estas bagatelas, Gostanian nunca bajó el desopilante tono de sus declaraciones: "El presidente sabe muy bien quién es cada uno de nosotros, es imposible engañarlo. No llegó a donde está porque sí. Llegó por su sabiduría. Todas las mujeres se mueren por él. La fórmula de Carlos es única: amigo de todo el mundo, nunca echa a nadie, espera a que se vayan solos, y siguen siendo sus amigos. A mí me quiere echar, pero yo no me voy... No, ¡ja!, eso es mentira, no lo pongas".

—¿Y qué pasa con la gente que rodea al presidente? Muchos creen que está rodeado de frívolos y nocheros... —le preguntó Patricia Barral, de *Gente,* a fines del 93.

—A la gente le gusta tener fábulas de las que hablar, y el presidente tiene derecho de distraerse y estar con gente de confianza. El prefiere salir conmigo y con Gerardo Sofovich, al que conoce desde hace años, que con dos desconocidos. Nosotros lo distraemos... Gerardo le cuenta cosas de la farándula. ¿Por qué creés que se fueron tantos de su lado que supuestamente eran amigos? Porque no lo entendieron y estaban nada más que por sus propios beneficios (...)

—Se habló de una posible reconciliación con Zulema Yoma, de que estaba más sensibilizado... ¿Acaso le estará empezando a pesar la soledad?

—El presidente es un hombre muy especial. Nunca está solo...

Bueno, de noche sí se queda solo. Pero la soledad no es preocupante. No siempre la mujer al lado de un hombre es necesaria... a veces, incluso, molestaría...

En mayo de 1994 tras el robo de 177 mil pesos de la Casa de la Moneda además de planchas y pasaportes en blanco, Gostanian realizó apología del delito al recomendar a la Justicia un método expeditivo para dar con los responsables: "Si corriera por cuenta mía agarro a unos cuantos tipos, los meto dentro de una jaula, les tiro agua, los ahogo y me cantan todo". La versión de Gostanian de que el dinero fue extraído por uno de los doce empleados que trabajaban en el horario en que desaparecieron las planchas de billetes, se contradijo con la de los distintos representantes gremiales quienes sostuvieron que desde que el empresario armenio está al frente de la entidad, hay faltantes de dinero que suelen denunciar los mismos trabajadores.

Ocupar un cargo e inmediatamente abocarse a la redecoración del despacho parece ser un "must" dentro del funcionariato menemista. Gostanian no iba a ser menos que Antonietti —o Adelina— y a principios de 1994 se dedicó a lavarle la cara a la Casa de la Moneda en la que también, quizás valga la pena recordar, se imprimen los billetes de Nigeria. La renovación del edificio incluyó vestuarios, sanitarios masculinos y femeninos, locales en los subsuelos, rampas para rodados, losas e impermeabilización de techos. Solamente la reparación de goteras costó 350 mil pesos. Según la investigación de la periodista Susana Viau en *Página/12*, "más caro que el mejor suelo de mármol importado".

La empresa *Beton Up* cobró dos millones de pesos por engalanarle el edificio a Gostanian. Jamás se pudo ubicar a un integrante de la misma, cuyos miembros habrían estado instalados en un departamento particular vinculados al exterior por un teléfono celular que nadie contestó nunca. La investigación detectó también que su número de proveedor del Estado correspondía a otra empresa.

Pese a que en la Casa de la Moneda hay talleres especializados, entre ellos tapicería, Gostanian eligió a la empresa *Algodonal* para la confección de cortinas para las tres ventanas que dan al frente: 85 metros de seda color oro, bandeaux y borlas de pasamanería. "Un detalle principesco que se pagó a precio acorde: 12 mil 500

dólares, la mitad de lo que cuesta un monoambiente en el centro de
Buenos Aires", describió la periodista. Ninguno de los negocios
vecinos a la zona de Once conocían dicha empresa ni supieron explicar en qué se pudo utilizar tanta tela, teniendo en cuenta que las
ventanas eran sólo tres rectángulos de 2 metros de ancho por 2,60
de alto. En cambio lo que sí pudieron informar es que las cortinas
son una "debilidad oficial": Carlos Menem encargó las suyas en
una tienda de la calle Juncal que se especializa en materiales im-
portados. Las que eligió fueron de seda de Damasco que cuesta
300 pesos el metro. Un precio algo alto si se toma en cuenta que la
cortina más cara cuesta 500 y fue vendida en exclusiva por un negocio francés que producía los cortinados de Versailles para María
Antonieta.

Gostanian no sólo tiró la casa por la ventana para decorar la
Casa de la Moneda (y en especial su despacho), sino que también
falseó balances. El concejal Aníbal Ibarra le inició juicio por este
delito. "Yo con las cuentas hago lo que quiero y lo que me conviene", le dijo a *Radio Mitre*. Aunque fue más explícito en el programa *Hora Clave* que conduce Mariano Grondona y especificó que
el último ejercicio de la entidad había dado 15 millones de dólares,
"pero nosotros lo publicitamos como 10 millones, no vaya a ser
que viniera este tipo de gente (por quienes lo denuncian) y dijera:
«a ver qué pasa con los papeles»".

"Menem lo llama a Gostanian «Gordo bolú». Es una señal de
cariño, claro, pero también una forma de cobertura, porque un gordo bolú es inimputable", definió Martín Granovsky en *Página/12*.
Una selección de sus opiniones a lo largo de estos años prueba el
aserto de Granovsky:

"¿Quién es el mejor amigo de Carlos Menem? El espejo", le
confió a *Noticias* en septiembre de 1990. "Vicco es un pobre tipo.
Estaba todo el día con el Presi: lo entretenía cuando se sentía solo,
le lustraba los zapatos, le hacía el nudo de la corbata, casi le daba
de comer en la boca… Lo que pasó fue que vio una veta en la leche y se metió. Y bueno, le salió mal. En realidad el responsable
de todo es Spadone", declaró Gostanian a *Somos* en enero de 1992.
Crónica recogió a comienzos de 1994 su sentir acerca de los jubilados y previo aclarar que no le preocupa su situación económica,

explicó que "ellos tienen que comer poco porque a esa edad se tienen que cuidar (...) Los jubilados que se quejan hoy lo hicieron toda la vida: están mal, porque siempre estuvieron mal".

Una de sus más celebradas obsecuencias tuvo lugar durante el último mundial de fútbol. Menem había pronosticado que la Argentina ganaría el primer partido tres a cero. A Gostanian lo deprimió que la realidad lo refutara y se lo recordó "pero, Jefe, usted había dicho tres...". Hubiera preferido que acertara su jefe a que la Selección hiciera cuatro goles.

Luis Barrionuevo, "El hipermenemista"

"Soy católico, apostólico, romano y peronista. No tengo ningún tipo de infiltración ideológica. No hay aditamento", se definió e sindicalista y millonario Luis Barrionuevo en *Página/30* ante Su sana Viau y Gabriela Cerruti. Prueba de ello es recorrer la gama de sus entusiasmos y amistades: admirador de José Rucci y Herminio Iglesias, custodio de Casildo Herreras, amigo de Enrique Nosiglia —le devolvió la obra social de los gastronómicos "y no me pidió nada a cambio"—, habitué de Mohamed Alí Seineldín e íntimo de Juan Carlos Rousselot. Barrionuevo, este hombre al que la revista *Noticias* califica de "explosivo, audaz, ambicioso y terco", y que fue defenestrado del entorno gracias a un exceso de sinceridad, pu do volver al ruedo como uno de los gestores del Pacto de Olivo gracias a su amistad con Nosiglia.

Nativo de Catamarca, a los 14 años viajó a la Capital donde co menzó a trabajar en una ferretería. Fue obrero jabonero —desped do de *Guereño* por activista sindical en tiempos de Arturo Frond zi—, albañil y verdulero, hasta que comenzó a trabajar de mozo primero en una confitería y luego en un hotel alojamiento dond enseguida ascendió a conserje. Un intento para ocupar su gremi por la fuerza en 1975 le valió ser expulsado del mismo, pero reto nó en el 79 de la mano del delegado militar del Ministerio de Tra bajo, el coronel Carlos Valladares.

Desde el 7 de mayo de 1990 estuvo a cargo del ANSSAL, la Administración Nacional del Seguro de Salud, un organismo oficial que recauda aproximadamente entre 350 y 450 millones de dólares al año. Quienes están al tanto de los batideros de la distribución de subsidios aseguran que las obras sociales que los perciben deben "ceder" el 18 por ciento del monto total al ANSSAL.

Casado legalmente con la uruguaya Lilian Martínez Escobar con la que tuvo dos hijos, Sandra y Alejandro, Barrionuevo cohabita desde hace catorce años con Graciela Caamaño, diputada nacional y hermana de otro sindicalista, el abogado Dante Caamaño, secretario general de los gastronómicos. Según se comenta, las trifulcas de la pareja son de alquilar balcones, pero eso no les ha impedido tener dos hijos: Melina, "la diosa de la familia", y José Luis Junior. "La negra es brava", suele repetir Barrionuevo para referirse a Graciela, una morocha achocolatada con una melena vaporosamente decolorada que no logra domesticar sus raíces negras.

En épocas de Lilian los Barrionuevo moraban en un precario conventillo del partido de San Martín. Con Caamaño siguió la onda San Martín pero con un poco más de confort. Hasta mediados de 1990 habitaron un departamento de dos dormitorios, un comedor, una cocina y un baño que compartían con sus hijos y la mamá de Graciela, mientras esperaban que les entregaran la casa de Villa Ballester que su actual compañera comprara a fines de 1989 a la familia Awada.

Valuada en alrededor de 200 mil pesos, la residencia de los Barrionuevo tiene pileta de natación, veintidós metros de frente y su fondo atraviesa toda la manzana. El sindicalista supo agregar el detalle que faltaba y compró la calesita de la esquina de la casa, sólo para que su hijo, José Luis Junior, pudiera dar unas vueltitas. Su hijo mayor, Alejandro, es estudiante del Liceo Militar y acostumbra a usar el Fiat Uno bordó mientras él, papá, se queda con el Renault 21 Nevada, más confortable. Desde hace cuatro años todos los miembros de la familia, disfrazados de esquimales, pasan sus vacaciones de invierno en *Las Leñas*, practicando un deporte tan exclusivo como caro: el esquí.

Al "Canciller" —mote que utilizan nada más que sus íntimos

en alusión a su natural falta de diplomacia— le gusta decir que es rico "porque pobre no te cruzan ni la calle".

—¿La plata que gasta la hizo trabajando de gastronómico? —lo interrogó a fines de los 90 Oscar Gastiarena, periodista de *Radio Mar del Plata*, trasladando la pregunta realizada por un oyente.

—No, no la hice trabajando, porque es muy difícil hacer la plata trabajando (…) hay otras posibilidades que uno tiene de invertir y de hacer plata. La propia investidura en el sindicato o en la obra social da posibilidades de conseguir plata que ni es del sindicato ni de la obra social.

Gastiarena, sin salir de su asombro dijo: "Después, fuera del micrófono, le voy a pedir que me enseñe…". Pero Barrionuevo lo hizo en el aire: "Yo he ganado bastante plata. ¿Sabe con qué? Con estudios jurídicos contables (…), fíjese, un gremio como el gastronómico, tan importante, con tantos establecimientos, si uno le lleva a un estudio contable 50 o 100 establecimientos está trabajando…".

Su candorosa espontaneidad, además de una querella que le inició el fiscal de la Cámara Federal, Luis Moreno Ocampo, le valió el alejamiento del entorno presidencial y pasó de "recontraalcahuete" del presidente a "hipercrítico" de su gestión. En tanto, se dedicaba a hacer realidad un sueño de juventud: ser presidente del club Chacarita Juniors que, cuando joven, lo contó entre los miembros de su barra brava. En agosto de 1993 asumió como titular y unos días más tarde, haciendo gala de su habitual sinceridad, admitió a la revista *Gente* que se "puso" para lograr el cargo y que "si nadie roba, Chacarita se puede mantener bien".

A mediados de 1993 retornó al oficialismo sumándose a los amigos sindicalistas que lucharían por la reelección presidencial. La paz con el Jefe la selló finalmente en los primeros meses de 1994, y con un cariñoso beso —afectuosamente registrado por los fotógrafos del diario *La Nación*—, ante una Isabelita enternecida que no cesaba de aplaudir. La resurrección del gastronómico en la provincia de Buenos Aires se debió a la necesidad presidencial de obligar a Duhalde a que acepte ser su compañero de fórmula para el 95. Barrionuevo apareció liderando una corriente conocida como "menemismo furioso" o "menemismo salvaje", que se propo-

El tigre de los Llanos.

*8 de julio de 1989,
Zulema y Carlos Saúl
llegando a Plaza
de Mayo.*

María Vázquez, Carlos Menem Junior, su rejuvenecida mamá y Julio Jozami.

Junior posa ante su bólido de acero.

Zulemita con Diego Latorre.

Zulema María Eva Menem Yoma vestida de gala.

Antonio Cuozzo, coiffeur presidencial.

Blanca Curi de Gómez.

Amira Yoma modelo 1993.

Uno de los tantos looks de Zulema.

*Zulema y Amira antes
de pasar por el quirófano.*

Brigadier Andrés Antonietti.

Armando Gostanian entrando
a su hija a la iglesia.

El hipermenemista Luis Barrionuevo.

Miguel Angel Vicco.

Enero de 1991: Carlos Menem y detrás Antonietti, Vicco y Hernández.

Carlos Menem peinado por Stella Lóndero, y Gerardo Sofovich en el restaurante Florian.

La familia celebra el cumpleaños de Zulemita el 25 de diciembre de 1993.

nía obstaculizar la reelección del cabezón gobernador. El tiempo demostró que sus esfuerzos resultaron vanos.

Mario "Bollito" Falak

Auténtico *self made man* oriundo de Lanús e hijo de inmigrantes sirios, su padre era vendedor ambulante y él mismo comenzó con un pequeño taller de confecciones en Morón al que le siguió una sedería en el Once. La escalada continuó con emprendimientos inmobiliarios en Punta del Este, la discoteca New York City y las Galerías Pacífico entre otros, hasta convertirse en el propietario del Hotel Alvear.

El sobrenombre de "bollito" es un lauro que Falak supo ganarse luego de organizar en la quinta de Olivos el famoso desayuno entre Menem y el ex presidente de Brasil, Fernando Collor de Mello. Encargados especialmente por Zulema Yoma, la ausencia de los aludidos bollitos en la mesa de los presidentes descontroló a la primera dama —todavía moradora de Olivos—, preludiando el fin que le esperaba a su estadía en la residencia presidencial. "Fue un error de una empleada de cancillería. Ella me pidió que no faltara café brasileño; le dije que no lo trabajábamos pero que el que usábamos era muy bueno. ¿No será desayuno a la brasileña? Me dijo que no, pero ese en realidad era el pedido. Y nunca hubo «bollitos» de por medio", aclaró mesurado Falak.

Aunque votante de Angeloz, la relación con Menem se inició cuando éste como presidente electo comenzó a alojarse en el *Alvear* y Falak fue ganando espacio. Compartió viajes a Anillaco, a su vez puso a disposición del Jefe su yate *Concorde* valuado en 465 mil dólares y organizó los cumpleaños de Amira Yoma y María Julia Alsogaray —1100 invitados, cien de ellos pagaron cien dólares y el resto fueron considerados VIP.

Por entonces, el Alvear comenzó a ser conocido como "el búnker de la era menemista". Tanto como para que durante la acelerada inflación de enero y febrero de 1990, las murmuraciones señalaran que los agobiados funcionarios gubernamentales utilizaban las suites del lujoso hotel para efímeros alivios. "Por favor, eso es una infamia. No necesita respuesta", desmintió Falak, el único amigo del presidente que fue a la comisaría de Punta del Este para interesarse por la suerte de Junior cuando éste dio con sus huesos en una celda, luego de trompear a un fotógrafo de la revista *Gente*.

Amistoso popurrí

Su intervención en la pegatina de afiches que denunciaba como ladrones a Dromi, Manzano y Eduardo Menem, es decir a los enemigos de Zulema, le costó a Omar Fassi Lavalle —en ese entonces persona muy cercana a la inquietante señora Yoma— la salida del grupo de los amigos presidenciales. El fin de su cargo como secretario de Turismo de la Nación tampoco fue muy afortunado: convocó a los argentinos a veranear en su país y fue detectado bronceándose en Punta del Este). Hasta entonces, el hogar constituido por la pareja de Omar y Liz era uno de los lugares adonde el presidente acudía en busca de remanso espiritual.

El 2 de enero de 1989, un día antes de los episodios de Tablada, Menem prometió que jamás recibiría a un periodista enviado por la familia Vigil, propietaria de *Editorial Atlántida*. El jueves anterior, la revista *Gente* había publicado unas fotos del candidato a presidente por el justicialismo festejando el fin de año entre champán y vino, nadando en la pileta de la residencia riojana, contraponiéndolas al brindis serio y formal de Eduardo Angeloz con su familia.

Después del 14 de mayo, cuando se comenzó a perfilar la composición del gabinete y los coqueteos con los Alsogaray, el extinto Aníbal Vigil, acompañado por Bernardo Neustadt, fue el primero en llegar a la residencia riojana y el anatema fue olvidado en pos de una nueva etapa. Pero con el que llegaría a anudar una buena amistad —basada en la pasión mutua por River Plate— fue con Constancio Vigil, quien llegó a tener un lugar en la explanada de la

Casa de Gobierno para estacionar su Mercedes Benz blanco. Constancio Vigil fue, y sigue siendo, un buen compañero de tenis a quien Menem le hizo conocer en carne propia su superioridad con la raqueta.

Durante los primeros años persistieron de otras épocas Luis Santos Casale, interventor en Elma, y el empresario Jorge Antonio, quienes solían jugar al póquer con el presidente los viernes y domingos cuando coincidían en Buenos Aires. Los viernes solía perder Menem, pero los domingos invariablemente ganaba. Después de que perdiera a su secretario, amigo y compañero de correrías Miguel Angel Vicco, uno de los que se empeñó en hacerle más agradable la vida fue Alejandro Granados, propietario del restaurante *El Mangrullo* y de *La Celia*, un campo de treinta hectáreas en Tristán Suárez, detrás del Centro Atómico de Ezeiza. Su esposa, Isabel "Dulce" Visconti, es hija de Abel Visconti, fundador del grupo folklórico que lleva su nombre, y actualmente ostenta el cargo de diputada con el nombre de Dulce Granados. Los Granados tienen tres hijos y Menem es el padrino de la menor.

Conocedores de las preferencias del presidente, Alejandro se jacta de prepararle la entraña, "su plato preferido", explica, "en su punto justo" y de reunirle el equipo para que Menem practique fútbol en la cancha de La Celia. Isabel, una rubia bella y joven, es una muy buena anfitriona que sabe escuchar las confidencias presidenciales. "En mi casa se divierte", resume Granados para definir por qué Menem elige refugiarse con asiduidad en su campo.

Secretario General de la Presidencia hasta el verano del 91, embajador sin cartera, ex ministro de Salud y Acción Social, Alberto Kohan retomó la antigua amistad que lo une al presidente en abril del 93. Su pretensión era la senaduría por Santa Fe, pero a Reutemann no le hacía demasiada gracia, por lo que tuvo que aceptar otro destino. Por encargo del primer mandatario, Kohan buscó la manera de traer a la Argentina el negocio de Fórmula 1, aunque por ahora tiene que conformarse con seguir formando con Menem una imbatible pareja en materia de tenis presidencial.

En 1989, en el despacho del entonces diputado Eduardo Bauzá, sobresalía un cuadro con su título: "Diplomado en la Universidad de la Vida". Entrañable amigo presidencial y desdeñoso del boato reinante, Bauzá, ex ministro del Interior y de Salud y Acción Social y actual secretario General de la Presidencia, prefiere la compañía de los libros de su héroe místico de la juventud: Lanza del Vasto. Sin embargo, todo indica que uno de sus placeres predilectos es acumular poder en las sombras desde donde combate a Cavallo cada vez que puede.

Radiado después del Milkgate, Spadone regresó al entorno oficial del menemismo en marzo de 1993, integrando la comitiva presidencial que fue a La Rioja. El escándalo pudo haberlo alejado de la Casa de Gobierno pero nunca de los afectos de Carlos Menem. "Yo a Menem lo quiero, lo quiero como ser humano. Es maravilloso. A veces me pongo a llorar cuando lo escucho, por su ternura", se sinceró en esa oportunidad ante el periodismo.

Alejandro "Alito" Tfeli, el eficiente médico de cabecera del presidente, no sólo es hijo de inmigrantes sirios sino que sus padres son también oriundos de Yabrud, el pueblo de los Menem. Durante el Yomagate, y después de que el médico Nicolás Neuspiller que atendiera el parto de la señora de Al Kassar en la Maternidad Suizo-Argentina lo involucrara en el hecho, saltó a la luz su relación con Monzer Al Kassar, también nativo de Yabrud. El mismo Tfeli admitió a *Noticias* que conoció al traficante en Londres por intermedio de Jorge Massud. "Fuimos a comer a un restaurante. No le pregunté qué hacía ni de qué vivía. No me importaba su vida. Massud me lo presentó como un familiar suyo, comimos y se terminó. Nunca más lo volví a ver." Otras versiones apuntaron que era posible encontrar al controvertido sirio en los asados que Tfeli solía preparar en la casa de sus padres en San Martín.

Pese a su pretendido perfil bajo el doctor Tfeli es un verdadero influyente. Además de sus excelentes vinculaciones con Siria, consiguió colocar a Alberto Mazza como ministro de Salud y Acción Social y también acercar al poder a su primo político, el arquitecto presidencial Alberto Rossi —a quien algunos chistosos llaman el Albert Speer del menemismo en referencia al arquitecto de Hitler.

Después de la partida de Vicco, "Alito" se convirtió en la nueva oreja presidencial. En junio de 1992 se ufanaba de lo sencillo que resultaba cuidar la salud del presidente "una tarea casi aburrida, porque es un hombre medido, ordenado, si algo le hace mal, no lo hace. Tiene un gran poder mental y un excelente estado físico, gracias al despliegue deportivo que realiza". Después de octubre de 1993 es posible que no opine lo mismo.

Jorge Antonio, Jorge Triaca y Julio Mera Figueroa comparten, además del afecto presidencial, la pasión por los équidos. El sindicalista/aristócrata visita el Hipódromo todos los fines de semana y tiene un palco reservado junto al de Antonio y Mera Figueroa.

Jorge Antonio, o "don Jorge" como lo llaman respetuosamente sus amigos, parece haber heredado de sus ancestros orientales el gusto por la componenda y el desapego por esa forma de gobierno que se llama "democracia" y que se empeña en solicitar la opinión de todos cuando las cosas pueden decidirse entre unos pocos. Prefiere, en cambio, la mesiánica comunión del pueblo con las Fuerzas Armadas, dado que serían los únicos capaces de derrotar a la "sinarquía", uno de sus enemigos predilectos.

"Cómo llegó Jorge Antonio de la nada a ser uno de los hombres más ricos de la Argentina de los años 50, es una de las incógnitas todavía cubiertas de la historia del primer peronismo. La más negra de las leyendas relata que fue el nexo entre Juan Domingo Perón y los capitales privados alemanes que, según investigadores de las más diversas nacionalidades, llegaron al país como contrapartida al ingreso de criminales de guerra nazis. Jorge Antonio no sólo fue el introductor de la Mercedes en la Argentina. También asesor, como relata en sus libros, para el ingreso de las empresas alemanas Klockner, Humboldt, Deutz, Robert Bosch, Siemens, Thyssen y Krupp", investigó en junio de 1992 Ernesto Tenenbaum en *Página/30*.

Amigo de Al Kassar y padrino político de María Romilda "Chuchi" Servini de Cubría (quien le debe al empresario el haber empleado a su hijo Eduardo), Jorge Antonio intentó capitalizar el manejo judicial del Yomagate defendiendo públicamente a Amira, según él víctima de la sinarquía internacional y de la socialdemocracia como también de los "judíos" de *Página/12*. Su empresa pesquera Estrella de Mar estuvo vinculada al BCCI, el banco de Gaith Pharaon, y ha sido una de las tantas compañías utilizadas para el lavado de narcodólares. "Don Jorge" nunca logró concitar las simpatías de Cavallo quien en julio de 1992 afirmó querer verlo "lo más lejos posible del presidente".

—¿Menem es lector de Maquiavelo?.—le preguntó *Noticias* en junio de 1993.

—Sí, gran lector.

—Algunos años atrás usted dijo que Perón fue el Lenin del peronismo. ¿Cómo entra Menem en este esquema?

—Menem es el Stalin del peronismo, el que lo consolidó. Pero, por su magnitud, le diría que es una mezcla entre Stalin y Gorbachov. Sí, ya sé que Stalin fue muy duro, muy criticado. ¿Y usted cree que le tiraron pocos palos a Menem? ¿Y sabe por qué? Porque no es nada duro. Si estuviera en su lugar sería mucho más duro. Por eso no me gusta la política.

En mayo de 1994, un coronel retirado del Ejército denunció a Héctor Antonio, hijo de "don Jorge", por presuntas maniobras de defraudación contra una compañía pesquera. Héctor Antonio ya había recibido una prisión preventiva por una causa similar y actualmente está prófugo de la Justicia.

A mediados de 1991 Jorge Triaca, sindicalista, ex ministro de Trabajo y ex interventor de Somisa, se convertía en socio del *Jockey Club* y producía un "boom turfístico" al comprar cuatro studs y alrededor de 80 caballos de carrera que puso al cuidado de Eduardo Martínez de Hoz. Financiar esta linajuda pasión le ocasionaba una pérdida de unos cuarenta mil dólares mensuales.

A fines de diciembre del 91, en medio del escándalo de la mala leche de Vicco, se lo acusó por la compra de cuatro lujosos pisos en la zona de Catalinas, por los que pagó cinco millones de dólares, cuando la empresa Somisa ya estaba en proceso de liquidación. Llamado en forma urgente por el presidente, Triaca tuvo que dejar de lado un viaje de placer por el Atlántico y volver a Buenos Aires. Según el sindicalista, la mudanza del viejo al nuevo edificio de Somisa representaba un ahorro de un millón de dólares por mes. "Además, de qué gastos superfluos me hablan, o quieren que una empresa que factura 800 millones de dólares se instale en un conventillo."

Seis meses después le confirmaron la preventiva por administración fraudulenta. La angustia que la situación generó en su señora —la menemista "nunca peronista" Haydée Requena, embarcada siempre en una cruzada contra las adiposidades— la llevó a un vertiginoso aumento de peso.

"El menemismo existe en la medida en que exista Menem. No hay menemismo sin Menem ni hay posmenemismo... creo que Menem es uno de los políticos más inspirados de la historia argentina. Incluso más inspirado que Roca o Perón. Su poder de inspiración es único", declaró alguna vez Julio Mera Figueroa, el hijo espiritual del caudillo catamarqueño Vicente Ramón Saadi. Formado a la vera de don Vicente Ramón Saadi, el salteño Mera Figueroa perteneció a los amigotes de la primera hora de Menem. Llegó a ministro del Interior, enviudó y se casó en la residencia de Olivos —en una muy comentada boda— con la jovencísima Agustina "Nenina" Braun Blaquier. En una entrevista para la revista *Página/30* que le realizaran Ernesto Tenenbaum y Gabriela Cerruti, confesó su pasado montonero, su relación con la Logia P2 y sus simpatías por los carapintadas. Reflotado a mediados del 93, Mera Figueroa hizo conocer sus aspiraciones como posible gobernador de Salta, su provincia natal.

De origen conservador, a Mera no parece preocuparle que el bailantero Ricky Maravilla sea su posible contrincante en la gobernación. Hijo de una doméstica salteña, Ricky aprendió a montar a caballo, se fotografió en *Caras* vestido de polista y desde allí aprovechó para anunciar las mejoras que procuraría para su región. El ex Ministro del Interior admite que son amigos y que puede ser un adversario difícil. "No tiene experiencia política, es cierto, pero la experiencia depende de la sensatez. Nunca hemos hablado de fórmulas, pero ojalá me apoye. Si a mí me apoya Ricky estoy seguro de que no pierdo la elección bajo ningún punto de vista."

Jorge Antonio y Julio Mera Figueroa son quienes arrastran más años de tradición en su relación con los caballos. Jorge Antonio tiene cincuenta cabañas y Mera Figueroa por lo menos cuarenta productores distribuidos entre sus studs *Manuelita* (el nombre de su hija) y *San José del Socorro*. En lo que a equinos se refiere, Antonio está asociado con Mera Figueroa y con el subsecretario de Turismo, Enrique Capozzolo, propietario de la estancia *Las Acacias* y marido de la turbadora Graciela Alfano.

Autor de la frase política "Síganme" y del escudo que Menem utilizó en la campaña presidencial, Juan Carlos Rousselot es amigo de Massera, del que aspiró con poca fortuna a ser su asesor. Político, locutor y aviador, a mediados de 1993 Rousselot había convertido la intendencia de Morón en una casa de familia, designando a su hijo Fabián Arturo como el secretario de Gobierno y a Gerardo, otro de sus vástagos, como secretario de Hacienda. El intendente tuvo más suerte que el primero de sus concejales, Carlos Hugo Bonicaliz, quien solía reemplazarlo en casos de ausencia: sus pares lo suspendieron al comprobar que está procesado por el presunto delito de libramiento de cheques sin fondo.

Sólo la destreza del hipnotizador español Tony Kamo, permitió que los argentinos escudriñaran el inconsciente de este ex locutor tan afecto a López Rega como a Pierri y a Massera. Puesto en trance durante un programa de Susana Giménez, Rousselot, recostado con los ojos cerrados y lagrimeando en abundancia se sometió al magnetista: "¿Cómo explica su fortuna personal?", fue la primera pregunta de Kamo. "No tengo fortuna. Debo más de lo que tengo. Deudas de la política", contestó el ex locutor. Luego negó todas las acusaciones: que sus parientes sean testaferros de sus bienes, que en la década del setenta haya tomado una radio a punta de pistola, que gran parte del déficit de 30 millones de su municipio sea "trucho".

"¿Por qué cree que su amigo Mario Caserta está preso y Amira Yoma está libre por el mismo delito?", insistió Kamo. "Mario, por la Justicia, Amira por la Justicia. Soy amigo de Mario y de Amira, no soy juez", sentenció salomónicamente. Después lloró recordando la cárcel, los hijos, la familia, y Susana reclamó un corte: "Juan Carlos, sos un tipo muy sensible", le espetó conmovida.

También amigo de Rousselot y de Massera, Mario Caserta, otro fiel pasajero del menemóvil y el único perdedor del Yomagate, pasa sus días en el VIP de la cárcel de Devoto donde, sin inquietarse por sus pares como los Schocklender, recibe amigos, mira televisión y juega al pimpón.

A Roberto Dromi, ministro de Obras y Servicios Públicos entre julio de 1989 y enero de 1991, se lo considera un "experto" en juicios contra el Estado. Sin embargo, fue designado como asesor de grandes empresas que luego participaron del proceso de privatización y le correspondió elaborar las leyes de Reforma del Estado y Emergencia Económica para privatizar sin sobresaltos ENTel, Aerolíneas, los canales 13 y 11, además de diseñar los pliegos para la concesión de peajes camineros que luego modificó y concretó Cavallo.

En 1990 Dromi sorprendió a la prensa denunciando "sugerencias" del imperialismo italiano. "Nos han puesto de rodillas", acusó, revelando además haber sido víctima de presiones por parte del gobierno de Italia para conceder la explotación del DIGI II a una empresa de ese origen. "Ahora caen sobre mi hombro, mi honor y mi gestión negociaciones inmorales con el gobierno de Italia, cuando realmente fui víctima del caso." Luego de su renuncia el 15 de enero de 1991, Dromi retornó a la actividad privada. Las causas judiciales abiertas en su contra —unas quince, más un intento de juicio político— le impidieron convertirse en embajador argentino en España. A fines del 93 retornó al gobierno como asesor presidencial en materia de reforma administrativa, con rango de secretario de Estado.

—Usted no desconoce los comentarios de la oposición que hablaban de ustedes como el gobierno del 10 por ciento —interrogó *Gente* al ex ministro en julio de 1993.

—Yo no sé si hay algo de verdad en eso. No sé si es la verdad o si se está confundiendo con un mecanismo de financiar la política, que debe ser cambiado ya. Esa es una asignatura pendiente.

Embajador argentino en los Estados Unidos, Raúl Granillo Ocampo, aristócrata riojano casado con Nélida Barros Reyes —perteneciente a la familia fundadora de Anillaco—, es ex presidente del Tribunal Superior de La Rioja y ex secretario Legal y Técnico de la Presidencia, donde se destacó como autor de por lo menos diecisiete decretos de necesidad y urgencia en la primera etapa del gobierno de Carlos Menem. Designado para reemplazar en Washington al veterano diplomático Carlos Ortiz de Rosas, la comisión de acuerdos del Senado estuvo a punto de no aprobar su pliego, pues hasta el mes de junio de 1993, pesaba sobre él un proceso por negociaciones incompatibles con la función pública. En 1990 Granillo Ocampo se habría mostrado "interesado" en que el Poder

Ejecutivo desviara a La Rioja un crédito para YPF por 18 millones 500 mil dólares, destinado a construir el acueducto Sanagasta, obra que había sido adjudicada a la empresa Río Manso S.A., de la cual él mismo era socio.

Antes de darle luz verde, los senadores lo examinaron con detalle. Concluyeron que Granillo podía desempeñarse como diplomático, dado que sabía qué es lo que representaban los Estados Unidos.

En 1990 el vicegobernador de Santa Fe, Antonio "Trucha" Vanrell fue acusado de estafar al fisco con una compra de juguetes por un valor de 1 millón 200 mil dólares. Destituido de su cargo, Vanrell huyó del país, regresó en noviembre de 1991 y fue detenido. En 1992 obtuvo su libertad pagando una fianza de 500 mil dólares, gracias a "una vaquita" que hicieron sus amigos.

Propietario de Hippopotamus, un complejo de 1500 metros cuadrados que tiene más de noventa empleados estables e incluye discoteca, restaurante, bar y que suele nuclear lo más destacado de la noche político-empresarial, Guido Parisier está hondamente identificado con los postulados menemistas. Amigo personal del "doctor Menem", Parisier rigió los destinos del Instituto Nacional de Cinematografía entre 1991 y 1994, hasta que el ex secretario de Cultura, el escritor Jorge Asís, le solicitó la renuncia.

A la hora de explicar los motivos de su nombramiento, Parisier se definió ante *Gente* como "una persona muy inquieta por el cine. Hay algunos que piensan que el Instituto tiene que ser manejado por un director o un artista. Y yo me pregunto por qué no un espectador, que también es parte del cine (…) Aparte tengo gran vocación para servir, y el convencimiento de que puedo interpretar el espíritu que tiene nuestro presidente en esta materia". No quedó claro hasta dónde logró descifrar el espíritu presidencial en materia de celuloide pero toda su gestión se caracterizó más por su insistencia por implantar el impuesto del diez por ciento a los videos alquilados y comprados y a los emitidos por los canales de televisión, que por su interés en desarrollar el cine nacional.

Sus tribulaciones comenzaron en 1992 cuando la DGI encontró en su restaurante importantísimas cantidades de whisky importado sin estampillar, o sea de contrabando. Según algunos comentarios, problemas financieros estaban asolando las arcas del restaurante. En 1993 la empresa tuvo que pagar más de 60 mil dólares en un juicio que le habían iniciado dos ex empleados, pleito que llegó hasta la Corte Suprema de Justicia en un trámite algo sórdido que motivó el repudio de las Asociaciones de Abogados Laboralistas y de Abogados de Buenos Aires.

A fines de ese año el juez de instrucción César Mario Quiroga allanó Hippopotamus mientras se celebraba una cena de alrededor de 150 comensales. En el acto se secuestró documentación que probaba que en dicho lugar, frecuentado por "artistas, ricos y famosos", funcionaba también una agencia de apuestas hípicas (Piso Uno) con la correspondiente autorización de la Lotería Nacional. En un anexo al restaurante se tomaban apuestas legales de dos hipódromos y presuntamente otras clandestinas, con las que Parisier habría logrado eludir cargas impositivas.

En los primeros días de octubre de 1994 y por orden del juez de instrucción Roberto Murature, el ex director del Instituto de Cine fue procesado por el presunto delito de estafa e infracción a la ley de juegos. La medida que incluyó un embargo de 70 mil pesos, eximió de prisión a Parisier —bajo fianza de 200 mil dólares—, quien argumentó que él no operaba el lugar. El fardo lo cargaron su esposa, la morenísima arquitecta Mónica Caffarelli, quien figuraba como propietaria del 80 por ciento del paquete accionario, y su suegro y papá de la arquitecta, Antonio, que figuraba con el veinte por ciento restante.

Pagos en especies, sin distinción de sexos

Los compromisos afectivo-políticos hicieron que el flamante presidente de la República se viera obligado a crear un circense gabinete de consejeros que a fines de 1990 ascendía a 48 asesores, 16 de ellos rentados y el resto ad honorem. Todos con derecho de nombrar un empleado administrativo con categoría 19. Los consejeros se amontonaban entre el primero y segundo piso de la Rosda reciclados en tareas tan imprecisas como "Acción Social" o "Acción Política". Muchos habían accedido al cargo tipo "premio consuelo" cuando, víctimas de la primera racionalización administrativa de la era menemista, perdieron la Secretaría de Estado que habían sabido conseguir.

"Mi designación fue un regalo para el día del amigo y se hizo oficial el 23 de julio de este año (1990). Pero ojo, no soy de las que piensan que a mí Menem con esto me pagó", se sinceró ante *Noticias* Susana Bruno, asesora rentada con rango de subsecretaria de Estado. Cincuentona de renegridos rulos, ex bailarina de clásico español y radióloga del Hospital Churruca, Bruno se encarga de resumir el lema que los agrupa: "Somos por y para el presidente".

Amalia Yanet Bauzon es rubia y se peina con rodete, quizás para reforzar su lejano aire a Eva Duarte. Tiene una hija de 19 años, Evita, y una amistad de dos décadas con Menem. En su calidad de miembro integrante de la ignota Fundación para la Revolución Productiva, fue designada con rango de subsecretaria. Por su parte, Ilda Mabel Corfield, propietaria del *Complejo Estilístico China Corfield* y de una escuela de modelos en el partido de San Martín, ostentaba el título de Asesora en Proyectos de Inversión —ad honorem—, y se vanagloriaba de haber conseguido cien millones de dólares en inversiones mexicanas para turismo. Casi cinco años más tarde es imposible saber qué ocurrió con la Fundación o en qué se concretaron las inversiones aztecas.

María de los Angeles Artaza, "La Chuchi", asesora con rango de subsecretaria de Estado, fue la encargada de coordinar tareas de Acción Social y Salud y soñaba con ser diputada nacional, aspiración que hasta ahora no ha concretado. Ada Malbha Argentina Herrera, maestra y subsecretaria ad honorem, tenía por misión compatibilizar todas las líneas internas de la rama femenina, quehacer que la debe haber deglutido a ella misma pues nunca más se la oyó nombrar.

Mohamed Chain, asesor con rango de secretario de Estado, conoció a Menem en sus épocas de "fierrero". En 1958 el ahora presidente preparaba un Torino para carreras y Chaín trataba de competir con una motocicleta *NSU* alemana. Del mismo palo, Ernesto Celestino Bessone, presidente de Drean y piloto de Turismo de

Carretera, fue designado asesor con rango de secretario ad honorem con la misión de ayudar a las provincias con déficit habitacional. El impreciso cargo de Asesor en Asuntos Especiales con rango de secretario de Estado le tocó en suerte a Natalio Masri, empresario textil, dueño de sederías y uno de los principales colaboradores en la recaudación de recursos para la campaña. Gran amigo de Zulema y Amira, es de imaginar cuál fue su destino final.

Los casos del funebrero Alfredo Péculo, propietario de la Cochería Paraná y aspirante durante un tiempo a la intendencia de San Isidro, y el de Lito Ledesma, tucumano, especialista en comunicaciones, son ilustrativos de la tendencia "Macondo" que en materia de designaciones privó durante la primera época menemista. El licenciado Péculo llegó a decir que había sido nombrado asesor presidencial, pero no figuraba ni siquiera en el listado oficial del Ceremonial. Pasando por alto esta bagatela, Péculo se recluyó en una pequeña oficina sin teléfono, pero con un portero eléctrico que él mismo se hizo instalar. Ledesma, en cambio, fue uno de los pocos sobrevivientes del equipo de Julio Rachid en sus épocas de secretario de Información Pública, hasta que cayó en una de las tantas reestructuraciones y quedó afuera. Su señora no se hizo rogar y en busca del favor presidencial se instaló en la explanada de la casa de Gobierno con sus dos hijos en brazos. El arrebato arrojó sus frutos, ya que no sólo logró enganchar al Primer Mandatario sino que además lo conmovió. Ledesma fue reincorporado como secretario de Estado rentado para el área Comunicaciones. Pero su suerte duró poco: Fernando Niembro, por entonces subsecretario, puso el grito en el cielo porque Ledesma lo superaba en rango. Finalmente, Ledesma ancló como interventor en LU6 Emisora Atlántica.

Un sino diferente les tocó a dos integrantes de este "singular" equipo de consejeros presidenciales: las asesoras rentadas Eva Gatica, hija del recordado "Mono", vieja amiga del presidente y consuelo en sus peores épocas, y la blonda y regordeta Lidia Catalina Domsic, responsable en un primer momento de temas de Acción Política del inédito gabinete. Reconvertidas ambas, Gatica como asesora en el área de Acción Social y Domsic como secretaria de la Tercera Edad, tienen en común su íntima relación con el secretario general de la Presidencia, Eduardo Bauzá. La primera fue segunda candidata a diputada nacional en la interna mendocina por la lista Azul y Blanca que responde a Bauzá y es, además, su operadora en el área de Salud; la segunda es asesora de la Secretaría General en cuestiones de Acción Social.

Las politizadas damas alcanzaron una activa notoriedad —por cierto no demasiado glamorosa— cuando en agosto de 1993 se detectó su participación en la movilización de militantes menemistas a la Sociedad Rural, que debían ocuparse de evitar que una silbatina agrediera el tímpano presidencial y que culminó con una golpiza a los periodistas. Gatica recaudó el dinero destinado al "malambo" de los militantes y Domsic fue la primera en aportar por la comisaría 23 para interesarse por uno de los detenidos, vinculado al Comando de Organización que dirige Brito Lima. "Es un muchacho de San Isidro al que he visto en algunos actos donde va el presidente de la Nación", se disculpó Domsic. El ministro de Salud y Acción Social Alberto Mazza, encontró encantador que su subordinada se interesara por los apresados, consideró que no había "nada ilegal" en darse una vuelta por la 23 y la ratificó en el cargo. Unos días después, *Página/12* estableció que la idea de reclutar "tapasilbidos" fue impulsada durante una reunión realizada en el despacho que tiene en la Casa Rosada la asesora presidencial Eva Gatica y de la cual participó entusiasta la entonces jefa del organismo de los abuelos, Matilde Menéndez.

7.
Olivos Sociedad Anónima

Carlos Menem ya no disimula: los únicos que lo entretienen y lo interpretan son los contertulios de las más nueva de las barras bravas que suelen integrar su masculino harem.

El deslumbramiento que la noche y la farándula siempre produjeron en Carlos Saúl Menem han demostrado ser inherentes a la naturaleza del presidente de la República. A meses de terminar su mandato y convencido de que su misión transformadora se encuentra afianzada y su reelección prácticamente garantizada, Menem no disimula su gusto por la "cultura de la noche" personificada en quien poco a poco se ha ido convirtiendo en su alter-ego: el libretista y animador de televisión, actual "comunicador oficial", Gerardo Sofovich.

En octubre de 1991 Pablo Sirvén explicaba en *Noticias* que Menem gobernaba "un país cuyo epicentro pasa más por Fechoría, el reducto gastronómico de los artistas, que por la Casa Rosada". Desde *Página/12* Carlos Ulanovsky hacía también hincapié en "la firmeza del triángulo Olivos-Farándula-Fechoría". Tres años más tarde, Carlos Menem ya no disimula que los únicos que lo entretienen y lo interpretan son los contertulios de la más nueva de las barras bravas que suelen integrar su masculino harem: el periodista Luis Beldi; su profesor de chistes, El Soldado Chamamé; el ex modelo Ante Garmaz, el cómico de reparto Rolo Puente; el introductor del "reality show" en el único canal del Estado, Mauro Viale y, como supérstite de los viejos tiempos, el chocarrero Armando Gostanian.

Capitaneados por Sofovich, este corrincho de amigos compla-

cientes de quienes se dice que "acuestan al presidente", fue defini-
do por Mariano Obarrio en *La Nación* como "minicarpa", un "gru-
púsculo que goza de la venia presidencial para ingresar en la residencia de Olivos después de las 22 y jugar a los naipes o ir al
microcine junto al jefe de Estado (…)".

El editorialista del mismo medio, Atilio Cadorín, bautizó a los
actuales propietarios de la intimidad del Primer Mandatario, como
"Olivos S.A." un grupo conformado por quienes representan el poder detrás del trono y que, aunque en principio no opinan sobre política, olfatean los tiempos y seleccionan cómo y quiénes son los
que pueden llegar al presidente. Menudencia que el gobernador
Palito Ortega conoce bien puesto que, a diferencia de su colega
Carlos Reutemann, sus llamados telefónicos jamás embocan en la
oreja presidencial.

La injerencia de este variopinto hato de personajes en asuntos
de Estado es por todos conocida: Sofovich y Viale tuvieron acceso
a la reunión secreta donde el juez Juan José Galeano, a cargo de la
investigación del atentado a la AMIA, informó apenas vuelto de
Venezuela —quebrando la independencia del Poder Judicial— sobre sus avatares con un supuesto arrepentido iraní. Fue allí dentro
donde se orquestó la campaña para desprestigiar a las mujeres de
políticos del Frente Grande y también la destinada a apoyar los retornos de Matilde Menéndez y Carlos Grosso. "La pobre señora
Matilde Menéndez fue acusada y nunca se pudo comprobar nada.
Estas cosas son inventos del periodismo", blanqueó a Menéndez el
animador presidencial. "A Grosso lo acusan por una coimita que
recibió por el Buenos Aires Design, un lugar que embelleció la
ciudad", se anticipó a perdonarlo Sofovich.

El Lopecito mediático

Los exégetas de las amistades presidenciales aseguran que Menem y Sofovich "se necesitan mutuamente". Otros más audaces
aventuran que el presidente necesita más del creador de *Operación*

Ja Ja y *Polémica en el bar* que lo que éste precisa de él. "Sofovich está acorralando a Carlos. Cena en Olivos casi todos los días, diseña las salidas nocturnas del presidente, tiene aterrorizados a Ramón Hernández y a los edecanes, hartos a Carlitos y a Zulemita", se quejó a *Noticias* un "asiduo de la intimidad presidencial".

Su ánimo por complacer al presidente ha llegado tan lejos que no conforme con haberlo aislado del entorno tradicional, ambiciona también reemplazar a Mario "Bollito" Falak en el rubro esparcimientos acuáticos. Con ese objetivo pagó no hace mucho 350 mil dólares por *Honey Moon,* un crucero que tiene 14,25 metros de eslora, dos motores de quinientos caballos de fuerza y tres camarotes, y con el que pretende desplazar al *Concorde* del propietario del Hotel Alvear. El millón doscientos mil pesos que le costaron dos departamentos en el Puerto de Punta del Este hacen sospechar que también ha resuelto competir con los habituales anfitriones de Menem en el balneario: Bernardo Neustadt y Armando Gostanian.

En la dupla Sofovich/Menem, y al revés de lo ocurrido con los distintos entornos que el presidente ha ido dejando atrás, lo público ha quedado relegado por lo privado. La política en sí no cuenta y lo que vale es una relación más íntima en la que quien impone las reglas es el animador y no el jefe de Estado. "Carlos, ponéte este spray que te va a poner el pelo más negro", escucharon que le decía Sofovich al presidente de los argentinos algunos de los técnicos que estaban en Olivos intentando establecer un coaxil con Alain Delon. "¿Por qué, Gerardo? ¿Por qué me lo tengo que poner?", preguntó desconcertado el Primer Mandatario. "Porque vas a salir mejor", fue la respuesta que Menem acató sumiso.

Devenido un Séneca del Tercer Mundo, Sofovich ha sabido convertirse en un imprescindible maestro que no sólo hace gala de mesura sino que es capaz de mantener informado a su volátil discípulo a costa de resumirle libros. "Ven televisión juntos y Sofovich deja caer inocentemente comentarios interesados. No critica ferozmente sino que se hace el equilibrado (...) fue él quien le envió a Menem la grabación del programa de Mariano Grondona en el que Jorge Asís renunció como secretario de Cultura. Fue él quien corrió en busca del presidente cuando un cable de Telam llamó «corte» al gabinete nacional. Demostrándole, una vez más, la necesidad de tenerlo siempre cerca", analizó *Noticias*.

La amistad que comenzó basada en la frivolidad, ha ido degenerando en una relación en la que, a la manera de los alquimistas medievales, logran disolverse y coagularse el uno en el otro aunque sea solamente uno de ellos quien asume los deseos del otro. La literatura y la historia abundan en ejemplos que podrían sintetizar la dependencia de Carlos Saúl hacia Gerardo Andrés. En *Stepanchikovo* o *La aldea de los locos*, Dostoievski creó el personaje de Foma Fomitch Opiskine, una especie de iluminado que en plena estepa rusa se apodera del alma de una coronela (viuda de un coronel) y a través de ella logra manejar a una familia entera. Los ojos verdes de Rasputín hipnotizaron a la zarina quien se dejaba morder la yugular por el monje, y —aunque menos atractivo— López Rega jardinero, mucamo y secretario hizo otro tanto con Isabelita Perón.

Compendio mediático y actualizado del difunto Lopecito, no es la primera vez que Sofovich utiliza los secretos de su oficio para contentar a un superior. El interventor de Canal 9 durante la dictadura militar, coronel (R) Clodoveo Batesti, recaló allí como premio a la porfía que puso en su desempeño como presidente del Consejo Supremo de las Fuerzas Armadas, y encontró en el animador el compinche ideal. "Hace lo mismo que con Clodoveo pero ahora con el presidente de la Nación", recordaba un antiguo empleado del canal quien aún hoy tiene presente cómo Sofovich supo atender e interpretar al militar que lo recompensó otorgándole más horas de pantalla que las que goza en la actualidad. En esas épocas los argentinos lo vieron a diario: todos los mediodías entre la una y las tres de la tarde, más las dos veces semanales en que ponía al aire *Polémica en el bar* y *La peluquería de don Mateo,* emisión esta última que sintetizaba como nada su misoginia. De las dos protagonistas femeninas, la bella orillaba la prostitución y la otra, rol desempeñado por su esposa legal Carmen Morales, hacía de manicura muda que cada tanto musitaba un "Ji, ji".

Pero Gerardo Sofovich no nació ni con los militares ni con Menem. Hijo del autor Manuel Sofovich, en su juventud fue periodista en *Noticias Gráficas,* humorista gráfico de *Tía Vicenta* y dirigente universitario de izquierda. Le faltan pocas materias para recibirse de arquitecto y es sobrino del escritor español Ramón Gómez de la Serna, quien estuvo casado con su tía Luisa Sofovich. Sus éxitos lo acompañaron siempre, y junto a su hermano Hugo —hoy más que distanciados— constituyeron durante años un exitoso dúo de libretistas que reflejaron como nadie la comicidad de lo cotidiano. *Polémica en el Bar,* nacida a mediados de los años sesenta, disecaba magistralmente la porteña costumbre de reunirse en el café de la esquina para intercambiar opiniones.

El 14 de julio de 1989, cinco días después de asumir como presidente de la Nación, Carlos Menem, agradecido por tantas noches de desvelo, nombró a Gerardo Andrés Sofovich como coordinador para la unificación del Zoológico Botánico. "Me eligieron a mí porque después de Sarmiento, Carlos Pellegrini, Holmberg y Clemente Onelli soy el único que tuvo una idea renovadora sobre el zoológico", se enorgulleció el conductor que desde hacía unos años venía batallando en cámara por la felicidad del reino animal.

Dos años después fue designado al frente de ATC, el único canal estatal que, convertido en lo que la revista *La Maga* calificó como "la imagen del menemismo en televisión", pasó a denominarse "el canal de los amigos del presidente". Antes de asumir, los programas de Sofovich ya ocupaban siete horas semanales de la programación y según el periodista Sirvén, percibía el cincuenta por ciento de los ingresos publicitarios y algún puntito más por los 250 chivos (publicidad indirecta) que poblaban sus emisiones. Rico y poderoso, se ha llegado a decir que sus ingresos mensuales superan los doscientos mil dólares. Apostador fuerte en Las Vegas, el juego es uno —de los varios— de sus talones de Aquiles y es capaz de perder una fortuna en una noche.

Para las elecciones legislativas de septiembre de 1991 su particular estilo televisivo que mezcla publicidad encubierta con sugestivos traseros se había impuesto en la Casa Rosada. Vistosas señoritas enfundadas en trajecitos minis atendían y anunciaban los stands de Fargo, Villa del Sur, La Morenita y otras marcas, como si la sede del gobierno argentino fuera una sucursal de *La noche del domingo.*

En 1992 fue acusado por un grupo de legisladores de administración fraudulenta. La denuncia lo responsabilizaba de canalizar a través de *Wainot* y *Opebar,* las empresas privadas que dirigen respectivamente su hijo y su mujer, publicidad directa e indirecta cuya recaudación no pasó jamás por las arcas de Argentina Televisora Color. Citado ante la Justicia, además de asegurar ser un "winner" (ganador) y proclamar que "esto se hace siempre, en todos los programas y en todos los canales", Sofovich logró marear al juez y al fiscal que intentaron descifrar en calidad de qué hablaba en cada caso el animador de televisión. "Una personalidad múltiple que concilia sin pestañear los más variados y en ocasiones contradictorios roles: contratante, contratado, marido, padre, publicitario, empresario privado y funcionario público", relató Susana Viau. Finalmente siguió procesado por uno solo de los dos cargos por los que había sido querellado: negociaciones incompatibles con la función que detenta.*

No se sabe si adelantándose a los deseos de su discípulo o en cumplimiento de alguna orden, en 1994 Sofovich se hizo cargo de la ex *Radio Splendid,* AM 990, buscando rivalizar con Bernardo Neustadt, auténtico vocero del establishment ante Carlos Saúl Menem. Sus últimos y más feroces dardos difamatorios han estado dirigidos contra el periodista que —escribió Ernesto Tenenbaum en *Página/12*— "expresa al menemismo más cavallista, el que sueña con un Menem prolijo y le recomienda que sólo se pasa a la historia con las manos limpias. (…) Los amigos de Neustadt y Sofovich explican la pelea en términos psicológicos. Unos dicen que Neustadt desprecia a Sofovich y lo considera un arribista, cuyo único mérito para conducir programas periodísticos es su extraña influencia sobre el presidente. Los otros agregan que Sofovich desprecia a Neustadt porque desprecia a todo el mundo, incluido a Menem". "Sofovich —concluye Tenenbaum— es la última expresión del menemismo puro que en otros tiempos incluyó a Vicco, Luis Barrionuevo, María Julia y Gostanian; es el único sobreviviente del grupo".

---

* Causa en la que fue sobreseído definitivamente, sin que afecte su buen nombre y honor en noviembre de 1994.

El preferido del presidente

Ex remisero, ex empleado de YPF, ex lector de Máximo Gorki y ex admirador del Che Guevara, el periodista Luis Beldi, principal ladero de Gerardo Sofovich, se inició en periodismo en el *Economic Survey*. Beldi pasó ocho años en *Ambito Financiero* antes de que el presidente lo lanzara a la fama al confesar en un programa de televisión que era uno de sus periodistas preferidos.

Simpático, dicharachero y ocurrente, en su libro sobre las sectas, el periodista Alfredo Silleta lo involucró con la secta Moon y Beldi le inició un juicio en el que el denunciante fue absuelto. Toda su relación con el gurú coreano, según se arrepintió ante Carlos Ulanovsky de *Página/12*, se habría limitado a su participación en seminarios de una organización denominada "Causa Internacional", la que con el tiempo descubrió que estaba vinculada a los "moonies". "Caí como un novato" y "nunca difundí nada sobre ellos. Ahora me parece una organización fascista".

Devoto de su propia imagen, separado con dos hijos y padre amante, el periodista es un cultor confeso de la vida sana: tenis, gimnasia, agua mineral y barba de tres días le han permitido cultivar un aire de "mezzo" galán. En diferentes reportajes ha confesado que colecciona tiradores que trae de todas partes del mundo, además de poseer más o menos treinta trajes, trescientas corbatas, ciento cincuenta camisas, catorce pares de zapatos y cuatro de zapatillas. Pijamas solamente tiene dos porque los detesta. En cuanto a la plata, asegura que se la ganó "mientras trabajaba en *Ambito Financiero,* apostando a mercado futuro, la bicicleta".

Hombre de ideas liberales, Beldi nunca fue menemista. Es más, al igual que su amigo el animador presidencial, ni siquiera lo votó en las elecciones de 1989. Compañeros suyos de *Ambito Financiero* como el ex vocero presidencial, Humberto Toledo, y el ex director de la SIDE, Juan Bautista Yofre, tuvieron sus encontronazos por este tema con el entonces jefe de redacción del diario de Julio Ramos.

A falta de señales celestiales como las que enviara Dios a San Pablo, en la conversión de Luis Beldi al menemismo influyeron dos factores: el entusiasmo que le despertaron los cambios introducidos por el nuevo mandatario y que lo decidieron a "bancarlo" pese "a todos sus defectos", y su profunda identificación con las virtudes de "uomo cualunque" que adornan al presidente argentino. "Un tipo como nosotros, que le gusta el fútbol, salir, la noche, no se crió en un comité haciendo alianzas. Es un tipo que vivió la vida. Sólo alguien así puede encarar sin complejos todo lo que está haciendo. Sólo él puede subirse a una Ferrari, bajarse y meterse en un convento con la misma naturalidad", explicó el periodista.

Una vez vencidas las barreras, Beldi encontró hasta la manera de justificar la morralla que acompañó al presidente desde el menemóvil. "Menem, para ganar las elecciones, se fue rodeando de una especie de Armada Brancaleone: los montoneros, por ejemplo, y los no políticos como Gostanian. (…) El gordo es un inimputable. Es el típico gordito de la barra al que tres o cuatro hacen engranar para que hable y diga cualquier cosa. (…) Gostanian no es un corrupto. Yo tengo un afecto muy grande por él; no lo hubiera puesto en la Casa de la Moneda pero me cae simpático. ¿Alguien le pudo probar, acaso, anormalidades?"

—Gerardo es bueno —le aseguró a Luis Majul de *Somos*.

—¿Bueno? —repitió el periodista.

—Sí. La gente confunde a Gerardo por su aspecto exterior (?) Gerardo es el gomía del barrio. Eso es lo que es.

Tanto arrebato menemista y un pedido de informes del diputado radical Juan Pablo Baylac indagando "si es cierto" que el periodista cobraba dinero para hacer inteligencia para el Gobierno, le valieron la aureola de "obsecuente, oficialista y parcial", que en marzo de 1992 prometió abandonar ante *Somos*.

No sólo no renunció a esta imagen sino que en la actualidad se encuentra simbiotizado ante ella. Como miembro integrante del "shadow cabinet" de Olivos y de la mesa de *Polémica en el Bar*, Beldi participó en las campañas de difamación que instrumenta su amigo Gerardo y sus feroces ataques a Neustadt fueron duramente reprobados por sus ex compañeros de *Ambito Financiero*. También le tocó tratar allí el tema de la pena de muerte a raíz del asesinato del empresario Ricardo Ospital y de las periódicas excitaciones de Menem solicitándola. Sofovich, como es su costumbre, avaló los deseos presidenciales. Beldi, por su parte, ante una consideración de Hugo Gambini sobre el estado mental de quienes cometen cierto tipo de crímenes y que según él no hay que tomar en cuenta, se explayó sobre las ventajas de pasar a cuchillo a los maleantes basándose en que el método resulta expeditivo porque "sirve para eliminar locos".

El reality show oficial

Oriundo de Villa Crespo, Mauricio Goldfarb debutó como periodista deportivo (contra la opinión de su mamá), trabajando para el difunto José María Muñoz en *Radio Rivadavia.* Intuyendo —con razón— que todo le sería más fácil con un nombre cristiano, sincopó su Mauricio en "Mauro" y se colocó como patronímico "Viale", el nombre de la calle donde vivía su abuela. Desde entonces Mauro Viale ha recorrido un largo trecho en el periodismo. Considerado un excelente productor periodístico, fue Oscar Gómez Castañón, director de programación de *Radio Continental,* quien lo sacó del rubro deportes y lo empujó a ser comentarista de actualidad.

Casado con una psicóloga, más que menemista Viale es alguien que no sabe oponerse al poder. Sus críticas suelen ser feroces pero con quien ya no tiene la potestad o está a punto de perderla. Durante la crisis energética del verano de 1989 y con el radicalismo ya boqueante, acusó al ministro de Obras y Servicios Públicos de Alfonsín, Rodolfo Terragno, que había viajado a los Estados Unidos a negociar la emergencia, de irse de vacaciones a Bahamas "mientras el país sufre una crisis de esa naturaleza".

En cambio, en mayo de 1994, luego de la reconciliación de la familia catamarqueña Saadi con Menem, Viale recibió cálidamente en su programa *La Mañana* a Guillermo Luque, uno de los principales imputados en el crimen de María Soledad Morales.

Durante toda la entrevista lo llamó familiarmente por su nombre
de pila, permitió que "Guillermo" convirtiera a sus acusadores
—la monja Martha Pelloni, la abogada Lila Zafe y el diputado
Marcolli— en acusados y que se retirara dejando sonar una amenaza: "Nosotros estamos trabajando para que Catamarca vuelva a
ser la de antes".

Quienes lo conocen asocian su trayectoria con los trabajos su-
cios que le toca realizar cada vez que ocupa un lugar de mando. El
periodista Sergio Villarruel lo calificó de "paje del rey" y lo acusó
de ser el relator oficial de ATC en el mundial de 1978. Un pasado
que cada tanto suelen recordarle sus súbditos en el canal, oficial
cuando pintan en las paredes leyendas alusivas a sus inclinaciones:
"Mauro Viale buchón del Side".

Su amistad con el presidente anudada durante la campaña de
1989, lo catapultó como periodista de opinión. Menem suele dis-
tinguirlo con sorpresivas apariciones telefónicas en sus emisiones,
tal como ocurrió unos días después del atentado a la AMIA cuando
eligió su programa de la tarde para comunicarle que un grupo islámico del sur del Líbano —cuya pronunciación no resultó fácil a la
dicción presidencial— se había adjudicado el hecho.

—¿Qué tiene que ver su amistad con el presidente de la Nación
con su presencia en el canal? —le preguntó *Gente* en abril de
1993.

—Nada. Quienes dicen eso son algunos colegas envidiosos.
Menem, a quien admiro, y creo que es un político sagaz, un viejo
zorro astuto y un estadista, no es mi amigo. Tengo trato con él, claro, pero jamás, ni él, ni nadie, me dijeron qué tengo que hacer. Si
alguien lo hiciera, me daría vergüenza y me iría a casa. El periodismo, sea un medio estatal o privado, es siempre un negocio (…)
nadie me baja línea.

Designado al frente de la gerencia de noticias de ATC, Viale
capitaneó el grupo que durante un mes monopolizó la transmisión
del mundial de 1990 por televisión. Acompañado por Carlos Ba-
rulich, Edgardo Antoñana, Guillermo Cánepa y Antonio Carrizo,
se autodenominaron "la barra brava de ATC". Del cúmulo de gestos patéticos que fueron capaces de producir, quedarán grabados
para siempre la botella de ginebra con escarapela que los acompa-

ñó como telón de fondo, las bromas hacia Camerún el día de la inauguración porque era un partido de "poco relieve", la agresión a Italia cuando enseguida del triunfo ante Yugoslavia se supo que éste era el próximo rival (agravios estos últimos que provocaron la reacción de la colonia y obligaron a Viale a disculparse en cámara), y la grotesca visión del estudio del canal estatal después del partido con Italia, todos arrodillados y besando una bandera argentina.

Introductor del "reality show" en el canal de los amigos del presidente, en la actualidad, además de su espacio diario en la radio de Sofovich donde aprovecha para dirimir todas sus enemistades personales, Viale ocupa la mañana y la tarde de ATC. Munido de unos desaprensivos productores que recorren las villas de emergencia y sus alrededores en busca de casos sensacionalistas, el periodista logra que tanto las víctimas de hechos de sangre como sus familiares se presten a dramatizar personalmente los crímenes.

Su pantalla ha ilustrado a la platea sobre la forma en que un karateca violó a un chico de seis años; la manera en que apareció maniatado el cadáver de un niño al borde de las vías del tren, mientras su madre lloraba desesperada en el estudio y reclamaba "la pena de muerte para estos asesinos"; y la reconstrucción de la violación con una regla que dos compañeritas infligieron a una tercera en el baño de la escuela.

Entrevistado por Rolando Graña para *Página/12,* Viale justificó sus crudos enfoques. "Yo creo que sugerido como lo hacemos nosotros no molesta a nadie. Lo he consultado con Mauricio Abadi, con mi mujer que es psicóloga, con el filósofo Jaime Barylko y hemos llegado a la conclusión de que las notas duras, que sacuden a la audiencia, hacen pensar a la gente." (…) "Si una dramatización puede movilizar a un paciente en su consultorio, ¿por qué no en un set de televisión? En Estados Unidos hay un programa que se hace a base de dramatizaciones con los mismos protagonistas. De ahí tomé la idea." Todo un profesional del oficialismo.

El contrapunto

Aspecto de "langa" de los sesenta y virtuoso del perogrullo, Rolo Puente solía aseverar (hasta que Chico Novarro lo desmintió) que lo suyo, es decir su carrera en el mundo del espectáculo, comenzó cuando se incorporó como cantante al Club del Clan. Su biografía indica en cambio que mientras sus gorgojos los entonó en los míticos *Sábados circulares* de Pipo Mancera, sus dotes como Romeo las estrenó en *El amor tiene cara de mujer* de Nené Cascallar.

Hombre de actividades múltiples, además de propietario de un carrito en la Costanera y vendedor de autos, Puente tuvo un fugaz paso por la literatura. Hijo de Lolita Domínguez, durante muchos años directora de las revistas *Vosotras* y *Anahí*, llegó a publicar cuentos cortos en la primera y en *Maribel*. Viejo amigo de Ramón Ortega, su madre fue la madrina de casamiento de Palito y Evangelina, y él mismo participó de algunas de las películas realizadas por el gobernador-cantor: *La familia está de fiesta* y *La felicidad*.

Pero donde más parece haberse destacado Rolo Puente es en las lides amatorias (los archivos recuerdan su casamiento con Nilda Pérsico en 1967 y sus sucesivos romances con Edda Bustamante, Verónica Castro y María Rosa Fugazot) y por sus hazañas como showman en la Escuela de Mecánica de la Armada (ESMA) durante la dictadura militar, que le confirieron una cierta notoriedad castrense. La revista *Libre* publicó en 1984 una célebre fotografía suya en compañía de la starlette Noemí Alan y del capitán Jorge Eduardo Acosta (alias "El Tigre"), jefe de inteligencia del grupo de Tareas 3/3/2 de la ESMA.

La restauración democrática no parece haberlo entusiasmado demasiado. "La llamada televisión cultural es sumamente aburrida", declaró en 1984, y dos años más tarde opinó que para trabajar "hay que hacerse el intelectual y hacer Chejov en el Teatro San Martín". Gerardo Sofovich, su amigo de añares pero con el que unos dimes y diretes lo mantenían alejado, lo rescató en 1987 del ostracismo de la ilustración y desde entonces se considera "eternamente fiel" a su patrón. Atisbos de lucidez no le faltan y Puente suele autodefinirse como "primer segundón, un buen soporte para los cómicos". Omite que ignora el significado de la palabra "disenso" y que su docilidad lo convierte en el pedestre eco de su empleador, quien a diario pone a prueba su maña por la pantalla de ATC.

La mirada tirando a desorbitada y un estado de excitación permanente es lo que queda del croata Ante Garmaz, exquisito modelo de la década del sesenta y hoy —gracias a su "feeling con Menem"— amigo y árbitro de la elegancia del presidente. Su programa de modas, *El Mundo de Ante Garmaz* que se emite por ATC, impacta más por su comicidad kitsch y el anodino despliegue de ropa que Garmaz facilita a pequeños fabricantes, que por su "chic".

Pero no solamente de ropa trata la emisión: la fogosa personalidad del conductor —que no le impide retratarse en *Caras* en un espumoso jacuzzi con sus extremidades colgando hacia afuera— se impone constantemente. Al punto que en una oportunidad entrevistó a un estadounidense hablando en castellano pero con acento inglés.

De ideología polifacética, Garmaz se define como "menemista" y "evitista". De esta última opina que su grandeza "se puede evaluar por un hecho: cuando Franco la recibió en España". En cuanto a los agasajos recibidos, además de las distinciones presidenciales el ex modelo confiesa que "los más grandes halagos que tuve vinieron de boca de la hija de Mirtha Legrand y del general Bussi. Eso fue el barómetro que me marcó hasta dónde llegué".

Los chistes con que Albino Rojas Martínez, conocido artísticamente como "El Soldado Chamamé", engolosinó la oreja presidencial, convencieron a Menem de darle luz verde a su profesor de histrionismo para postularse como gobernador del Chaco. En diálogo personal con Dios, quien parece que finalmente lo inspiró, Chamamé resolvió apartarse de la estructura del peronismo chaqueño y piensa liderar una nueva corriente de expresión cívica que lo mantendrá "como hombre aferrado a Dios y no al paganismo".

Probablemente falto de formación política pero no de ingenio, para criticar a la dirigencia de su provincia el cómico recurre a una comparación discográfica: "se quedaron en el long play, sin haberse dado cuenta de que después vino el casete, y no advirtieron la oportunidad que les dio Menem, que está en el compact disc". Empecinado en implantar el compact en una de las regiones más pobres del país, el humorístico asesor presidencial ya ha conseguido para recorrer la provincia un vehículo que ha bautizado como "chamamenem".

8.
El seductor

De corta estatura y otoñal aspecto, el primer mandatario es un seductor nato y allí por donde pasa las mujeres se abalanzan, lo besan y abrazan.

Menem sostuvo alguna vez —parafraseando a un poeta anónimo— que a una mujer no se la puede herir "ni con el pétalo de una rosa". Tal vez en este trato delicado, además del irresistible atractivo del poder, resida el increíble éxito del presidente de todos los argentinos con el sexo opuesto. De corta estatura y otoñal aspecto, el Primer Mandatario es un seductor nato y allí por donde pasa, las mujeres se le abalanzan, lo besan y abrazan. Proclive a estimular la competencia femenina, el galante riojano suele distinguir a sus acólitas con motes varios cuyo uso, según la ocasión, indica el grado de proximidad o lejanía que la agraciada mantiene con él, además de servir para alborotar los celos del particular gineceo.

"Creo que con las mujeres tengo algún éxito pero porque soy un sentimental. Me gusta ver una flor, admirar el vuelo de las aves...", trató de explicarle a Susana Giménez el emotivo mandatario.

—¿No le molesta que lo crean un galancete? —le preguntó un periodista del diario *El Mundo* de Venezuela.

—No tengo mucho tiempo para esas debilidades, aunque me gustan mucho. Mirá, yo veo a Carolina (la pareja del cantante venezolano José Luis "Puma" Rodríguez) tranquila cuando a su esposo lo asedian las damas, lo besan y ella tranquila. Yo no he tenido esa suerte, siempre los celos afloran —contestó sincero Carlos Menem, de quien se asegura que la única que le dio paz fue su antigua novia Ana María Luján. "Ella lo quería y no lo hostigaba", cuentan en La Rioja. Y vistas sus públicas tribulaciones domésticas no caben dudas de que sus comprovincianos no mienten.

Aunque desde el riñón del menemismo se comenta que su relación con las mujeres cambió mucho después de la operación de carótida, para el público en general ésta no ha variado. "Algo le deben ver porque su seducción va más allá del hecho que sea presidente", razona una periodista acostumbrada a los roces gubernamentales que ha visto sucumbir a sus encantos, incluso a colegas opositoras. Como ejemplo menciona el caso de la veinteañera hija de Víctor Bo que detestaba al querido amigo de su padre hasta el día en que lo conoció y cayó subyugada.

Detallar la lista de amantes que la mitología popular atribuye al cortejador jefe de Estado requeriría un tomo de la guía telefónica. Hombre de corazón abierto, entre la bullanguera tropa que lo rodea hay para todos los gustos salvo uno, las pensantes. En 1989, en plena campaña electoral, los periodistas que estaban en el lobby del hotel de Tucumán escucharon azorados cómo desde la motorola de Ramón Hernández emergía la voz del candidato justicialista: "Te dije que quería dos mujeres no una". Ocurre que excepto aquellas que forman parte del gobierno, cualquier señora o señorita que desee acercarse a Carlos Menem debe contar primero con la venia del fiel Ramón Hernández.

Los memoriosos también recuerdan su encaprichamiento con una reina de la vendimia, y cómo durante un asado en *El Mangrullo* —el restaurante de Alejandro Granados— mientras el presidente ocupaba la mesa principal con todos los invitados, Ramón se sentaba al fondo flanqueado por dos bellezas. Una de ellas era la susodicha majestad. Cuando Menem se quiso retirar le hizo señas a su secretario quien se levantó con las chicas.

Lo que "Hyannisport" es a los Kennedy, es decir el lugar de veraneo de la familia, Anillaco es a los Menem. Las fábulas circulantes lo han convertido en algo así como el jardín de Alá del que brotan odaliscas de la tierra. Sin embargo, es allí donde Carlos Menem cuida su intimidad más que en ninguna otra parte y nunca deja de cumplir con la solitaria rutina de recorrer los viñedos. En

La Rioja al diablo se lo designa como "viborón" y a Anillaco se lo considera el lugar donde se va a hablar con él. Según cuenta una antigua leyenda riojana, para contactar con Satán no hay como trasladarse al pueblo natal del presidente de la Nación. Una fábula más actualizada sugiere que precisamente en los viñedos es donde Carlos Saúl platica con el "viborón".

Las hembras que fuera de las fiestas, cumpleaños o periplos eleccionarios, han tenido acceso a esta intimidad presidencial, se pueden contar con los dedos de la mano. La prensa ha registrado solamente los nombres de Claudia Bello y Leila Aidar, de quien además se dice que es "la única que lo quiso de verdad".

En octubre de 1990, *Noticias* daba cuenta de que Claudia se había convertido en la mujer del Gobierno que acompañaba a Menem en sus viajes internacionales y agregaba: "Por lo bajo muchos repiten que hay una fuerte corriente de simpatía entre el presidente y la asesora". Cierto o no, luego de su tropiezo correntino la ex columnista de la revista *Jotapé* se hizo acreedora a un período de intimidad presidencial y aprobó —"Cum Laude" según sus detractores— la asignatura "Anillaco". La influencia de esta aguerrida militante sobre el presidente de la Nación no parece haber sido poca y las argentinas deberían agradecerle que en virtud de sus buenos oficios, es decir una firma solicitada en el momento oportuno, viera la luz la ley que obliga a los partidos políticos a incluir un 30 por ciento de mujeres en sus listas electorales.

Habitué de los tradicionales cumpleaños presidenciales, María Julia Alsogaray pasó de llamar a Menem "el curandero" o el "mal mayor", a verse obligada a desmentir que pernoctaba en Olivos. Aunque, utilizando una comparación equina, reconoció que tanto ella como el presidente "somos como dos mulas que nos necesitamos mutuamente".

Los rumores sobre una supuesta relación entre el presidente y la privatizadora alcanzaron su pico a mediados de los noventa y llegaron a oídos de Zulema. Dando crédito a las hablillas que sugerían que la ingeniera ocupaba "el rol de primera dama y reina", la señora Yoma recurrió a su arma preferida y convenció a Junior y Zulemita para que no concurrieran al 60° cumpleaños de su padre.

La perseverante Adelina —por llamarla de alguna manera—

aunque nunca formó parte de la intimidad presidencial con los mismos lauros que María Julia, viajó a La Rioja como invitada presidencial y en la mejor compañía: el ex embajador italiano Claudio Moreno y Carlos Spadone. De la partida también formó parte Matilde Menéndez, introducida con calzador por Erman González y a quien la señora de Viola se cuidó muy bien de dejar acercar un instante al jefe de Estado. La excursión concluyó con la ex presidenta del Banco Hipotecario volando desde Pinchas a la ciudad de La Rioja en una diminuta avioneta piloteada por el Primer Mandatario.

Sin embargo, en distintos momentos María Julia y Adelina fueron sometidas por Menem a una especie de detector de mentiras. Después de recoger unos yuyitos típicos de su provincia, el presidente las conmovió explicándoles que "con esto mamá me hacía un caldito. A veces era lo único que teníamos para calentarnos el estómago". Ambas encontraron delicioso el sabor de las hierbas solo que, según *Ambito Financiero,* fue una de las tantas humoradas presidenciales "para poner a prueba el «sicarlismo» puesto que con ese yuyo la madre de Menem jamás hizo un caldo ni él lo probó".

9.
Mujeres son las nuestras

Capaces de actuar con frialdad maquiavélica e intrigar con habilidad femenina, si hay
algo que reconocerles a las mujeres del menemismo es la maestría con que combinan el
portaligas con el látigo.

Entre las múltiples facetas que adornan al menemismo, quizás una de las más notables sea su aptitud para arrasar con cualquier tipo de convención social o moral. Elástico atributo que expresan mejor que nadie las mujeres —históricamente menos acostumbradas a los desbordes del Poder— que alborotan el areópago femenino del presidente de la Nación. Funcionarias, políticas o amigas han demostrado una particular disposición para la desmesura, por lo que deben su notoriedad más a las pasiones e intrigas en que suelen verse envueltas, que a la idoneidad con que desempeñan sus funciones.

Modosas y opacas al principio, rápidamente se genera en ellas una doble transmutación: resucitan con formato "Barbie" de mirada adulta y masculinizan su psiquis en su disputa por el Poder. Capaces de actuar con frialdad maquiavélica e intrigar con habilidad femenina, si algo hay que reconocerles a las mujeres del menemismo es la maestría con que combinan el portaligas con el látigo.

Hasta su ingreso al "peronomenemismo", María Julia Alsogaray, paradigma de este acoplamiento, era una dama de aspecto recatado a la que el destino —con el temor de algunos y el fervor de otros— parecía reservarle el rol de la Margaret Thatcher austral. Contaminada por la pompa gubernamental, la funcionaria descartó

todo atisbo de su natural inteligencia, reconvirţió a Carlos Menem
en un vikingo, se abocó a lucir las piernas y le entregó su cabeza a
Stella Maris Lóndero mientras la emprendía a rebencazos contra
quien se resistiera a satisfacer sus deseos. Su opuesto es Zulema
Yoma, quien sin llegar a ubicarse en las antípodas de la ingeniera,
representa en parte el fracaso del modelo ya que nunca logró fascinar al hombre en torno al cual giran todas las demás.

Las andanzas de las malmeneadas Matilde, Adelina y la misma
María Julia (cuyas causas judiciales, coincidencias de la vida, han
confluido en el mismo juez: Jorge Urso), y las aventuras/desventu-
ras de Claudia Bello o Alicia Saadi —por sólo nombrar algunas—
que los medios han recogido con particular esmero, no dejan de tener un perverso atractivo para el resto de sus congéneres condena-
das a vidas más simples. Como las "malas" de la telenovela o las
favoritas a lo largo de la historia, "las chicas" de la corte cumplen
una función catártica. Durante su apogeo y hasta que el inevitable
castigo les llegue, viven la ilusión del poder y se permiten todo tipo de excesos. Claudia Bello alquilando aviones para trasladarse
por los pueblos de Corrientes o viajando a París para cortarse el
pelo. María Julia rastreando en helicóptero la Laguna del Sauce en
Punta del Este buscando a su peluquero, ocupado en ese momento
con los bucles de la mentalista Blanca Curi. Matilde y un novio
más joven gastando 50 mil dólares en solo diez días de vacaciones
en el Caribe y rentando un avión privado para que los deposite en
la isla de Antigua. Adelina ascendiendo de modo irresistible del
pintoresco barrio de San Telmo al paquetísimo *Golf Club Argentino*. La jueza María Romilda "Chuchi" Servini de Cubría escon-
diendo impunemente una orden de captura internacional contra
Amira Yoma, Mario Caserta e Ibrahim Al Ibrahim. La mayoría de
las legisladoras justicialistas exhibiendo lujosas y desubicadas ropas a las 10 de la mañana del 1° de mayo de 1994, sintetizadas en
el vestido negro con escote bordado en lentejuelas que desfiló Dulce Granados.

Pródiga en Teresas Viscontis (la "mala" de *Celeste*), en la
realidad política argentina escasean en cambio las "buenas", modelo Hillary Clinton y no porque no existan sino simplemente
porque no tienen llegada al Poder. ¿Alguien puede imaginarse a

la luchadora María Florentina Gómez Miranda, lo opuesto a un sex symbol, integrando el gabinete femenino de Carlos Menem?

Odios, amores y solidaridad de género

Los entredichos de lo que los varones denominan "el eterno femenino", le han dado un cierto toque mezquino al paisaje nacional. "Ese pase no es político", resumió María Julia cuando Adelina se inclinó ante la pila bautismal menemista haciendo honor a la rivalidad que las enfrenta desde hace años. Rivalidad que hoy está a punto de convertirse en una auténtica guerra, puesto que cada una acusa a la otra de ser la responsable del tobogán por el que han comenzado a descender.

Pero si María Julia ha sabido ganarse un sinnúmero de enemigos, la inclinación de Adelina por el montañismo practicado en la cordillera peronomenemista, la hizo acreedora de odios varios. Sus nuevas correligionarias, adversarias de armas tomar, se la tienen jurada. Basta recordar los desaires de los que fue objeto durante su desgraciado paso por la Asamblea Constituyente.

Cuando Manzano fue designado Ministro del Interior, seducido por el populista parloteo liberal de la señora de Viola, se la llevó consigo y congeló a Claudia Bello en la Secretaría de Relaciones para la Comunidad. El resultado fue un cuasi enfrentamiento de facciones entre la elegante tropa de la preferida del ministro y la barra brava de la Bello, el día en que Adelina asumió como secretaria de Asuntos Institucionales. "Con Claudia me llevo bien... pero les diría que nuestras relaciones pasan nada más que por las reuniones de gabinete. Además, ella tiene un ámbito comunitario y el mío es político", declaró despectiva quien fuera la funcionaria favorita de Manzano.

Acusada de no haberse ocupado nunca de las mujeres y de cambiar de bando sin solución de continuidad, Patricia Bullrich logró unir lo que parecía imposible. Claudia Bello, Inés Pérez Suárez, Juliana Marino, Loli Domínguez —ex señora de Roberto Digón y ocasional cronista de *Nuevediario*— Matilde Menéndez y

Virginia Franganillo depusieron por un rato sus mutuos enconos y, en octubre de 1993, se unieron para impedirle acceder a una banca. La gesta resultó todo un fracaso, ya que la aguerrida Bullrich apuntó a Corach y hoy legisla.

Matilde Menéndez declaró en una oportunidad que "Las mujeres somos más solidarias (...) en mi directorio hay muchas mujeres, incluso mi hermana es la gerente de finanzas" (del Pami). Palabras que el viento se llevó puesto que declarándose amiga de Claudia y Adelina, Matilde no vaciló en pasarles por encima a la hora de integrar las listas de constituyentes. Penosamente resucitada del affaire de las coimas, a fines de marzo de 1994 reapareció en la campaña menemista y se abrazó con ambas. "Con las chicas siempre nos sacamos fotos juntas", murmuró sin convicción y sin que nadie le creyera. La definición ideológica de la ex mujer fuerte del menemismo en contra de los anticonceptivos y la planificación familiar, seguramente data de sus integristas tiempos de "guardiana", ya que ha llegado a la madurez con dos matrimonios a cuestas y solamente dos hijos en el haber. De *La razón de mi vida* de Eva Perón, de quien es devota confesa, Matilde extrajo su concepción pública acerca del rol de la mujer que, obviamente, no es la misma que la rigió en privado. "Evita sostuvo que la mujer no tenía que masculinizarse en la construcción del Poder, sino que su misión era transformar en poder lo que ya tenía: es decir, su participación en la vida privada, en la educación de sus hijos, en las decisiones del consumo", declaró la ex funcionaria a *Marie Claire* española en 1989. "La sociedad tiene que hacer un avance hacia calificar todas las cosas que hacen las mujeres y volver al reconocimiento de esta labor gigantesca y titánica del ama de casa que no está reconocida como valor económico."

Autora del proyecto de ley sobre acoso sexual, la diputada Irma Roy tiene un particular concepto de esta difundida costumbre. La legisladora sostiene que el que a una mujer la acosen o no depende de "una cuestión de personalidad". "Acoso sexual" —definió ante *Noticias*— es "cuando te invitan a tener relaciones sexuales. No cuando la cosa pasa por el piropo o por invitarte a tomar un café".

Las Evitas

No está claro si es por obra de su pasado farandulero, por sus admirables obras de caridad o por su notable manejo del poder, lo cierto es que Eva Perón es el modelo en el que quisieran inspirarse muchas de las famosas de la fiesta menemista. Para algunas, como la emotiva Claudia Bello, la sola mención de su nombre la sumerge en un torrente de lágrimas.

Ahijada de la madre de los desamparados, en el despacho de la asesora presidencial, Eva María Gatica, se destaca un retrato de Eva Perón. La hija del "Mono" afirma que sigue "humildemente su camino" pero no admite cotejos con su santa. "La que quiera compararse con Evita es una trastornada", opina. A Evangelina Salazar, que abandonó el plástico de Miami para apoyar a su marido en Tucumán, el contacto con los necesitados le hizo descubrir la importancia de la otrora jefa espiritual de la nación argentina, a la que admira cada vez más aunque considera "irrespetuoso" tratar de parecérsele.

Las lágrimas rodaron por el rostro de Nacha Guevara el 7 de julio de 1994 durante una emisión de *Me gusta ser mujer* por el canal presidencial. "Si tengo algún sueño ahora es continuar la obra que ella dejó", proclamó con la voz quebrada. Ese verano Nacha pasó por Anillaco invitada por el hermano Eduardo y deleitó al primer mandatario con su versión a capella de la ópera rock que unos meses más tarde el mismo presidente le prohibiría a Oliver Stone filmar en la Argentina. El 26 de julio, aniversario de la muerte de Evita, Guevara fue la encargada de entrevistar al mandatario para recordar a la madre de los trabajadores.

Más joven y menemista a secas, entre las deidades que pueblan el olimpo de Liz Fassi Lavalle no figura Eva Perón. La señora de Omar se identifica con aquellas "que tenían personalidad e inteligencia, como el caso de Alicia Moreau de Justo", admira el "glamour" de Marilyn Monroe y la distinción de Grace Kelly y Jackie Kennedy.

Las starlettes

En noviembre de 1993, durante la función de gala organizada por *Editorial Perfil,* el murmullo se extendió por la atestada platea del Teatro Colón. No era para menos: la excitante Graciela Alfano, acompañada por una solitaria Liz Fassi Lavalle y vestida tan solo con un corpiño de broderie, ombligo al aire y el resto del torso desnudo, irrumpió en el palco del presidente y se le sentó al lado. Desde el paraíso, un grupo de damas patricias que fueron ubicadas en las alturas, observaron resignadas las alteraciones del orden social que habían sido obligadas a admitir en aras de la estabilidad.

Cuando una periodista le hizo notar a la espectacular vedette que había sido muy criticada por su audacia, ésta respondió: "Muchas me criticaron pero por envidia, porque más de una señora respetuosa o de imagen se moriría por estar en mi lugar. Es más, cuando nos quisieron sacar una foto, más de una de esas mujeres empujó a cuanta persona estaba delante para salir al lado del presidente".

Incondicional del poder, la estrella que en épocas más ingenuas estuvo a punto de casarse con Pablo Escobar Gaviria, suele inclinarse por quienes lo detentan. Desde su arrobamiento imaginario sostuvo ante el periodista Pablo González que a los políticos "el poder los hace liberar hormonas, oligoelementos, no sé qué cosas les da el Poder que los pone muy atractivos". Cualidades de las que, según ella, también se han hecho acreedoras mujeres como "María Julia, Cristina Guzmán, Claudia Bello y Adelina" quienes "antes de llegar eran apagadas (...) lo que pasa es que del poder emana efervescencia".

Aunque la misma Alfano se encargó de desmentir la especie, los murmullos sobre la existencia de un supuesto romance entre el presidente y una de las mujeres más atractivas del país se remontan a algunos años atrás cuando los fotografiaron tomados de la mano. "Mi marido y yo somos amigos de él, es una persona admirable", aclaró Graciela en *Caras.* El temporal no debe haber sido fácil de capear porque, según agregó apesadumbrada, el chismerío llegó a perturbar "a mi marido (Enrique Cappozzolo), a mis hijos y a ciertos amigos. Con Quique vivimos momentos violentos, violentísimos... fue muy duro y triste para nuestros hijos presenciar estas escenas". Omitió contar que cuando un indiscreto artículo de la revista *Paris Match* la vinculó a Carlos Menem —junto a una lista de affaires presidenciales— ella se vanaglorió públicamente de haber recurrido a la magia negra para que la supuesta responsable no volviera a gozar de "un orgasmo" nunca más en su vida.

La amistad de los Cappozzolo con Carlos Menem no es nueva. Graciela suele figurar en la lista de sus invitados especiales y también integró el plantel del canal presidencial como animadora del programa *Graciela y Andrés,* junto a Andrés Percivale. Uno de los primeros ágapes a los que concurrió apenas electo el flamante mandatario, fue a un asado en la estancia de la familia Cappozzolo en Mercedes, en el que abundó la prensa extranjera. Alfano, ataviada con un conjunto de minifalda de cuero de víbora y zapatos conjuntados de taco aguja, provocó el desconcierto del italiano Mauricio Matteuzzi, enviado del diario *Il Manifesto,* quien azorado por la poco campestre indumentaria de la anfitriona preguntó: "¿Ma chi è quella starlette?".

Las habladurías atribuyen a Amalia "Yuyito" González haber protagonizado un altercado con Graciela Alfano a causa del favor presidencial. Ambas comparten la debilidad por los poderosos y Yuyito confesó a *Gente* que sucumbe "ante ellos" porque la "hacen sentir mujer". Lo que más la seduce de Menem es que sea "un hombre que está rodeado de mujeres, que se habla permanentemente de sus conquistas. El mismo declara que es un seductor, y que ama a las mujeres y pienso: La pucha, qué tipa afortunada soy. ¡Qué cosas mágicas que me pasan! Estar tan cerca de gente especial en las fantasías o en la realidad" y se ufana que incluso en el libro *El Jefe*, de Gabriela Cerruti, se habla de ella.

La jardinera de *La peluquería de don Mateo* para quien "el sexo ocupa un lugar importantísimo en su vida", opina que el presidente "tiene un carisma impresionante" y reconoce que no sólo no le molesta hablar del tema sino que la "halaga". González no logra memorizar en qué momento exacto conoció al Primer Mandatario pero sí que fue mientras estaba embarazada de Bárbara "Barbie" Coppola. Recuerda en cambio orgullosa el origen de su fotografía sentada sobre las rodillas presidenciales tomada cuando fue a actuar a La Rioja y el gobernador la fue a ver.

Yuyito niega sin demasiado énfasis los rumores que la vincularon al corazón presidencial: "Si hubiera tenido un romance... andá a saber... capaz que hoy no estaría acá. Estaría en Olivos".

—¿Pero por qué suena tanto tu nombre? —le insistió Renée Sallas.

—Será un presagio. Nos casaremos algún día... Yo nunca dije que no rotundamente.

Otra rubia debilidad

El primer Mandatario siempre tuvo debilidad por Xuxa, a quien ha llegado a telefonear desde los más remotos lugares del planeta —donde tanto le gusta trasladarse— nada más que para saludarla. Lo que aparentemente une al presidente con la animadora infantil es el amor por los animales y los chistes de gallegos. Fue Xuxa quien le regaló al mandatario una perrita pequinesa bautizada "Magú" y en agradecimiento el presidente la invitó Olivos. Tras un paseo por el parque, ambos se dirigieron al cine de la residencia donde el jefe de Estado se durmió plácidamente con el pequeño can apoyado en sus rodillas.

La misma Xuxa ha declarado que Menem le pidió que lo llame "Carlos" en vez de presidente, y que lo que más valora en él es "el cariño que siente por todo el mundo". A *Noticias* le confió que ellos charlan "sobre todo los asuntos que a él le gustan".

En septiembre, durante la última reunión del grupo Río, el presidente hizo un alto en las negociaciones y partió en secreto a un almuerzo en la espectacular casa que la brasileña acababa de inaugurar en Río de Janeiro, más exactamente en Barra de Tijuca. El encuentro se frustró cuando Menem se enteró de que la prensa se había apostado a las puertas de la mansión de la guapa animadora. Insistente, el mandatario argentino volvió por la noche pero nadie logró detectar la duración del encuentro. Amable, Xuxa le devolvió la visita el último noviembre. Quería saber en qué estado se encontraba "Magú".

Una tragedia ocurrida en 1985 cuando un puma del zoológico particular del gobernador de La Rioja casi se comió a su hija Julia, estuvo en el origen de la amistad entre el actual presidente de la Nación y la actriz Cristina Lemercier, señora de Freddy Tadeo, hermano de Palito Ortega.

Ex *Jacinta Pichimahuida* —donde reemplazó a su angelical cuñada Evangelina— ex desnudista de la revista *Libre* e hija de Lucía Peroné, Lemercier se transfomó en asesora presidencial pero perdió el puesto cuando descubrieron que solicitaba créditos invocando su amistad con el mandatario. Sin embargo, el vínculo fraterno entre Cristina y Carlos duró largos años. Los suficientes como para ubicarla en la pantalla de ATC conduciendo un programa infantil *Cristina y sus amigos* que se distinguió por los zarandeos con que mimaba a sus invitaditos.

Aunque no siempre la amistad entre la actriz y el presidente transitó por un lecho de rosas. En 1991, durante la celebración del 9 de julio en Tucumán, cuando el brigadier Antonietti la detectó en el palco presidencial junto a los presidentes de Bolivia, Uruguay y Paraguay la desalojó de inmediato. "A mí me invitó el presidente, todos vieron cuando me presentó a los otros presidentes. El me quiere mucho. ¿No veo qué hay de malo en eso? ¡No entiendo cuál es el misterio si yo estaba con mis hijas!", gimió Cristina ante la prensa. Allegados a la ex desnudista no se explicaban por qué la habían sacado de allí "a puntapiés" cuando ella "a pesar de todo" mantiene con Menem "una amistad muy profunda".

Las admiradoras

Eva Gatica es otra de las incondicionales presidenciales. La hija del "Mono" supo apoyarlo en épocas en que la fortuna aún no le sonreía y hoy no se priva de hacerlo notar: "Cuando conocía al Je-

fe los empresarios lo ignoraban. Le decían «el negro patilludo».
Son los que hoy cenan todos los días con él en Olivos. Y a mí me
enorgullece", se confesó ante María O'Donnell de *Página/12*. Con
las mujeres presidenciales tampoco se anda con rodeos: "...se
mueren por salir en una foto con él, pero antes lo despreciaban.
Cuando las veo pienso que ojalá fueran más todavía".

De chiquita, Liz Fassi Lavalle —nacida Elizabeth Massini— era
el juguete preferido de su madre Lola Capurro, quien se entretenía
ensayando peinados en su larga cabellera rubia. Dotada de un físico
en el que se conjugan la cautivante gracia de una Barbie con la picardía de Doney, aquel encantador gnomo que alegraba la vida de
Blancanieves, la garbosa señora de Omar Fassi Lavalle es una mujer fuerte y bien plantada. Exitosa empresaria en el rubro hotelería y
deportes, Liz no vaciló en montarse embarazada al menemóvil para
apoyar a Menem. Fue también gracias a sus artes que Hugo Santilli,
entonces presidente de River Plate, cedió el estadio para que el precandidato justicialista cerrara su campaña en la interna.

María Isabel Visconti está casada con el amigo del jefe de Estado, Alejandro Granados, por eso desde que ganó su banca de diputada nacional se la conoce como Dulce Granados. Peronista de estirpe, su papá Abel, actual concejal justicialista por el partido de
Esteban Echeverría e integrante del dúo "Los Visconti", ya le
"cantaba al general Perón". A causa de los rumores que vinculaban
su banca con la amistad presidencial, la rubia y treintañera legisladora tuvo que salir a desmentir la especie. "El (Menem) puso en la
Cámara de Diputados a una amiga sin prontuario ni quiebras. Yo
soy intachable", argumentó Dulce. Más que nada vistosa y atractiva, para hablar con ella es inevitable pasar por Quique Dapiaggi, el
folclórico animador de la dictadura militar, hoy jefe de prensa de
la diputada y del restaurante de su cónyuge.

Alicia Betti saltó a la fama por un marido asesinado, Milo
Naum, primer caso de secuestro extorsivo después de la restauración democrática. Propietario de McTaylor, McShoes y McTaylor
perfumes, su viuda es hoy quien maneja el negocio. Superada la
tristeza y antes de incursionar en el mundo editorial, Alicia se convirtió en un personaje habitual del jet set porteño y en una de las
tantas a las que el presidente homenajeó con sus atenciones. Su au-

tobiografía *Aún así,* fue presentada con éxito en la discoteca *El Cielo,* quince días después de que Poli Armentano, uno de los propietarios del establecimiento, fuera asesinado. La disco, engalanada con gigantescas fotos de la agraciada autora, concentró a casi mil personas que hicieron un minuto de silencio por el finado dueño.

Amalia Fortabat, uno de los principales apoyos sociales del presidente, lo considera "un hombre finísimo" y con mucha "educación". La poderosa dama a quien Menem designara al frente del Fondo Nacional de las Artes, suele contar una anécdota que ilustra el don de gentes de Carlos Saúl. Con ella tuvo un gesto que "ninguno tuvo conmigo, sólo el presidente" quien, mientras tomaban el té, advirtiendo las manchas que los saquitos producen en los platos, "me dio su platito limpio y pidió que le trajeran otro".

Doña Lita

En las antípodas de la prudencia y eficacia de Ana María Luro, presidenta de Adelco, la titular de la oficialista Liga de Amas de Casa, Angela "Lita" Palermo de Lazzari, ostenta el mérito de haber mantenido ajenas a su organización todas las denuncias públicas sobre adulteración de alimentos, que se han convertido en el pan nuestro de cada día de los consumidores nacionales.

Corta de talla, maciza de cuerpo y de voz acotorrada, Lita se jacta en cambio de defender "las buenas costumbres y la moral pública", amenazando a las empresas que publiciten en programas que atenten contra ellas: "nosotros no les compramos los productos (...)" y dejan de apoyar "lo que para nosotros es una porquería".

Al frente de una entidad que agrupa a más de 300 mil seguidoras divididas en sesenta oficinas regionales, Lazzari recibió un subsidio gubernamental de 1 millón 300 mil dólares para defender a los usuarios y los gastó en programas de radio y publicidad. Pese a que el análisis de seis marcas de vino en un laboratorio ronda los mil pesos, Lita admitió ante Andrés Klipphan de *Página/12* que es ella misma la que prueba los alimentos y ni siquiera así publica los resultados.

Autoritaria, inculta y vulgar, la señora de Lazzari debe su popularidad, si es que puede llamársela así, al empeño de los medios en presentarla como el paradigma de la simplona "doña Rosa" de Bernardo Neustadt. Más bien inclinada a respaldar a los poderosos, se considera el nexo entre las empresas y "un sector muy amplio de la sociedad". El único método que aconseja para lograr una baja en los precios es exigirles a las mujeres que caminen. Aunque trabajen ocho horas y tengan que criar hijos.

Caricatura de una ama de casa media, Lita aborrece la modernidad y la independencia femenina tanto como al Estado y a las libertades políticas. En 1992, durante un acto dedicado a "la soberanía del consumidor como garantía de estabilidad", aconsejó a Cavallo que "saque vendiendo almanaques a los políticos y diputados que vienen a pedir aumentos de sueldos". Después ordenó a los periodistas que "en mi fiesta no me pregunten de política ni de cosas raras". Acusó a algunos "medios" de sabotear las actividades de la Liga mientras, según *Ambito Financiero,* "apartaba los grabadores a manotazos" y calificaba a los periodistas de "sinvergüenzas".

Defensora de la pena de muerte, Lita afirma compasiva "que Dios me perdone pero sí, para los que envenenan vino, los que violan y los que matan a colectiveros. Hay que sentarlos en una silla eléctrica y mirarlos cómo se secan". Orgullosa de que la mantenga su marido, no cree que la mujer esté discriminada en absoluto y "el que lo dice es un mentiroso". Los padecimientos de Adelina, Matilde o María Julia los atribuye a que "se metieron en política", aunque pone en duda la culpabilidad de Matilde.

Su incontrolada y maleducada verborragia provocó que en 1991 la retiraran del programa *Cinco Mujeres,* una emisión producida por Julio Moyano que pese a las desmesuras de Lita y a la sagacidad de Liliana Caldini no logró superar el 1,5 de rating. El acto con que en abril de 1994 Lita puso en marcha la "Escuela del Consumidor" y el "Club de Jóvenes Consumidores" estuvo apadrinado por María Julia Alsogaray y el comisario Patti.

La reina del strass

Delgada, con una melena larga de un rubio apagado, ojos grises muy maquillados y faldas lo suficientemente cortas como para que asomen sus rodillas, Maia Langes Swaroski cumplió 57 años el 31 de marzo de 1994. Romántica incurable, la amiga presidencial adora los boleros cantados por Los Panchos, el Puma Rodríguez, Luis Miguel y Julio Iglesias, aunque también disfruta con Barry Manilow. Cuando está en su finca "Las Mil Rosas" en San Martín de los Andes, su vida comienza a las nueve de la mañana con los boleros de Luis Miguel sonando en los doce ambientes de la casa.

Casada dos veces, hasta comienzos de 1993 lo estuvo con Gernod Swaroski cuya familia posee un imperio de empresas de óptica, piedras preciosas y alhajas para alta costura que han popularizado a la briosa Maia como "la reina del strass". Es propietaria además de cuatro mansiones estratégicamente ubicadas. En Europa tiene un cuasi castillo en Wattens, un pueblito tirolés; en Palm Beach su hogar queda justo frente a lo de Ivanna Trump; una tercera propiedad se encuentra en la Costa Esmeralda en Cerdeña y en el sur de Argentina posee la estancia "Las Mil Rosas". Wattens, Cerdeña y "Las Mil Rosas" han tenido el honor de albergar al presidente de la Nación.

Madre de tres hijos, uno de ellos, Michael, está a cargo de las Bodegas Norton en Mendoza. Ferviente católica, Maia considera que San Agustín es su "guía" y "protector", pero lo que no deja de sorprender en una divorciada vuelta a casar, es que comulga. En los momentos críticos suele consultar además a una mentalista que casi siempre le acierta.

Espiritual, escribe poesía para ella misma y lee a Somerset Maugham, aunque para los aviones prefiere a Sidney Sheldon y a Harold Robbins. Mientras tanto su vida transcurre entre "las flores, la música y el amor". Este último con menos fortuna puesto que su marido partió en pos de una cuarentona, dolor que Maia sobrellevó gracias a la comunión y al sostén de grandes amigos como Estée Lauder, Kathy Ford y el mismo Carlos Menem. De todas maneras

su último cumpleaños lo pasó en las cataratas del Iguazú invitada
por Miguel Angel Vicco, con quien la retrataron en amable actitud.

El responsable de introducir a los Swaroski en la corte menemista fue el brigadier Antonietti, quien a través del golf había hecho buenas migas con Ivar Bronston, representante de la familia en
América. El primer generoso gesto del matrimonio austríaco fue
poner a disposición del presidente los aviones necesarios para que
él y su comitiva se trasladaran a Belgrado para participar de la
Conferencia de Países No Alineados en 1989. El segundo fue también dadivoso y consistió en comprar bodegas en Mendoza y mi-
nas en el norte.

De los argentinos opina que "son los más europeos de América
latina y su calidez es ideal para mi temperamento", por lo que no
descarta afincarse definitivamente en el país. Entre los nativos se
ufana de contar como amigos a María Julia Alsogaray y a Amalia
Fortabat, "dos personas de una inteligencia brillante y una elegancia innata", además de la joyera Ada de Maurier y de los Macri, a
quienes conoció hace veintiséis años a través de Giorgio Nocella,
el socio italiano de los hermanos.

La atractiva millonaria austríaca le dice a Menem *El Jefe*. Su
incurable y romántica intuición le ha permitido siempre comprender "cuando alguien es transparente y quiere hacer algo positivo
para la gente". "Yo sé que usted es el único hombre que podrá sacar adelante a este hermoso país, porque estoy segura de que va a
cumplir con lo que prometió", le dijo en 1989, el día en que fueron
presentados. Acto seguido lo invitó a cazar ciervos colorados en su
estancia de Neuquén y él la retribuyó convidándola a exterminar
guanacos en La Rioja. Ese fue el origen de la poética amistad entre
una europea y el presidente de un país sudamericano que penaba
por salir de la inflación.

Maia ha insistido siempre en la transparencia de sus relaciones
con el jefe de Estado y no entiende por qué le inventaron un romance cuando lo que los une es "una relación espiritual" en la que
no media ni siquiera la traductora presidencial. La austríaca proclama también que la atracción que siente por él se basa "en la soledad y tristeza del patriarca, siempre rodeado de gente que se le
acerca por interés a pedirle cosas". "Conmigo se siente otra vez en

familia. Eso lo pude ver claramente cuando fue a mi casa en Austria. Ahí, rodeado de arbolitos de navidad y con gente que él nunca había visto, era muy feliz, como un niño, sin presiones y sin estrés."

Por sobre todo, explica Maia, lo suyo consiste en brindarle apoyo "para que salga adelante". "Hablamos de todo y como podemos, pero en general me cuenta sobre sus ganas, su empuje para cambiar las cosas, para hacer grande a un país que lo tiene todo." Para estimularlo en su tarea, la millonaria, que detesta el deporte, le hizo construir una cancha de tenis "porque sé que lo hace sentir bien y es una de sus pasiones".

El presidente supo retribuir tanta generosidad y cuando a su amiga la abandonó su marido Gernod, le dedicó una frase: "Sonríe y trata de ser feliz".

Como el resto de su corrillo femenino, la señora Swaroski encuentra normal que tenga éxito con las mujeres porque tiene poder "y eso seduce" y también porque es capaz de hacer de todo: "pilotea helicópteros, aviones, corre carreras de auto, juega al golf, al tenis, al fútbol" y eso "impresiona" tanto como "su soledad sentimental".

El gineceo familiar

María Isabel Simán Menem, médica de profesión e hija de una prima presidencial, es la dietóloga de Carlos Menem. Su hermana Rima es agregada "turística" en Roma y Lila, la otra hermana, funcionaria del Ministerio de Salud y Acción Social. Apodada desde pequeña "Gacela" a causa de sus enormes ojos rasgados, María Isabel se siente la hermana menor que el presidente nunca tuvo. "Saber cocinar para la mujer árabe significa conocer una regla fundamental de seducción", afirma, y agrega que por más bienes que posean, las árabes reinan en la cocina, "desde allí, el lugar de la sensualidad, organizan la casa y ejercen".

"Gacela" se considera la única capaz de prepararle las especialidades árabes como lo hacía su tía Mohibe Akil de Menem, una persona muy culta que provenía de una familia histórica, los Akil, que "en Siria vienen a ser más o menos lo mismo que aquí los Estrada". La dieta que la sobrina le prepara al tío ha resultado lo suficientemente exitosa como para que "Gacela" tenga un microprograma en ATC, el canal del presidente: "Un espacio para nuestro cuerpo" sobre temas de salud que se emite de lunes a viernes.

Jalil Fredda era prima de Mohibe Akil y fue en su casa donde se refugió Menem cuando en 1978 la dictadura lo pasó a un régimen de libertad vigilada. Su hija, Zulema Muse, vive en Mar del Plata y es delegada regional de la Secretaría de Turismo de la Nación con oficinas en el Hotel Provincial. Una vez que ésta lo llamó a los gritos para entregarle unos regalos que le había traído de Siria, el jefe de Estado se rió y le dijo: "Esperá que termine de tomar el café, no me retes delante de todos. Es increíble todas las Zulemas me tienen al trote".

Durante la guerra del golfo, Noemí Menem, prima presidencial, encabezó el comité argentino de salvación a los niños de Irak. Haifa Akil, también prima, es asesora en la gobernación de La Rioja. Tía Teresa Romero de Menem es directora del Registro Civil en la misma provincia.

Sobrina segunda presidencial, Marcela Melián Lafinur pertenece a la rama paqueta de la familia. Su padre Miguel es hijo del escritor Alvaro Melián Lafinur, primo hermano de Jorge Luis Borges, y su abuela Melián era hermana de Mohibe Akil. Elegida en 1984 "Miss Argentina" para concursar en Japón como "Mis Belleza Internacional", Marcela no pudo viajar porque papá no le dio permiso. En 1985 comenzó a trabajar como secretaria de Carlos Menem en la Casa de La Rioja en Capital y luego fue asesora del ministro Julio César Aráoz y candidata a vicepresidenta del Justicialismo por la Juventud Peronista. En 1987 se le cruzó Enrique Martínez, entonces dueño de la disco *Palladium*, y abandonó todo para casarse con él.

Señora de Omar Yoma, hermano mayor de Zulema, Gladys Abilar cambió los bombones de chocolate rellenos por la literatura. *Más allá del pecado* (Editorial Vinciguerra) —título imaginado con la colaboración conyugal— es su primera novela y trata sobre la crueldad y el cinismo en el mundo de los negocios internacionales aunque, declaró, "tiene como elemento primordial el sentimiento más fuerte que mueve las pasiones del ser humano: el amor". Lo presentó el año pasado en el Hotel Alvear y congregó a amigos, críticos y parientes.

10.
Las menemongas

Abocadas a resolver sus internas, poco es lo que ha hecho el gineceo presidencial por aligerar las cargas de sus congéneres.

"Ustedes saben bien que la preocupación fundamental de mi vida fue siempre las mujeres, las de Argentina, las de latinoamérica, las del mundo" (…) "las quiero a todas. A las peronistas. A las no peronistas. A las que están en política y a las que no estan en política. Las quiero mucho", declaró amorosamente Menem a las tres mil mujeres reunidas en el Centro Municipal de Exposiciones al anunciar la creación del "gabinete femenino", a comienzos de marzo de 1993. "¡Que lo tiren a la hinchada!", le agradeció conmovido el tierno gineceo.

Supuestamente destinado a asesorar al Poder Ejecutivo en materia de políticas para la mujer, la elección del ramillete de asesoras corrió por cuenta del secretario de la Función Pública Gustavo Béliz, quien amontonó a Virginia Franganillo, presidenta del Consejo de la Mujer; Matilde Menéndez por entonces abocada a la tercera edad; Elida Vigo, titular del sindicato de Amas de Casa; la diputada Marcela Durrieu; la doctora Zelmira Regazzoli; la senadora Liliana Gurdulich y la psicóloga Gloria Bonder del Ministerio de Educación.

"Esto (el gabinete femenino) que estamos haciendo en la Argentina no existe en ningún otro país del mundo (…) es inédito y marca un hito en el mundo", agregó el presidente agrandado por el entusiasmo de sus chicas y flanqueado por José Luis Manzano y Virginia Franganillo. Todavía tuvo tiempo para una recomendación más: "No empiecen a pelearse en lugar de trabajar", exigió a su conglomerado de Evas en un destello de lucidez y sin que ninguna de las presentes alzara la voz para contestarle.

En esa inolvidable y calurosa jornada, las menemistas dieron lo mejor de sí: ovacionaron a Juan Carlos Rousselot cuando entró y alabaron sin parar a Manzano, quien sacó a relucir sus años de médico para atender a las asfixiadas. Adelina cantó la marcha y firmó autógrafos "mientras mantenía sin un doblez el conjunto de seda marfil que lució impecable hasta el final de los apretujones y las embestidas", testimonió en su crónica Gabriela Cerruti. Jalón memorable en la historia de las luchas femeninas, el broche de oro lo puso la ucedeísta Elizabeth Brena. Empeñada en trepar al palco presidencial, en cada uno de los intentos realizados por la cuarentona concejala su estrechísima minifalda amenazó con reventar. Sus colegas, ansiosas por sacarla del aprieto, no vacilaron en reclamar la presencia de "un varón" para "ayudarla".

En esos días *Gente* puso a prueba la oratoria de la titular del Consejo Nacional de la Mujer y la enfrentó con María Luisa Bemberg, quien puso en duda la eficacia del proyecto y lo calificó de "oportunismo electoral". La locuaz Franganillo, tras enhebrar una sarta de hipotéticas acciones en pos del sexo débil, finalmente logró concretar el objetivo del harem de asesoras: "crear un plan de igualdad de oportunidades para la mujer, que permita acciones a su favor desde cada uno de los ministerios".

—¡Todo eso son conversaciones! A mí me gustaría que me dijeras, para que me convenzas —porque te confieso que soy muy escéptica— que por ejemplo, antes de que termine el año va a haber igualdad de oportunidades para hombres y mujeres. ¿Sí? ¡Perfecto! Porque si no es pura verborragia y solo buenas intenciones —le discutió la realizadora.

—Por razones de Estado todavía no puedo hablar. Las primeras medidas se van a anunciar el ocho de marzo —se limitó a contestar Franganillo.

Las palabras de María Luisa Bemberg resultaron proféticas. Un año y medio después, el 23 de septiembre de 1994, las integrantes del gabinete femenino participaron por primera vez y parcialmente de una reunión de ministros en Olivos, para informar al presidente sobre la situación de la mujer en la Argentina durante la última década. La reunión incluyó a otra gladiadora: Lidia Catalina Domsik, asesora de Eduardo Bauzá.

Logros de un lustro

Abocadas a resolver sus internas, poco es lo que ha hecho el gineceo presidencial por aligerar las cargas de sus congéneres. "Viven todo el tiempo intrigando y moviéndose el piso unas a otras, queriéndose quedar con esto o con el otro y viendo quién es más menemista que la otra", las describió una investigadora que intentó acercarse para colaborar y huyó despavorida.

Los avances en el campo de la mujer durante la última década son mínimos pero a partir de 1989 se tornan prácticamente inexistentes. Sin embargo, a juzgar por lo que se desprende de la lectura del Informe Nacional preparado por el Consejo Nacional de la Mujer para la "IV Conferencia Regional, Latinoamericana y del Caribe", la situación de las argentinas es casi equiparable a la de las nórdicas.

Allí se menciona la creación de un "Programa de Reproducción Responsable" en el ámbito de la Municipalidad de Buenos Aires y que si bien existe jamás fue puesto en marcha. Teniendo en cuenta la postura oficial contraria a la planificación familiar, es difícil imaginar que alguna vez funcione. El Informe también asume como un logro la sanción de la Convención de los Derechos del Niño que pertenece a la Unicef. Asimismo, considera una victoria la creación del Consejo Coordinador de Políticas Públicas para la Mujer que no es otra cosa que la desjerarquización de la Subsecretaría de la Mujer instituida en épocas de Alfonsín. En la versión actual las políticas femeninas dependen directamente de la voluntad del presidente-sultán.

El mismo escrito menciona triunfal la prohibición del trabajo nocturno para las mujeres cuando buena parte de los restaurantes porteños son atendidos por meseras. Particularmente el multiespacio *Mun*, sito en las inmediaciones de la Plaza San Martín y cuya propietaria, Estela García, supo ser jefa de prensa de Carlos Grosso y José Luis Manzano. También se alaba por la puesta en marcha del Programa de Igualdad de Oportunidades para la Mujer en el área educativa dependiente del Ministerio de Educación. El shopping Alto Palermo ha sido testigo de las acciones que allí han llevado a cabo las seguidoras de la asesora Gloria Bonder.

Finalmente, se recuerda ampulosamente que el decreto 993 de 1991 establece que la mujer no será discriminada en la Función Pública y que un consejo sindical y el que preside Franganillo oficiarán como "veedores". Es posible que lo hayan intentado pero también es sabido que nadie las escucha. En cambio, el que sí se mueve es el Programa de Formación de Mujeres Políticas lanzado por el Consejo Nacional de la Mujer, solo que sus destinatarias no son todas las mujeres del país sino solamente las integrantes de la elite oficial.

El "Gabinete de Consejeras Presidenciales" en teoría asesora a cada uno de los ministros. En la práctica es una entidad fantasma que Menem convoca cuando por motivos electorales necesita el apoyo de su rama femenina. Quizás lo que mejor ilustre el carácter decorativo de estas corajudas congéneres es el rol que desempeñaron en la Conferencia de Población de El Cairo, donde asumieron como propia la esquizofrénica actitud presidencial (réplica de la de Karol Wojtyla) en contra del aborto. Las mujeres de Menem no fueron capaces siquiera de sacar una declaración propia remarcando una mínima diferencia con el tema.

El "Programa de Igualdad de Oportunidades para Mujeres en el Empleo", convenido entre el Ministerio de Trabajo y el fantasmagórico Consejo de la Mujer, ha resultado un auténtico estímulo a la independencia femenina. Llevado a cabo a través de los PIT, Programas Intensivos de Trabajo, emplea a mujeres de condición humilde para que cuiden el Jardín Botánico o pinten paredes con dibujitos. Los sueldos no llegan a los 200 pesos. En sus épocas de apogeo Pinochet imaginó un programa parecido para entretener a los pobres: barrían las plazas de Santiago.

Imagen internacional

La sexta Conferencia Regional sobre Integración de la Mujer en el Desarrollo Económico, realizada en Mar del Plata en septiembre de 1994, sorprendió a las féminas del oficialismo divididas entre las que apoyaban la antiabortista tesis presidencial y las que corcovearon fugazmente para retornar raudas y mansas al redil. Zelmira "Millie" Regazzoli, directora general de Derechos Humanos y la Mujer de la Cancillería y titular de la delegación argentina que participó del encuentro, fue la primera en renunciar al gabinete en desacuerdo con sus pares que habían hecho pública una posición tibiamente abortista: Marcela Durrieu y Virginia Franganillo.

Menemista salvaje, Regazzoli consternó a las delegaciones extranjeras allí reunidas con su integrista oratoria. Las alabanzas recayeron en cambio sobre la primera dama chilena, la señora de Eduardo Frei, quien deslumbró no sólo por su elegancia sino por su nivel cultural. En los pasillos Franganillo admitía los yerros de la postura menemista pero a la hora de clausurar el evento sus palabras dieron la razón a "Millie". Azorada, Pilar González del Instituto de la Mujer de España y ante quien Franganillo había sostenido la posición opuesta, le pidió que lo repitiera. La funcionaria releyó el texto sin alterarse.

Las protestas de las delegaciones invitadas por las descortesías locales —las primeras damas presentes coincidieron en que "nunca habían sido tratadas peor"— provocó un enfrentamiento entre Regazzoli y Franganillo. *Clarín* publicó que las funcionarias se dijeron de todo "y —según algunos— hasta llegaron a tironearse mutuamente de los cabellos" cuando la segunda le reprochó a la jefa de la delegación nativa "el desastre organizativo" del evento y el "papelón internacional" que estaba haciendo el país al impedírsele participar de este foro a mujeres radicales y bordonistas.

Pero ésta no fue la única discordia que opacó la presencia argentina. Prueba de su inmensa preocupación por la mujer, el presidente de la Nación se equivocó durante su discurso y mencionó la existencia de 40 diputadas constituyentes cuando en realidad fueron 80. El segundo gazapo presidencial consistió en atribuirse el proyecto del cupo del 30 por ciento femenino en las listas partidarias, cuya autora fue la radical María Florentina Gómez Miranda. Indignada, María José Lubertino conmilitona de Gómez Miranda, reaccionó gritando "mentira, mentira".

Aplicadas discípulas de Menem, las chicas del oficialismo se han convertido en unas maestras en el arte del doble discurso. En noviembre de 1994, en una reunión de mujeres en Chile, Regazzoli volvió a sostener las medievales tesis de su amigo y jefe Carlos Menem y se pronunció, una vez más, en contra de la planificación familiar. A su vuelta de Chile Susana Sanz, una de las integrantes de la delegación, explicó que el grupo argentino se había levantado y retirado en desacuerdo con lo oído. Desde Chile las mujeres participantes del encuentro desmintieron que cualquier integrante de la delegación vecina hubiera hecho siquiera el ademán de moverse.

Adelina se desposa con el menemismo.

Claudia no oculta su amistad con Carlos Menem.

*La angustia
de Matilde Menéndez.*

Virginia Franganillo.

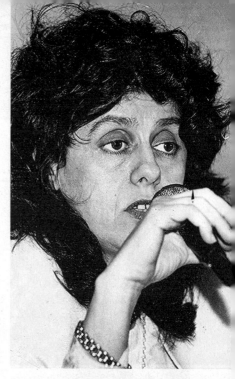

Patricia Bullrich.

María Cristina Guzmán.

Omar y Liz Fasi Lavalle una pareja feliz.

Altri tempi: Francisco Erize y María Julia Alsogaray de Erize junto al cirujano plástico Roberto Zelicovich.

Cristina Lemercier y Carlos Menem.

Menem, Vicco, Cuozzo y Hernández llegan de La Rioja y salen para Martín García.

La suite de Carlos Menem en el Tango 01.

Persona no grata I: Alberto Brito Lima.

Persona no grata II: Oscar Spinoza Melo.

El presidente, su hija y el canciller Di Tella llegan a Madrid para participar de la Cumbre Iberoamericana de 1992. A la izquierda el canciller español, Javier Solana.

Xuxa, la reina de los bajitos, en acción.

Claudia Schiffer se inclina para poder besar al Primer Mandatario.

Menem habla y Bush mira sorprendido el cartel de la Casa Rosada, similar al que utilizan en los Estados Unidos.

Graciela Alfano, una buena amiga del presidente.

María Swaroski y Carlos Menem.

Carlitos bailarín.

11.
Las estrellas

"Personalmente el poder me aburre…para aspirar al poder absoluto es necesario que el espejo te devuelva una imagen de hierro y eso, a las mujeres como yo, no les pasa nunca. Se requiere tener una dosis mucho más alta de narcisismo y soberbia. Y yo, en el fondo, soy una mujer de verdad."

Rossana Rossanda

La inmortal I

Cuando Claudia Bello se ganó los favores de Carlos Menem organizándole al todavía precandidato Justicialista la célebre ñoquiada en la Boca, el 29 de agosto de 1988, ya registraba un esmerado currículum. Militante peronista desde la guerra de Malvinas, era secretaria de la Juventud Peronista de Capital y columnista de la revista *Jotapé* (Juventud Peronista) que también contaba como colaborador a Rodolfo Galimberti y desde cuyas páginas se incitaba a abrazar la causa de Muamar Khadafi en detrimento de Israel.

Desde entonces el presidente nunca ha ocultado su predilección por ella, de quien se dice que "entiende de poder, de política y de menemismo" y que aún hoy sigue aportando su ascendiente sobre las humildes unidades básicas de zona sur y los ex combatientes de Malvinas. Este trato preferente le permitió obtener la Secretaría de la Juventud luego de suplicar todo un domingo en La Rioja hasta donde se llegó acompañada por su íntima amiga Virginia Franganillo, presidenta del Consejo Nacional de la Mujer.

—¿Qué hacemos? —le preguntaron las chicas a Rubén Cardozo apenas llegadas a la provincia natal del presidente de la Nación.

—Lloren, el jefe se conmueve. Si lloran no les puede negar nada —les aconsejó el ex diplomático.

"El lunes —cuenta *Página/12*— regresaron a Buenos Aires con los ojos un poco irritados pero con la promesa de que la Secretaría de la Juventud sería para Claudia Bello."

Como "soltera, hermosa y seductora" la adjetivó *Noticias* al comienzo de su gestión. Las inevitables mutaciones físicas de Claudia Bello, como las de casi todas las mujeres del poder, se han adecuado a su tránsito por la multiplicidad de cargos que ha venido ocupando en la administración nacional. Zuecos, vaqueros y permanente la acompañaron durante su etapa como integrante de la campaña "Menem Presidente". Sus amigos de entonces aseguran que era "una muchacha muy trabajadora". Las sugestivas minifaldas que la distinguieron algún tiempo despuntaron en cuanto fue designada al frente de secretarías y subsecretarías varias (de la Juventud, de Relaciones para la Comunidad, de la Función Pública y del Plan Arraigo).

Si la intervención en Corrientes la volcó hacia los tailleurs, la reforma de la Carta Magna la inspiró para viajar a París a cortarse el pelo y el paraninfo santafesino la recuperó peinada a la "garçon" y con el jopo engominado. Un look interesante que facilitó que le endilgaran un supuesto romance con un político de la oposición (pactista, claro). Para las galas ha recurrido —según el tenor del sarao— a eróticas creaciones de la desconocida pero audaz Nancy Sárago quien al parecer también engalana a Amira Yoma, o al más inquietante y "heavy" cuero negro con el que a veces ha sido retratada.

Viajar a París para renovar su vestuario se ha convertido casi en un hábito para la atractiva muchacha. Acompañada por su inseparable Franganillo, dos o tres veces al año suelen darse un atracón de tiendas —no por sus museos— en la Ciudad Luz. Este apego por la ropa buena les ha valido a ambas el mote de "botones bijoux", visto la doble hilera de los carísimos y ornamentados broches que adornan los ojales de sus chaquetas tres cuartos —levemente entalladas— que combinan con unas brevísimas minifaldas.

Hasta 1990 las paredes de su casa estaban engalanadas con posters de Pink Floyd, Eva Perón y del padre de los sandinistas, el general Augusto Sandino. Si bien la cultura no es su fuerte, como toda joven vibra con el rock and roll y, consecuente con sus populares orígenes, lleva el tango en un hueco de su corazón. En el deporte creció con la mirada puesta en Boca Juniors pero gracias a sus contactos con el poder descubrió él esquí, ejercicio al que califica de "fascinante".

Peronista a pesar de ser hija del difunto diputado Carlos Bello, quien fuera el máximo puntero radical de la Boca y uno de los protectores de José Barritta, "El Abuelo", Claudia considera que Evita es una "diosa", convicción que no le impidió mudarse al corazón de los enemigos de su ídolo: el Barrio Norte.

Pero Bello tiene una sensibilidad aguzada y no solamente Evita la conmueve. Durante el 38° cumpleaños de su alter ego Franganillo celebrado en el libertario reducto underground *The Age of Communication,* después de copiosas libaciones y contorsivos meneos con el ex ministro de Trabajo Enrique Rodríguez, sobreexcedida por el peso de las emociones, acabó llorando en un rincón.

Los sollozos más fuertes los dedicó sin embargo a su hermano, el día de su casamiento en septiembre de 1993, justamente con su secretaria privada Mariel Pagano. Aunque no todas fueron lágrimas esa noche: trescientos invitados acudieron a la fiesta celebrada en el Palacio San Miguel, regada con litros de champagne francés Pommery. La luna de miel corrió por cuenta de la generosa hermana y los tórtolos partieron a México.

Corrientes

Desde el Gobierno se rumoreó que fue la propia Claudia la que se "autopropuso" como interventora en Corrientes. La leyenda cuenta en cambio que fue el mismo presidente quien, previo tomarla por el hombro y advertirle "crecé nena", la embarcó con destino a la provincia. Custodiada por policías y personal de la Side, Bello se montó al avión presidencial con una consigna: "combatir la corrupción". Doscientos efectivos de Gendarmería la cuidaron durante el acto de asunción.

Su gestión litoraleña estuvo signada por las proféticas palabras que su padrino político, el ex ministro de Trabajo Rodolfo Díaz, pronunciara durante la cena con que la flamante interventora festejó su nombramiento en el restaurante *La barca de la Boca*. En cuanto los mozos depositaron la primera botella de vino Valmont sobre la mesa, Díaz reflexionó en voz alta: "... voy a escribir un tratado analítico: lo que va del Tetrabrik al Valmont".

De los 30 millones de pesos que la joven funcionaria solicitó al Gobierno para "resolver las cuestiones inmediatas" de la provincia, obtuvo 18, y de unos cuantos de ellos nunca pudo conocerse el paradero. En diez meses de gestión —de agosto de 1992 a febrero de 1993— entregó 500 mil dólares al jefe de policía "para reforzar la seguridad y otorgarle transparencia al acto electoral". A su reemplazante, el radical Ideler Tonelli, asesorado por un equipo de auditores enviados por el Ministro de Economía, le tocó descubrir que ni siquiera un patrullero había comprado la policía con tamaña suma de dinero.

En un inesperado desvelo por fomentar la cultura, Bello adquirió un canal de televisión que inauguró el 9 de diciembre de 1992, once días antes de las elecciones provinciales. La existencia de "Televisora Cultural Correntina" nacida con el slogan "una experiencia que los correntinos estamos haciendo juntos", fue tan fugaz como su mandato. Tonelli la cesó por decreto el 30 de marzo de 1993 y nadie se hizo responsable por los salarios de los contratados por la ex interventora.

En Corrientes los únicos que lamentaron su ausencia fueron los comerciantes. Al cumplirse un mes de su partida los propietarios de hoteles, boliches y confiterías vieron sus ingresos sensiblemente mermados. "Tengo que reconocer que nunca facturé tanto como los días en que estuvo la gente de Claudia en la provincia. En mi caso tuve que darle trabajo a tres mozos más porque muchas noches no dábamos abasto, venían más de 50 personas a comer. Y, sinceramente, no se privaban de nada", le comentó a *Somos* el propietario de un conocido restaurante correntino.

Los gastos "varios" que la interventora engrosó con particular aplicación y que la convirtieron en un personaje muy popular dentro del sector comercial de Corrientes, se repartieron entre los tres y cuatro mil dólares que oblaba por cada comida que realizaban ella y los suyos, los mil que dejaba en cada visita a una confitería y el alquiler de aviones privados en sustitución de los taxis.

Relevada entre gallos y medianoches tras comprobarse que la "señora Bello" —como la bautizaron los correntinos— no lograba normalizar la provincia, la interventora se fue no sin antes dejar bien sentado su enojo. Después de entregarle el poder a Tonelli, no quiso compartir con Bauzá y Béliz el avión oficial que volvía a Buenos Aires y optó por viajar sola en un avión alquilado. Ese mismo día Miguel Angel Lico, ex ministro de Acción Social de la intervención, retiraba del Banco de Corrientes una partida de 550 mil pesos del Ministerio del Interior. La ex interventora explicó que esos fondos eran para el pago de los gastos que le ocasionó su gestión y el ministro Gustavo Béliz la respaldó. Menos indulgente, apenas Bello desapareció de la escena el diario *El Litoral*, propiedad de los Romero Feris, comentó que "en el Hotel Provincial de Turismo, quedó una cuenta de 250 mil dólares gastada por funcionarios de la gestión Bello".

El apego de Claudia por la buena vida no es nuevo. "Comé que el pueblo paga" es uno de sus apotegmas preferidos y son muchos los que han disfrutado de su célebre generosidad. Coherente con su marcada inclinación por las *delicatessen* de alto precio, Bello es una asidua cliente de los buenos restaurantes. Los "fashions" *Pizza Cero* y *Clo Clo* la cuentan entre sus habitués —Franganillo incluida— y cuando la reconocen incluso le solicitan autógrafos.

"Lo que me da bronca es haberme ido de esta forma tan menemista", declararía más tarde sin faltar a la verdad. Cuando Tonelli destapó sus andanzas provinciales y en una reunión de gabinete alguno se permitió un comentario, la emprendedora muchacha no se dejó amilanar y les advirtió que "todo lo que se dice no es cierto, pero afecta a todos porque muchos de ustedes estuvieron allá conmigo". Terció entonces el presidente quien simplificó el tema: "lo que pasa es que Tonelli es radical y Claudia peronista".

Unica mujer que Carlos Menem ha defendido, cuando Renée Sallas le preguntó su opinión sobre el gasto realizado por la ex interventora alquilándose un avión que la llevara por los pueblos, el presidente respondió: "¿Y qué quieren? ¿Que viaje gratis? Denle la oportunidad a Claudia para que se defienda. Es muy fácil imputar gratuita, graciosa e irresponsablemente".

Claudia Bello regresó a Corrientes por primera vez en julio de

1994 como integrante de la comitiva presidencial. "¿Va a responder a las acusaciones que hay en su contra?", le preguntaron los periodistas. "Son denuncias políticas", contestó inmutable la funcionaria que no fue incluida en la nómina de los invitados al asado ofrecido por Romero Feris.

La provincia del litoral fue su Watergate —temporario como todo en el menemismo—, no llegó a ministra —una de sus aspiraciones— y Erman González se encargó de que no figurara en sus listas para las elecciones de octubre de 1993. A Claudia no le quedó otra que abocarse a su lucha como secretaria del Plan Arraigo, instrumento destinado a repartir tierras entre los carenciados. Menem la rescató de este exilio y le encomendó mediar en el conflicto de los "colgados de la luz" que oponía a los habitantes de las villas con las empresas privatizadoras. Después de negociar con las empresas, Bello anunció triunfalmente el subsidio "por un año" a los enganchados de Capital pero Cavallo se encargó de descalificarla. "Ella no es especialista", sentenció el ministro y agregó: "deberían haber llamado a la Municipalidad o al secretario de Energía, que son los que realmente conocían el tema".

En los primeros días de mayo de 1994 los diarios *Clarín* y *Crónica* dieron cuenta de la detención de Andrés Agustín Manulaki, acusado de asesinar de un tiro a Rodolfo Méndez Castro que osó protestar cuando el primero casi lo atropella con su auto. Manulaki, quien resultó ser prófugo de la justicia española, era propietario de un instituto de belleza en Barrio Norte especializado en cosmetología, entre cuyas clientas figuraba la señora Bello. El irascible cosmetólogo esgrimió ante la policía un permiso de portación de armas obtenido en el Registro Nacional de Armas, RENARD, gracias a las influencias de la Secretaria de la Función Pública. La funcionaria admitió haber pasado por manos de Manulaki tres años atrás a causa de una lastimadura que tenía en la ceja. "Me pidió que lo orientara sobre cómo hacer el trámite y simplemente lo derivé a mi secretaria como hago con tantos pedidos que recibo cotidianamente", se limitó a declarar a *Clarín*.

La Inmortal II

Aquella fría noche de julio de 1990, en el confortable restaurante *Lola* de la Recoleta, repleto de neomillonarios como estaba, no cabía un alfiler. En una de las mesas centrales, la doctora Matilde Svatetz con expresión hosca y envuelta en un abrigo de pieles blanco, dialogaba desganada con un caballero de bigotes y corta estatura: su marido, el psiquiatra Pedro Menéndez. En una mesa vecina, la periodista francesa Chantal de Rudder, encargada de reportajes especiales de *Le Nouvel Observateur* llegada para cubrir el peculiar desfile militar con que ese año se celebró el 9 de Julio (que incluyó una exhibición de patos, pollos y gallinas), se preguntaba asombrada cómo era posible que la secretaria de Salud de la Nación, a pocos días de haber sido sindicada como la responsable de la muerte por desnutrición de treinta y dos ancianas internadas en el hospital neuropsiquiátrico Braulio Moyano, se sintiera tan a cubierto como para exhibirse de esa manera.

Casi cuatro años después, la noche del 10 de abril de 1994, luego de que el Frente Grande derrotara estrepitosamente a la lista de convencionales justicialistas que llevaba a Matilde Menéndez en tercer lugar, una ilustrativa fotografía de la revista *Gente* la mostró con un juvenil y recatado vestido celeste con cuellito bebé que contrastaba con la masculina y patibularia mueca que aproximaba su boca a la de un bull dog maduro.

Entre estas dos imágenes, la de la impunidad y la de la derrota, se desarrolla la historia de esta mujer encasillada según la jerga menemista entre "las inmortales" junto con Claudia Bello, por haber conseguido sobrevivir a la picadora de dirigentes del peronismo porteño. Considerada una de las funcionarias preferidas de Menem, su suerte cambió a comienzos de febrero cuando las narices del concejal Aníbal Ibarra comenzaron a husmear dentro de la contabilidad del Pami.

Mujer independiente aunque consciente de que su apellido no era fácil de pronunciar, Matilde Svatetz, chaqueña, médica psiquiatra, medalla de honor de la Universidad de Buenos Aires y huérfana de padre desde los tres años, se hizo conocida utilizando los patronímicos de sus maridos. Casada en primeras nupcias con el dirigente estudiantil de ultraizquierda reconvertido al peronismo conservador, Roberto "Pajarito" Grabois, Matilde, hasta su casamiento con Pedro Menéndez, se llamó Bibi Grabois.

Si la temprana muerte de su padre, víctima de la enfermedad de Chagas, influyó en su elección de la carrera de medicina, el sentimiento peronista lo heredó de su madre, Rosa, una profesora de historia y militante justicialista a la que la "Libertadora" dejó en la miseria. Por aquellos años se enroló en las huestes de Guardia de Hierro, agrupación de la derecha peronista fundada por el legendario Alejandro "Gallego" Alvarez a imagen y semejanza del grupo fascista rumano del mismo nombre y que se caracterizó, además de por un profundo desdén por las prácticas democráticas, por el énfasis con que sostuvieron la inmortalidad del general Perón.

Durante el mandato de Antonio Cafiero fue secretaria de Salud de la provincia de Buenos Aires, consiguiendo la designación a nivel nacional gracias al primer ministro de Salud y Acción Social de la era menemista, Julio Corzo. La muerte de las ancianas del Moyano sumada a una denuncia por la adquisición de 25 mil kilos de leche en polvo contaminada, la indispusieron con el sucesor de Corzo, Eduardo Bauzá, quien la puso fuera de carrera.

El artífice de su relanzamiento fue José Luis Manzano, en sus épocas de ministro del Interior, quien la ubicó en Tierra del Fuego como interventora. Aunque la gestión de Matilde no pecó de exitosa y el oficialismo no logró ganar las elecciones, poderosas recomendaciones de hombres cercanos al entorno de Menem como el doctor presidencial Alejandro Tfeli, amigo personal del ministro de Salud y Acción Social Alberto Mazza, y del secretario privado presidencial Ramón Hernández, influyeron para que al terminar su mandato fuera designada presidenta del Pami, una institución que administra 2.500 millones de dólares anuales.

"No tengo ambiciones políticas", repetía Matilde aun en sus mejores momentos. Aserto que fundamentaba con una cita de Perón para quien "los funcionarios debían ser esclavos del pueblo" a lo que ella agregaba: "yo siempre fui una admiradora de las abnegadas enfermeras que trabajaban de sol a sol". No obstante, gracias al poderío adquirido durante los dos años y cuatro meses que estuvo al frente de los destinos de la tercera edad por su corriente interna dentro del peronismo, la agrupación Ramón Carrillo, Matilde logró colocarse tercera en la lista de diputados constituyentes.

Utilizada como trampolín de lanzamiento de la doctora, la agrupación demostró una particular eficiencia a la hora de llenar los actos del menemismo. Los ancianos, a quienes previamente se obsequiaba una vianda, colmaban entusiastas las gradas de los estadios. El reconocimiento no tardó en llegar y la doctora pudo colocar su nombre en las listas. Claro que no solamente por ancianos estaba constituida la "claque" que Menéndez aportaba; cuando los eventos prometían ser más meneados la Ramón Carrillo recurría a elementos jóvenes. Así fue como uno de sus integrantes, el dirigente de la JUP menemista Juan Jose Vanni, apareció mencionado como vinculado a los incidentes de la Sociedad Rural en junio de 1993, cuando una barra brava que vivaba a Menem golpeó a periodistas y a un productor agropecuario que silbó el discurso presidencial.

Sin ambiciones políticas, al menos en el discurso, Matilde aún hizo gala de un segundo precepto: ser percibida como una amante madre de familia que se levanta a las seis de la mañana para acompañar a sus hijos al colegio y luego trabaja incansablemente hasta las diez de la noche por el bienestar de los gerontes nacionales. "En lugar de comprarme un tapado de piel, me compré una Unidad Básica", se definió ante *Gente*.

Para evitar ser tildada de "frívola" o "cholula" se negó a exhibir su casa en las revistas de turno y prohibió que le sacaran fotos cerca de su peluquero o maquillador, aunque no pudo evitar que la prensa registrara sus tailleurs de Cacharel y sus pronunciadas minifaldas. Como la mayoría de sus coetáneas descubrió que debía quererse y gustarse, por lo que admitió a regañadientes ante el periodismo realizar una esporádica gimnasia con bicicleta fija, pero se declaró enemiga del sol y abjuró del lifting y de la estética dental que le hubiera enderezado la sonrisa.

Afianzada en un perfil de dirigente con "sensibilidad social", su vida transcurría más que sobre ruedas. El único incidente más o menos turbador fue la separación de su marido a fines de diciembre de 1993. A través de *Caras* —que la fotografió a orillas de la laguna de Chascomús con sus dos hijos y un deportivo atuendo—

hizo público su divorcio y aclaró que a su ex marido "le hubiera gustado que estuviera a las nueve de la noche para cenar juntos. Pero las dificultades no las puedo achacar a la política. Ella fue muy generosa conmigo".

A principios de febrero de 1994 un prestatario del Pami fue filmado mientras entregaba la coima correspondiente a un funcionario de la entidad, dando pie a que el concejal Ibarra entrara en acción e hiciera pública la situación de la obra social de los abuelos. Matilde saltó al ruedo y declaró que estaba dispuesta a colaborar para esclarecer el episodio. Fiel a sus estoicos postulados, hizo hincapié en la simpleza de sus vacaciones: "En el Pami los únicos bronceados son los síndicos que vienen de otro lado. Yo me fui a la costa solamente la semana de las fiestas con mis hijos Federico y María", le juró a la periodista Any Ventura. Su próxima acción fue abordar el Tango 01 para participar de la gira presidencial por España.

Durante la travesía, el presidente salió de sus alados aposentos para saludar al pasaje y se detuvo especialmente junto a Matilde para garantizarle que la respaldaría en todo. El ánimo presidencial cambió en cuanto llegaron a Madrid y se supo que la situación de la doctora era más comprometida de lo que lo que se suponía. Desde ese momento Carlos Menem no le dirigió más la palabra personalmente y se manejó a través de Carlos Corach.

En lo mejor del tour ibero se supo que *Página/12* había descubierto que en vez de pasar una semana en la costa, los Menéndez Svatetz —novio de la doctora y amigos de los hijos incluidos— habían vacacionado durante diez días en la isla de Antigua de la costa del Caribe y a un costo de casi 50 mil dólares, llegando a alquilar, pese a la extraordinaria frecuencia de vuelos, un jet privado para el tramo Miami-Nassau. Este contratiempo no impidió que la doctora abordara el Tango de vuelta a la Argentina con el mejor ánimo. En la escala en Recife Matilde Svatetz logró dar con un teléfono y se comunicó con Buenos Aires. Vaya a saber quién fue el responsable de alentarla porque momentos después se presentó radiante delante del presidente de la Nación y exclamó sonriente: "Ya está todo arreglado".

Ni siquiera la publicación de su última mentira fue suficiente para decidirla a renunciar al Pami o a la candidatura electoral. Tuvo que pasar el 10 de abril para que, por mérito propio y por conveniencia de muchos de sus conmilitones, se la considerara responsable de la derrota electoral. El lunes 11 se acercó a Olivos con su renuncia como diputada electa constituyente y el martes 12 se presentó en *Tiempo Nuevo* donde aseguró que no pensaba renunciar al Pami porque allí se sentía "tranquila". Quince días después Menem disponía su reemplazo por Carlos Alderete y al poco tiempo se conocía un informe oficial que indicaba que el déficit dejado por la doctora en el Pami alcanzaba los 148 millones de dólares.

Todo un fin de semana les tomó a Matilde y a los suyos vaciar los cajones de los despachos del Instituto. La última imagen que sus empleados tuvieron de ella fue la de una señora con un ramo de flores de plástico en la mano, que acarreaba una macetita y dos cuadros baratos bajo el brazo.

A la espera de una reivindicación, Matilde optó primero por la lloradera, pero luego se descubrió a sí misma en una veta de soprano y comenzó a estudiar canto en un instituto ubicado en Carlos Pellegrini y Córdoba mientras intentaba —al parecer con poco éxito— retomar su profesión de psiquiatra. En octubre Menem dio indicios de que el exilio de la doctora podía estar tocando fin. Durante un acto en Ferro, angustiado por la poca cantidad de jubilados presentes, el presidente recordó que estas cosas no pasaban en tiempos de Matilde y la presentó como una víctima de "dirigentes demagogos que sólo aportan falsas denuncias". Según *Ambito Financiero*, a la noche siguiente de esta declaración la doctora reapareció por primera vez en un lugar público, "en el *Florian*, acompañada por un colaborador que se hizo famoso a su lado".

La reciclada

Algo le tenía preparado el destino puesto que como Perón, María Julia Alsogaray —"Julita" en casa— nació un ocho de octubre hace ya algunas décadas. Hija típica de la alta burguesía, estudió en las Esclavas del Sagrado Corazón aunque el grito de Ypiranga lo produjo desde muy chica —según contó su mamá a *Caras*— discutiendo "hasta la existencia del infierno". Ingeniera, inteligente y preparada aunque más sabelotodo que glamorosa, antes de abrazar la causa menemista María Julia era una mujer de pelo corto oscuro un tanto rizado y de aspecto recatado, que proclamaba sus ideas con cierto toque de soberbia autoritaria que el tiempo no parece haber aplacado.

Educada en postulados que consideran de mal gusto hablar de dinero, se irrita profundamente cuando le preguntan por su rumboso modo de vida que entre otras cosas incluye la posesión de un petit hotel en la calle Junín entre Melo y Peña cuyo precio rondaría los 700 mil dólares. Devota por cuna del champagne —aunque no de la pizza—, las *delicatessen* y la buena ropa, ella misma se ha encargado de aclarar que a los cuatro años volaba en el avión privado de su padre. "Si me preguntan por qué tengo un Mercedes Benz, contesto: porque mi madre lo tenía cuando ya tenía 16 años. Sólo que nunca aprendió a manejar y mi padre se lo vendió. ¿Por qué tengo chofer? Porque lo tuve siempre, a la facultad me llevaba un Cadillac", manifestó a *Para Ti*. Sin embargo, hasta su designación como privatizadora de los teléfonos no se le conocía un alto nivel de gastos, y su explicación de que "Menem me trajo suerte" es posible que suene poco convincente ante la Justicia donde anda enredada, entre varias causas más, por sus diferencias con la DGI.

Sus modales, dichos e ideología hechizaron de tal manera al Jefe y a su corte que en 1990 —año de su máximo apogeo— además de conocérsela como "primera dama" o "Dama de Hierro", se la candidateaba para ocupar la intendencia o el ministerio de Obras Públicas. Brillante futuro que su vanidad truncó cuando, mientras vacacionaba en Las Leñas, aceptó posar para la tapa de *Noticias* envuelta en un tapado de zorros y en sugestiva pose.

El escándalo fue fenomenal y las explicaciones de la ingeniera acerca de que "toda mujer lleva una diva adentro" resultaron tan poco creíbles como su compungida aparición en el programa de Susana Giménez, toda vestida de negro y casi sin maquillaje, para dolerse de su arrebato. Las fotos arrasaron con buena parte de su reputación y las encuestas demostraron que donde peor cayeron fue en su propio medio: los sectores más acomodados.

Convertida en un apetecible bocado para la prensa especializada en farándula y afecta a las custodias aparatosas, son célebres sus encontronazos con el periodismo. En agosto de 1992, capitaneados por el inefable José García Huidobro, motejado "McGyver" —un Rambo chileno especializado en prensa— sus protectores maltrataron a un grupo de *Editorial Perfil* que se había apostado en la puerta del departamento que poseía la funcionaria en Rodríguez Peña entre Alvear y Quintana.

Pese a que durante su paso por ENTel tuvo que afrontar nueve causas en Tribunales y pasando por alto el hecho de que su flamante petit hotel está equipado con una cámara climatizada con gas de freón para guardar sus pieles, el Poder Ejecutivo la designó secretaria de Recursos Naturales y Medio Ambiente. "El aire era gratis", tituló ingeniosamente *Página/12* y no se equivocó. Desde su nuevo cargo aseguró que no hay que hacer "terrorismo ecológico" porque traumatiza a los niños que temen "morir ahogados por la contaminación y sepultados por toneladas de residuos". También impulsa una política ambiental que considera indispensable la existencia de plantas de tratamiento de residuos industriales en las mismas zonas donde éstos se generan. Cuando las comunidades protestan, María Julia argumenta que más peligroso es que los residuos no se traten. Desde esta perspectiva defendió a un grupo de industriales a quienes el juez Roberto Marquevich procesó por contaminar el río Reconquista. Los empresarios quedaron en libertad y el río sigue envenenado.

Sus precisiones sobre el porqué de su apego por las pieles nunca han sonado satisfactorias viniendo de una funcionaria que ostenta un cargo relacionado con ese rubro. El tapado de visón que lució durante el viaje presidencial a Davos, Suiza, a principios de 1993, provocó la misma bulla que el ahínco con que se entretuvo arrojando bolas de nieve a sus camaradas de comitiva. Respecto de lo primero aclaró que sus abrigos provienen de animales de criadero, en su opinión una de las mejores formas de mantener la fauna silvestre. En cuanto al juvenil entretenimiento lo justificó con un "¿Y por qué no puedo tirarle bolas de nieve a mis amigos? Es inocente y divertido. No tengo que ser adolescente para eso".

Quizás por ser la única mujer inteligente que el menemismo ha aceptado en sus filas, su imagen es la de alguien frontal, soberbio y despiadado. Discutiendo en televisión el tema de los abrigos de piel que Nacha Guevara invitó a convertir en frazadas, María Julia noqueó a la ex peletera riojana reciclada en ecóloga, Susana Valente de Menem. Manzano también supo de su genio cuando la increpó: "me dicen que todas las noches en *Fechoría* andás diciendo que soy un hijo de puta", recibiendo por toda respuesta el disparo de la funcionaria: "¿Y acaso no lo sos?". Haciendo alarde de su soberbia, cuando tuvo que concurrir a la Comisión de Recursos Naturales de la Cámara de diputados, en abril de 1993, se dedicó a la lectura de diarios y a los avioncitos de papel. Tampoco le preocupa que los vecinos del río Reconquista se ahoguen en vahos varios, pero es capaz de organizar una "brigada ecológica" —que comandó su Rambo personal— para detener a "Junior", el gorila que animaba *Ritmo de la noche* junto a Marcelo Tinelli, por considerar que atentaba contra los derechos del animal. Del mismo modo, sostuvo que el incremento de basura de la capital era un indicador del crecimiento de la riqueza.

Opacada por Adelina durante el último año, algunos opinan que no es ajena a la catarata de desgracias que se abatió sobre su otrora correligionaria. Adelina, por su parte, ha jurado que la ingeniera partirá del gobierno por la misma puerta que ella y Matilde, y no estaría exenta de culpas en las últimas tormentas que trata de capear su enemiga: el rechazo de la Cámara Federal a su proyecto de instalar basureros tóxicos y la denuncia por evasión de impuestos que le formulara su propio contador. Tribulaciones a las que se deben agregar además las indagaciones del juez Guillermo Tiscornia que la investiga por enriquecimiento ilícito. El magistrado opina que con los sueldos del Estado no es fácil acceder a un petit hotel con pinacoteca incluida.

La biencasada

Corría 1988 cuando Bernardo Neustadt, la seleccionadora de personal Cristina Mejías y Adelina de Viola, por entonces una joven concejala ucedeísta emergida con la restauración democrática, dedicaron parte de una emisión de *Tiempo Nuevo* a recriminarle su filiación justicialista al sindicalista Armando Cavalieri. Seis años más tarde, con el marco de la orquesta de bombos de Tula —avisado gracias a un celular que uno de sus músicos lleva permanentemente atado al instrumento— la misma rubia, ex diputada del partido de Alsogaray y dos veces funcionaria del gobierno menemista, festejaba junto con su correligionario, el destituido concejal Jorge Pirra, su afiliación al "peronomenemismo" con un gran acto al que concurrieron unos quinientos simpatizantes. Oportunidad en la que el difunto almirante Rojas —invitado por la conversa— puso la nota de color al abrazar a Liliana Caldini confundiéndola con su amiga, también rubia.

Pese a la emoción del momento regado con una catarata de sus habituales lágrimas, Adelina no olvidó darle un pellizquito en la mejilla a Carlos Menem, pegar en el bombo de Tula y cantar la marcha peronista omitiendo el verso que dice "combatiendo al capital". "Me estoy casando con el justicialismo porque me he enamorado de este movimiento", se justificó con el mismo aire de una joven que deja la casa de sus padres para empezar una nueva vida.

Sin embargo, está casada desde hace más de dos décadas con el concejal Carlos Viola, un contador de origen humilde, ex presidente de la Comisión de Vivienda del Concejo Deliberante (responsable de aprobar o vetar proyectos urbanos y excepciones inmobiliarias de varios millones de dólares) y actual director del CEAMSE, el organismo de control ecológico, nombramiento en el que habría influido su señora, interesada en incordiar a María Julia. Viola, además de excelente administrador de la conjunta cuenta bancaria, fue el primer varón de su vida, el padre de sus cinco hijos y alguien que sabe entretenerla: "Soy una mina bien atendida por su marido", se ufanó alguna vez con su característica discreción.

El proceso que la llevó a convertirse en una desposada justicia-

lista no dejó de tener sus bemoles. Apadrinada por Alvaro Alsogaray quien la seleccionó en los años setenta entre los dos o tres mil
jóvenes que contestaron un aviso suyo buscando menores de treinta años para organizar un "movimiento nacionalista liberal", fue su
bendición la que la encaramó en una concejalía. Gesto que su entusiasta discípula supo agradecer denominándolo "Chancho" cada
vez que en la intimidad se refería a su jefe.

Adelina se hizo popular entre el público presentándose como la
cara moderna de la UCeDé, la chica sencilla —pero liberal— que
iba en bicicleta al Concejo Deliberante desde su casa en San Telmo.
Vistosa sin ser elegante, rubia de peluquería y más bien vulgar al
hablar, ni aún hoy mutada en menemista conversa y ataviada con
ropas caras, ha logrado perder el aire de boutiquera que singularizó
desde siempre a las mujeres de su ex partido. Nadie mejor que ella
para sintetizar el moderno espíritu menemista: una mente liberal
encerrada en un corazón peronista, según sus propias declaraciones.

Nacida y criada en San Telmo, hija de un químico y nieta de inmigrantes, Adelina supo darles a sus correligionarios el toque poli-
clasista del que andaban tan necesitados. "Soy hija de m'hijo el
dotor. Reivindico lo que se logra con el trabajo y el esfuerzo. Reivindico a la familia. Reivindico cosas que doña Rosa no olvida y
que me parecen importantes".

En 1983 la revista *La Semana* la presentó como "La Evita de la
UCeDé" y durante la campaña de 1989 ella misma se definió como "la negra de la UCeDé". Admiradora de Margaret Thatcher a
quien considera "una mujer que dignifica a las mujeres que hacemos política", autoritaria y mandona, quienes han trabajado cerca
de ella aseguran que su boca se convierte súbitamente en la de un
carrero aun sin necesidad. Como le ocurrió en *Hola Susana* cuando enfrentada a Silvia Díaz, dirigente del Movimiento al Socialismo, MAS, le enjaretó un gratuito "socialismo... ¡las pelotas!".

En su libro *Los Alsogaray*, los periodistas Fabián Doman y
Martín Olivera la describen como una "rubia teñida" cuyo "principal drama físico es lo que los hombres consideran su más vistosa
cualidad: la cola". Cuando un joven le gritó en la playa —cuentan
los periodistas— "qué lindo culo tenés Adelina", ella le contestó
"si te gusta votálo".

Diplomada en alpinismo social, la funcionaria nunca le ha hecho asco a escalar posiciones. Sus nunca ocultados deseos de convertirse en la primera intendente mujer de Buenos Aires irritaron de tal manera a Carlos Grosso en su momento, que acabó reclamándole en público que "terminara con las operaciones" para sucederlo en el cargo. Mirtha Legrand, en una entrevista en *Página/12*, la definió como alguien que quiere "llegar, llegar y llegar" (…) "Hay que tener ambiciones pero no se tienen que notar tanto. Adelina no hace nada para contenerse", opinó la anfitriona de los argentinos.

Su primer tropiezo lo tuvo cuando María Julia se incorporó al partido y comenzó a opacarla. Permanentemente esnobeada por la ingeniera, las relaciones entre ambas reprodujeron una mini-lucha de clases popularizada en los medios como la "guerra de los ruleros". Adelina encontraba patético lo que consideraba como "el pendejazo" de María Julia, o sea sus esfuerzos por parecer más atractiva, y hacía hincapié en que sus votos los debía a méritos propios y no a la portación de apellido. La ingeniera, por su parte, se vanagloriaba de haberle enseñado lo que era el champagne. "Tuve que explicarle que no era sidra", cuentan Doman y Olivera que María Julia comentó alguna vez. "Milady" Alsogaray fue aún más lejos y logró hacerla llorar —empresa no demasiado difícil según el tiempo ha demostrado— durante la campaña de 1989, cuando en un acto realizado en Villa Carlos Paz no le permitió ubicarse en el palco central y la derivó a uno de menos importancia.

El desquite se lo proporcionó en bandeja la misma María Julia, después de que la ingeniera cayera en desgracia tras haber posado para la tapa de *Noticias*. "No se hubieran burlado de mí si la de la tapa semidesnuda hubiera sido yo. Tampoco mi marido, que es bien tano, no inglés como el de ella", se despachó en el mismo medio y agregó que jamás hubiera posado como su rival: "¡Mi marido me mata!", exclamó. "Además, yo soy una persona sumamente vergonzosa. En el fondo soy una puritana."

Bastante antes de convertirse en la mano derecha de uno de los ministros más desprestigiados de que se tenga memoria, la señora de Viola llegó a responsabilizar a su archienemiga por el fracaso del liberalismo —versión UCeDé— en el país. Abocada a escupir al cielo, sentenció que "lo peor de todo es que el proceso privatizador seguramente se concretará, pero los liberales, por culpa de María Julia, vamos a quedar como los responsables de las desprolijidades que hubo en la entrega de los teléfonos".

Al Ejecutivo accedió cuando José Luis Manzano la designó como su secretaria de Asuntos Institucionales. Desde allí capeó con aire inocente todos los temporales que hubo de afrontar su jefe y que ella resumió como "simples problemas de prensa (...) Nunca nada de lo que él haya hecho ha sido cuestionado". La salida de Manzano no sólo del cargo que ocupaba sino del país, puso a prueba su lealtad. En cuanto Gustavo Béliz, su reemplazante, prescindió de sus servicios, Adelina dio una acrobática voltereta y proclamó que su llegada al cargo no se debió al defenestrado ministro sino a los deseos del Poder Ejecutivo, por lo tanto no tenía por qué renunciar. Acto seguido taconeó hacia La Rosada a implorarle al presidente. "En febrero te vas a poner al frente del Banco Hipotecario", la consoló Menem, quien le dio a entender que antes debía afiliarse al partido. Sólo entonces renunció a su cargo en Interior y más tarde se desposó con el Justicialismo.

Oportunista fue el calificativo más suave que recibió. Las menemistas se confabularon para cortarle las alas y consiguieron relegarla del tercero al séptimo puesto en la lista de constituyentes. Desde la UCeDé, Alvaro Alsogaray aprovechó para arrepentirse públicamente de haber confiado en ella: "Ahora el problema lo tienen los peronistas, y ella. Porque una cosa es ser figura en la UCeDé, y otra es entrar en esa fauna". Luego de que la "fauna" la pusiera de patitas en la calle tras su desastrosa gestión al frente del Banco Hipotecario, al capitán ingeniero se le volvió a desatar la lengua y además de pedir su enjuiciamiento la trató de "personaje de segunda categoría" y "trepadora de la pirámide".

Visceralmente demagoga, en épocas de Manzano lloró cuando Cavallo y su jefe, después de doce horas de negociaciones, firmaron el acta que permitiría financiar el sistema previsional con parte de la recaudación de impuestos coparticipados. "Desde ahora vamos a caminar por la calle con el agradecimiento de los jubilados", se ilusionó livianamente. El Banco Hipotecario estimuló aún más su sensibilidad y durante un acto de entrega de casas del que participó el presidente, se le quebró la voz y lagrimeó como nunca. "Los amo", dijo con los brazos en alto y formando con los dedos la "V" de la victoria". Más de uno se quedó después con la sensación de que lo suyo eran las tablas.

Salto a la riqueza

Pese a la distancia que Adelina puso con su antiguo jefe, la vida de los Viola puede resumirse en un antes y un después de Manzano. Sólo tres años antes la misma Adelina había confesado que vivían (ella, su marido y sus cuatro hijos) en dos departamentos chicos ubicados en un mismo piso en San Telmo. "Siempre fui pobre, no tengo plata para pagar una niñera, ninguno de mis hijos fue a colegio privado, cuando una canilla gotea tengo que esperar a fin de mes para llamar al plomero", se confesó en *Para Ti*.

Las cosas cambiaron luego de su paso por el Ministerio del Interior. La llegada de su quinto hijo, Mariana, les hizo ver la conveniencia de contar con más espacio, por lo que se mudaron a un dúplex ubicado en la avenida Santa Fe al 3600 valuado en 250 mil dólares. La próxima adquisición fue una casa con pileta —*San Carlos*— en el patricio *Golf Club Argentino,* por la que además de pagar cerca de 300 mil dólares tuvieron que soportar que sus vecinos, oliendo a *parvenus,* debatieran si los aceptaban o no. Punta del Este fue siempre uno de los lugares favoritos de la bien avenida familia, pero a partir del ingreso de Adelina en la función pública sus estadías veraniegas se hicieron más continuadas y en mejores condiciones habitacionales.

Para Ti insistió y envió a una redactora para que la funcionaria aclarara si era rica o pobre. "Nunca fui pobre, vivo de mis ahorros, vengo de una familia de dinero, la casa en el country me costó cien mil dólares", respondió pasando por alto la existencia del principio de no contradicción. *Para Ti,* en cambio, lo tuvo en cuenta y tituló la nota "¿En qué quedamos Adelina?".

"El problema de esa muchacha es que se hizo rica demasiado

pronto", se comentaba en círculos menemistas. El fiscal Raúl Plee fue más lejos y apenas ella dio a conocer sus intenciones de candidatearse como Lord Mayor de Buenos Aires, amenazó con acosarla penalmente si no explicaba con qué recursos había comprado su casa en el country. Antes de que el magistrado entrara en acción Cavallo se decidió a pedirle la renuncia.

No se sabe si por ineficiencia o picardía, lo cierto es que la señora de Viola negociaba el excedente de liquidez del Banco Hipotecario a través de instituciones financieras poco fiables —"bancos truchos" según Cavallo— domiciliadas en las permisivas islas Cayman y que significaron una pérdida para la entidad de casi 60 millones de pesos en los primeros ocho meses de 1994.

Ganada por la inclinación a la decoración tan en boga en la administración nacional, Adelina desembolsó 76 mil dólares para acortar la sala de directorio y construir un gran salón para sus almuerzos privados. Pero no quiso ser egoísta y decidió alfombrar todo el edificio al módico costo de 370 mil dólares. Su sucesor, Pablo Rojo, nunca dio con los registros de todas las compras de alfombras que se realizaron y en las boletas se detectaron precios bastante más altos que los del mercado.

Antes de que los trapitos rodaran al sol, el ministro Cavallo y la banquera se encontraron por casualidad en el despacho del presidente. El incontinente economista la trató duramente y sus gritos retumbaron en los pasillos. En un rapto de galantería Menem se llevó a Adelina a su escritorio y allí la puso en autos: "Querida, le tendrías que pedir la renuncia a Cavallo. El fue muy maleducado contigo, pero lamentablemente la renuncia la tenés que presentar vos".

Adelina comprendió las directivas y, como tantas otras, emprendió el camino del exilio, previo aclarar que se alejaba para trabajar por la reelección presidencial. Tres días después de abandonar el cargo tuvo una reparación moral: el presidente la invitó a comer a Olivos en pareja con su marido, y unos meses después —también en Olivos— intervino en la entrevista que Menem mantuvo con el presidente de Uganda. Mientras el fiscal Norberto Quantin trataba de determinar si la prosperidad en que nada su consorte, Carlos Viola, fue ganada o no con el sudor de su frente, periodistas de *Gente* a la búsqueda de una nota con Adelina llegaron hasta el country de la pareja y, aunque no dieron con ella, encontraron estacionado en la puerta un Mitsubishi Ecclipse con vidrios polarizados valuado en 50 mil dólares. "No, fotos al auto no, que no es mío", se apresuró a explicar el marido de la ex funcionaria. Sin embargo, quienes lo conocen aseguran haberlo visto más de una vez a bordo del vehículo.

Militante I

Bisnieta de Pedro Luro, fundador de la ciudad de Mar del Plata, Patricia Bullrich Luro Pueyrredón sorprendió desde muy chica a su aristocrática y antiperonista familia. La primera vez fue cuando traspuso el umbral del elegante Instituto Bayard de Palermo Chico que la contaba entre sus educandos, para ir a competir al programa de televisión *Si lo sabe cante* que conducía Roberto Galán. La vida, sin embargo, parecía haberle reservado un destino bastante más excitante que el de cantatriz, género en el que sí logró destacarse su prima hermana Fabiana Cantilo.

A los dieciocho años, según la idílica versión que de su vida dio a *Caras*, Patricia tuvo que enfrentar una de sus más importantes decisiones: elegir entre viajar con el seleccionado de hockey a Alemania o asistir a un acto peronista, y su sensibilidad social derrotó al deporte. En 1990 triunfó en cambio su cercanía con el Poder y resultó una de las principales defensoras del indulto a los comandantes. Asimismo, en 1994, abogó por la inocencia de Matilde Menéndez.

La primera verdadera revolución de la actual diputada consistió en cambiar de léxico cuando descubrió que su mundo tenía "muchos preconceptos". "Entonces cambié el colorado por el rojo, las cintas por «películas», hasta desprenderme de una forma de hablar que me hacía distinta." Esfuerzos inútiles puesto que su acento "diferente" suena demasiado a un "popular" impostado.

En la versión *Caras* Patricia comenzó militando en una unidad básica del Abasto y luego de vivir el terror de la dictadura militar se fue primero a Brasil y después a Europa. La gesta de Malvinas la encontró en el exilio y a su término regresó al país para reincorporarse a la causa nacional.

En realidad la utopía revolucionaria llegó a la legisladora por vía materna. Su madre, Julieta Luro Pueyrredón, fue quien incorporó a la familia a Rodolfo Galimberti a través de su amigo Diego Muniz Barreto, desaparecido durante la dictadura militar. "Galimba" supo despertar la admiración de las dos niñas Bullrich, aunque acabó viviendo con la bellísima y bondadosa Julieta, hermana de Patricia, fallecida en un accidente de auto en París mientras su compañero trabajaba como "taxista" en la Ciudad Luz.

Enamorada del poder desde que el 25 de mayo de 1973 el ex dirigente montonero la hiciera entrar en la Casa Rosada, Patricia Bullrich se convirtió en una fiel ejecutora de la política de su cuñado. Unica sobreviviente de un grupo de montoneros secuestrados en 1976, la actual legisladora salvó su vida al llegar tarde a la cita. En Francia se instaló en la casa de las afueras de París que poseían Julieta y Galimberti, quien por entonces coleccionaba perros de raza y revistas de armas.

Su vuelta al país fue promovida por su pariente y con dos objetivos concretos: lograr una amnistía que blanqueara al ex montonero y convertirse en diputada. Unos años después de su retorno, la desaparecida revista *Siete Días* publicaba en su portada una foto de Galimberti al volante de su "tacho" parisiense. A lo largo de la entrevista el singular revolucionario esbozaba la idea de un indulto generalizado. Su cuñada empujó el resto.

Veterana camandulera formada en aguerridas épocas, la especialidad de Patricia Bullrich es "la rosca", y su lema, "el fin justifica los medios". Convertida en una patética caricatura de los años setenta, la diputada supo adaptarse a los tiempos modernos. Renovadora en épocas de Cafiero, abandonó al derrotado y se convirtió en cofundadora del menemismo porteño. Grossista primero, antigrossista después, apoyó a Carlos Corach hasta su eclipse el 10 de abril de 1994 para recalar finalmente en las huestes de Gustavo Béliz.

Logrado el indulto aún le faltaba acceder a una banca de diputada. Se despojó entonces de su habitual uniforme setentista, adoptó el tailleur y los tacos, se perfumó con Paloma Picasso, planchó su melena "Cher" y, peripecias afectivas mediante, ingresó en el Congreso. Detestada por sus compañeras de militancia que se han visto traicionadas una a una, la camaleónica legisladora prefiere no hacer caso: "Que digan lo que quieran, total a mí me banca el Jefe", le escucharon decir mientras de su brazo pendía una cartera obsequiada por el Primer Mandatario.

Militante II

De su pasado filomontonero, la socióloga Virginia Franganillo conserva algo que distinguió a buena parte de los integrantes de esa organización: la locura por el poder —el "derpo", como prefiere decir ella—. Apego éste que a los más de 500 ex militantes reciclados en "montoneros buenos" que circulan en puestos oficiales, les facilitó su rápida inserción en el "peronomenemismo". Amadrinada por Claudia Bello, a las chicas las une una amistad lo suficientemente estrecha como para haber compartido hasta un novio, un ex montonero a la deriva. Pese al empeño demostrado por su protectora para ubicarla en el escalafón oficial, son pocos los peldaños que ha logrado subir la actual titular del Consejo Nacional.

La cerrada negativa de Erman González a incluirla en la lista de diputados nacionales motivó a la inmortal ex interventora en Corrientes a tratar de colocar a su amiga Franganillo en la lista de concejales de las 62 Organizaciones Peronistas. Bello, escribió Guillermo Alfieri en *Página/12*, "se retiró furiosa del comando electoral" y envió a su correligionaria al Sindicato de la Alimentación. Allí el bordonista Carlos Sosa le explicó lo mismo que antes habían hecho Julio Bárbaro y Roberto Digón: "Desde este momento le vamos a dar duro a la política del gobierno. Si ustedes se la bancan, pueden sumarse". "No hubo necesidad de respuesta", remató Alfieri.

De aspecto gauchito, sus enemigas dentro del "gabinete" la

bautizaron "la Patoruzú". Proclive a los altibajos emocionales según sus allegados, la funcionaria es capaz de actitudes generosas tanto como de peligrosos arrebatos. "Cuando se enoja es peligrosa, ladra", cuentan sus detractores. Pero cuando se emociona es capaz de llorar amargamente, tal como lo hizo en una plaza cercana al Instituto Cardiovascular en ocasión de la operación presidencial.

Fracasados los intentos de proyectarla al "top" del menemismo, Franganillo se convirtió en la inseparable compañera de viajes de su amiga y protectora. Sus numerosas y mundanas correrías, si bien no afilaron su cultura, europeizaron su look y los traslados despertaron su veta consumista. Durante unas jornadas de la CEPAL celebradas en los primeros meses de 1994 en Curaçao, sus compañeras de evento recuerdan como Virginia descolgó el teléfono del hotel para solicitar a la boutique que le subieran "todo el talle 42".

Oriunda de Balcarce y ansiosa de figuración, en oportunidad del nombramiento de su amiga en Corrientes, *Noticias* transcribió sus súplicas a los fotógrafos de la revista: "Ay, yo merezco una foto, porque soy la presidenta del Consejo de la Mujer". La notoriedad le llegó al fin pero por el lado menos pensado, es decir por un inesperado acto opositor. La titular del Consejo Nacional de la Mujer firmó una carta junto a Patricia Bullrich, Juliana Marino, Marcela Durrieu y Dulce Granados, objetando el trato del tema del aborto en la Convención Constituyente. Su madrina tuvo un acceso de ira y durante unos días no se dirigieron la palabra. Cuando el presidente pidió la cabeza de la rebelde, Bello intercedió ante él, Franganillo metió violín en bolsa, se atornilló en su despacho del Consejo Nacional de la Mujer y nunca más abrió la boca.

La kolla

Cada vez que la jujeña Cristina Guzmán visita Purmamarca, homenajea a sus orígenes y se viste de acuerdo con la tradición. Allí la fotografió *Caras* con sombrero típico y poncho kolla. Representante, según sus propias palabras, "de una de las provincias con más alto índice de pobreza", en Buenos Aires, en cambio, la diputada aprecia retratarse ya sea con ropa de *soirée* en su *penthouse* de la calle Parera o con una más deportiva blusa de seda en su quinta de San Isidro, que supo pertenecer al hermano de Marcelo T. de Alvear.

Entrevistada en el living del hotel Llao Llao, Cristina afirma que "ser política y estar con la gente, siempre me llenó de vida y fue para mí una real responsabilidad. Ser mujer, esposa y madre me hace ser la persona más dichosa de la tierra".

Nacida en medio de una familia de políticos conservadores, fue la tercera hija mujer del caudillo Horacio Guzmán tres veces gobernador de Jujuy, una de ellas por obra y gracia del dedo de la dictadura militar. Creador del Movimiento Popular Jujeño, Guzmán, al igual que Vicente Leonides Saadi en Catamarca, es el padre fundador de una de las conservadoras dinastías que se extienden por el paupérrimo noroeste argentino y que deben su existencia al clientelismo político que canjea favores —trabajo, protección, etcétera— por votos.

"Fue un gran gobernante, el último caudillo de la provincia. Conocía a cada persona, cada pueblito... fue uno de los últimos caudillos que tuvo el país", evoca la legisladora a su padre muerto en 1992. Casada muy joven con un militar, en 1989 reincidió y se casó con Juan Cristóbal Raustrentrausch, a quien la une el gusto por el arte, en particular por la música puesto que su suegra fue una de las fundadoras de la Camerata Bariloche.

Orientada por propósitos puramente patrióticos, Cristina apoyó el proceso militar. "El éxito o el fracaso de un gobierno equivale al éxito o fracaso de un país. Yo solamente he colaborado con el país", dijo en 1984 defendiéndose de las acusaciones de Adam Pedrini, vicepresidente de la Cámara de Diputados, quien la llamó "mucama de Viola" por el servilismo y la obsecuencia que signaron su conducta de entonces.

Sin embargo, estos democráticos antecedentes no le impidieron integrar la fórmula radical junto a Eduardo Angeloz en 1989, y tres años más tarde ser reelecta por cuarta vez como diputada nacional. Enemiga acérrima de Augusto César Belluscio, el juez de la Corte Suprema que se vio envuelto en el suicidio parisino de su amiga Mirtha Schwartzman, en mayo de 1990 la diputada solicitó al Congreso que votara el juicio político del magistrado "por razones de conciencia y no por disciplinas políticas".

"Ella está ensañada conmigo y tiene malas intenciones, parece que soy el tema principal de su actuación política", reaccionó el magistrado. Según *Noticias* el encono de la jujeña con el integrante del máximo tribunal de justicia se habría desencadenado luego de que en una oportunidad él la acercara en su auto hasta el Congreso. "¿Será que no entendí el mensaje de esta mujer? ¿Habrá querido decir otra cosa y yo no me di cuenta?", le habría comentado Belluscio a un amigo. Mientras, un colaborador de la diputada confiaba a Patricia Barral: "Que este lío siga, a nosotros nos conviene, es muy bueno que el tema siga en el tapete y que se estire".

12.
Marco Polo

Al menemismo no le tomó mucho tiempo descubrir las ventajas de ver el mundo desde el avión oficial, y Carlos Saúl Menem no esperó a ganar las elecciones para oficiar de golondrino. Desde entonces los viajes presidenciales no han cesado y su anecdotario es uno de los más ricos de la era menemista.

Pocos funcionarios alfonsinistas pueden vanagloriarse de haber sido tan detestados por el menemismo prepoder como el ministro Dante Caputo. Ni sus inclinaciones no alineadas, ni sus alardes intelectuales, ni cierto autoritarismo que cada tanto le despuntaba los irritaba tanto como las peregrinaciones que emprendía periódicamente el cartesiano ex canciller alrededor del mundo.

—¿Por qué cree que le critican tanto sus viajes al exterior? —le preguntó una vez el periodismo.

—Ocurre que la Argentina es como un agujero negro, una estrella que se repliega sobre sí misma y no tiene contacto con el exterior —se justificó Caputo sin imaginar la pasión ambulativa que distinguiría a sus reemplazantes.

Al menemismo no le tomó mucho tiempo descubrir las ventajas de ver el mundo desde el avión oficial, y Carlos Saúl Menem no esperó a ganar las elecciones para oficiar de golondrino. Apenas ganada la interna peronista lió los bártulos para combinar Europa con Siria y con el paisaje de las islas griegas del Egeo. Desde entonces los viajes presidenciales no han cesado y su anecdotario es uno de los más ricos de la era menemista.

Las desmesuradas comitivas que suelen acompañarlo —incluido el equipo de embellecimiento presidencial y los amigos para las diversiones de siempre— obligaron al propio Carlos Menem en más de una oportunidad a poner orden entre los aspirantes a viajeros. Los entredichos entre los responsables de armar las comitivas solían degenerar en furibundas peleas como las que en su momento mantuvieron su secretario Ramón Hernández y Amira Yoma (cuando ésta manejaba la agenda del presidente), cada uno intentando ubicar a sus invitados. O como la reyerta que casi terminó en trompadas entre el "briga" Antonietti —quien llegó a quitar asientos del avión presidencial para limitar el pasaje a gusto— y Miguel Angel Vicco. Harto de esta batahola entre funcionarios, invitados, empresarios ávidos de negocios, familiares y amigos, a fines de 1990 Menem repatrió a su hermano Munir, que se desempeñaba como embajador en Siria, y delegó en él la responsabilidad absoluta para la elección de los excursionistas que lo acompañarían en sus desplazamientos por el planeta.

Después de casi cinco años de giras puede decirse que el pintoresco presidente de todos los argentinos ha sabido dejar su impronta allí por donde pasó. Militante anticastrista, en cada cumbre latinoamericana se dedicó a insultar a Fidel reservando en cambio su comprensión para Pinochet o el haitiano Cedras. Tocado por la gracia de Karol Wojtyla, devino una especie de San Ignacio de Loyola del Noroeste argentino, y sus últimos paseos por el globo lo encontraron combatiendo el aborto aun en contra de la opinión de Bill Clinton.

Proclive en general a las manifestaciones aparatosas, es raro que éstas coincidan con la realidad de su país. "Nuestro compromiso ecológico es incondicional", aseguró enfático en la Cumbre de la Tierra realizada en Río de Janeiro en junio de 1992, apresurándose a ofrecer a las Naciones Unidas la instalación de un centro de investigaciones en Ushuaia para el estudio y protección de la Antártida. También anunció la creación de una reserva de biosfera de 200 mil hectáreas en el bosque subtropical de Misiones, pero no le interesó en cambio impulsar la discusión sobre los problemas ambientales más urgentes de su país: la desertización de los suelos que en pocos años afectará la producción agrícola-ganadera, y las aguas tierra adentro con un grado de agotamiento y contaminación alarmante. En medio de la Cumbre, agobiado por la vehemencia verde, Menem se echó un sueño —abstracción que compartió con Bernard

Dowiyogo, gobernante de Naurú— que duró tanto como los discursos de los presidentes allí reunidos: ciento veinte minutos.

Unos meses antes, durante su paso por Bélgica, el mandatario argentino había rechazado recorrer los canales de la ciudad de Brujas pretextando que eso podía hacerlo por el Delta del Tigre donde, aclaró, "además se puede pescar". Este mismo estilo lo llevó a confundir al ex presidente chileno Patricio Aylwin, llamándolo "este amigo Pinochet", y a tratar de venderle el avión de entrenamiento *Pampa* a Clinton: "Cómprelos, señor presidente. Yo los piloteé. Si no se cayeron, quiere decir que sirven".

Durante la IV Cumbre Iberoamericana en Cartagena de Indias, la liviandad que suele caracterizar sus promesas generó con Brasil el incidente más grave desde las disputas geopolíticas de los años setenta. Cuentan que seducido por la bellísima canciller colombiana, Menem postuló para ocupar el cargo de presidente de la Organización Mundial de Comercio al mexicano Carlos Salinas de Gortari, olvidando que había sido acordado previamente que el puesto era para Rubens Ricupero, ministro de Hacienda brasileño. Por fin, en la última reunión del Grupo Río, en septiembre de 1994, exigió un auto extra para su comitiva. La originalidad fue relatada por el diario *Jornal do Brasil,* explicando que la demanda consistió en "una camioneta provista por la Cancillería que tenía un gabinete especial destinado a transportar, sin que se arruguen, los 32 trajes del presidente argentino".

Estas minucias, sin embargo, no han sido obstáculo para que Carlos Saúl Menem reciba halagos de sus colegas. El éxito del Plan de Convertibilidad, la apertura económica, sus singulares ofrecimientos de mediación en cualquier conflicto que estalle, sumados a los envíos de tropas y su invención de los "cascos blancos" para combatir el hambre en el mundo (excepto en su patria), lo han convertido en un presidente popular en buena parte del globo. Gloria que en más de un viaje se ha visto empañada por las dificultades que han surgido en su propio país ni bien el *Tango* de turno despega.

En junio de 1990, Menem estaba en Italia siguiendo la participación de la Argentina en el Mundial de Fútbol cuando Zulema armó un almuerzo con periodistas en Olivos para demostrar que ella era la dueña de casa. El contraataque no se hizo esperar y el desalojo —uno de los más publicitados de la historia argentina— estuvo a cargo de un comando piloteado por el insigne brigadier Antonietti. Fue durante uno de sus viajes cuando el vicepresidente Eduardo Duhalde firmó los indultos a presos comunes y el veto a la ley de eximición del servicio militar para los hijos de desaparecidos. Viajaba por Alemania cuando estalló el Narcogate. Estaba en Estados Unidos cuando renunció Avelino Porto al Ministerio de Acción Social. Visitaba Nicaragua cuando se anunció el procesamiento de Miguel Angel Vicco. En gira por Medio Oriente se enteró de que había estallado el escándalo Al Kassar. Acababa de recibir de manos de Karol Wojtyla el Gran Collar de la Orden de Piana y amenazaba con montar un congreso eucarístico en Santiago del Estero cuando los indóciles santiagueños, hartos de los fastos en que vivían sus dirigentes, salieron a la calle y rompieron todo, inclusive los vestidos de la señora del ex gobernador Carlos Juárez. En marzo de 1994 se fue a España en medio del escándalo del Pami. Mientras los reyes lo agasajaban con toda pompa en el Palacio Real, los argentinos se desayunaban de como los funcionarios de su gobierno se llenaban sus bolsillos gracias a los pagos que estaban obligados a hacerles las clínicas prestatarias de la obra social de los abuelos. Siete meses más tarde y luego de un paseo por la tierra de Sissi Emperatriz, mientras recibía a la fragata *Libertad* en Túnez, lo sorprendieron las declaraciones de dos oficiales de la Marina, Antonio Pernías y Juan Carlos Rolón, quienes reconocieron ante una comisión del Senado haber practicado torturas en la Escuela de Mecánica de la Armada durante la última dictadura militar.

El pájaro presidencial

Las caminatas presidenciales alrededor del globo requerían de algo más que el noble Boeing 707 T 01 conocido como "Charly", añejo de veinte años y utilizado por los últimos mandatarios. Una avería en el sistema de despresurización a poco de despegar de

Buenos Aires rumbo a Córdoba, sumada a un desperfecto que el avión había sufrido en el radar al llegar a Belo Horizonte, Brasil, otro problema técnico en Malasia, y la fisura de un parabrisa en un vuelo desde China, fueron los antecedentes que justificaron el pago de 66 millones 291 mil dólares por el Boeing más moderno: el 757-23A, modelo utilizado habitualmente por los jeques árabes. Aunque lo cierto es que el presidente no hacía más que soñar con un prototipo similar desde que vio el que trasladaba a su colega, el presidente mexicano Carlos Salinas de Gortari.

Los responsables de la compra del aparato fueron Eduardo Bauzá y el brigadier Antonietti, quienes negociaron un contrato directo con la Ansett Worldwide Aviation Equipment de Hong Kong y con la Associated Air Center de Dallas, encargada de equiparlo con las modificaciones exigidas por el Gobierno argentino. La nave se dividió en tres sectores: el VIP —con catorce plazas—, el área presidencial y otra sala VIP, con 20 asientos.

Pese a que el comodoro Saviolo, responsable de la decoración, aseguró haber seguido precisas instrucciones de Menem en cuanto a mantener la "sobriedad y evitar excesos", la magnitud del chicherío adicionado al aeroplano obligó al Gobierno a desmentir que se hubiera pensado en dotarlo de una sala de hidromasajes. A falta de jacuzzi, el baño presidencial fue alfombrado con una moquete beige, equipado con una ducha semicircular con grifería de bronce provista de un sistema desempañante que impide que el vapor inunde al resto del avión, y hasta se previó el sitio donde Tony Cuozzo pudiera hacer de las suyas. Todos los artefactos del lavadero están tapizados en cuero y basta bajar la tapa del inodoro para que éste inmediatamente se transmute en un sillón de peluquería apoyado contra una pared de espejo.

Además del dormitorio presidencial con una cama de dos plazas, una pantalla de televisión y un equipo musical empotrados en una pared de madera laqueada, Zulemita y Junior también tienen sus cuartos. Las dos salas VIP cuentan con una buena cantidad de pantallas de televisión y sus respectivos baños y cocinas. La sala de estar de Menem tiene dos sillones enfrentados para seis personas y del piso brota una mesa hidráulica que al desplegarse transforma el ambiente en un salón comedor.

En el sector de la tripulación están ubicadas las terminales de computación, la central de comunicaciones telefónicas (algo indispensable porque durante sus periplos el presidente se la pasa hablando a Buenos Aires y preguntando qué dicen los diarios), la videocasetera máster que emite hacia todas las pantallas y el equipo refrigerante que transporta sachets con la sangre que corresponde al tipo presidencial.

La costosa renovación alada desató una polémica interna y un grupo de legisladores repudió enérgicamente su compra. Los diputados Alfredo Bravo, Juan Pablo Baylac, Ricardo Vázquez y Juan Pablo Cafiero demostraron, entre muchísimos otros ejemplos, que con los casi setenta millones desembolsados para amenizar los traslados presidenciales se hubiera podido salvar la vida de 700 mil chicos menores de un año. Por otra parte, una investigación de la revista *La Maga* probó que la lujosa máquina fue tasada en 53 millones 500 mil dólares por la publicación especializada *Business Plane* de mayo de 1992, o sea que el gobierno argentino habría pagado 13 millones de dólares más que el precio estipulado por el mercado internacional.

Siete meses después de aprobar la compra del avión, durante un almuerzo con Mirtha Legrand, el presidente afirmó muy suelto de cuerpo que el desembolso originado por su pájaro preferido no superaba los 40 millones de dólares, que serían abonados por medio de un "leasing" (alquiler) a pagar en diez años. "Criticar la compra es una frivolidad. ¿Qué quieren, que nos matemos?", se enojó Menem. Pero no pudo evitar sufrir un desfallecimiento de envidia cuando recibió al Emir de Kuwait y se desayunó de que los baños del avión del dignatario estaban equipados con canillas de oro.

Fúlmine viaja al Mundial

La revista *Humor* de junio de 1990 lo había anticipado: "Que no vaya al Mundial", rogaba la tapa que mostraba a Menem caricaturizado como "Fúlmine", el inolvidable *jettatore* creado por Divito. El presidente viajó igual y desde la platea del estadio San Siro en Milán asistió demudado a la derrota de la Selección a manos de Camerún.

Aunque el periplo fue caratulado como deportivo, el mandatario no descuidó el interés nacional y los negocios no fueron ajenos a la travesía. En Milán, y pese a los esfuerzos del secretario de Medios Fernando Niembro, por convertir en un secreto de Estado el destino final de la comitiva, no tardó en saberse que junto con Ramón Hernández, el jefe de la custodia Guillermo Armentano, el médico Alejandro Tfeli, el vocero Humberto Toledo, el embajador argentino en Italia Carlos Ruckauf y el peluquero Cohen, el presidente pasó un día de campo en la villa de Massimo Del Lago, propietario junto a los hermanos Castiglioni de la empresa CORIMEC, dedicada a la limpieza de ríos y otros trabajos de purificación ambiental. Curiosamente —según narró el enviado especial de *Noticias* Mario Markic— "en esos días Menem firmó un convenio con una empresa italiana —acaso la de Massimo Del Lago— para el saneamiento del río Matanza" y también, en la misma villa, se reencontró con el matrimonio Swaroski.

Sólo después se conocería que fueron sus anfitriones de entonces quienes le obsequiaron la polémica Ferrari Testarrosa y los mismos que meses más tarde pretenderían levantar hoteles y remodelar aeropuertos con millonarios créditos italianos, provocando la renuncia del secretario de Planificación, Vittorio Orsi. Los italianos pensaban gastar 345 millones de dólares y Orsi se opuso porque para él esa obra no valía más de 156 millones.

Aunque no pudo jugar tenis por tener la mano derecha resentida por una "caída en el baño" —primero explicó que había resbalado en la ducha pero luego se rectificó: conducía una motocicleta cross de gran cilindrada en una quinta privada—, diversiones no le faltaron. Cabalgó y leyó las *Memorias de Adriano* de Marguerite Yourcenar, sobre el emperador bisexual romano. Para evitarle las "saudades" y en autos de que el presidente jamás se aleja demasiado de la carne y el mate, hasta allí llegó también su buen amigo Alejandro Granados —propietario entre otras cosas del restaurante *El Mangrullo*— con un auténtico asado criollo.

Más tarde ante Gianni Minna, uno de los periodistas más conocidos de Italia y autor de una biografía best seller sobre Fidel Castro, aseguró que los argentinos volverían a ser campeones del mundo y que, "como los griegos", creía en el "destino".

—¿Sigue siendo amigo de Carlos Monzón después de lo que sucedió, señor presidente? —preguntó Minna.

—¿Y por qué no? Todos los hombres estamos sujetos a cometer... ("Menem duda, no encuentra la palabra", escribió Markic) errores. Además, todavía no está firme la sentencia definitiva. No podemos acusar a nadie como culpable hasta que no lo prueben todas las instancias de la Justicia.

Ya en el estadio de San Siro, Menem se abrazó con Maradona —todavía un héroe oficial— y le entregó un pasaporte de embajador, citando a Homero y a otros pensadores griegos.

—¿No le parece una frivolidad venir a ver el Mundial con los momentos que vive su país? —le preguntaron los periodistas.

—Sí —contestó sin pestañar—, quizá sea una frivolidad. Pero bueno, también el mundo está hecho de frivolidades.

Más contundente estuvo cuando le inquirieron por el desalojo de Zulema en Olivos:

—Si quiere que le hable de mi relación con mi mujer, primero cuénteme la suya.

Cuatro años más tarde el presidente también pondría proa hacia el Mundial de Estados Unidos, sólo que por cábala, según dicen, prefirió seguir los avatares del partido debut de la Selección desde un confortable hotel de Ottawa, primera etapa de su frustrante expedición deportiva.

El cruzado anticastrista

A pesar de que en los últimos años Carlos Menem no ha hecho más que atacar a Fidel Castro, la relación que lo une a él es de amor/odio. De su par cubano el presidente argentino admira su capacidad para mantenerse 36 años ininterrumpidamente en el poder. Así como de Alberto Fujimori su determinación para clausurar el Parlamento.

—¿Qué le pediría a Fidel Castro?

—Democracia, Fidel, democracia —fue la primera y sonriente respuesta de Carlos Saúl Menem a los periodistas de Televisión Española cuando lo interceptaron a su arribo a Barajas para participar de la II Cumbre de Jefes de Estado Iberoamericanos en julio de 1992.

Al canciller Guido Di Tella le tocó explicar las motivaciones de la irritación argentina contra Castro y el olvido de Fujimori: "Perú tiene firmado un compromiso de cronograma para volver a la democracia. En Cuba la situación es totalmente distinta... hace 33 años que está Castro y no hay cronograma ni un carajo...", puntualizó, educado, el Ministro de Relaciones Exteriores cuyo currículum registra su paso por la Universidad de Oxford.

Unas horas antes de que Menem llegara a Madrid acababa de salir el último número del semanario *Cambio 16*. "A la cárcel", anunciaba su título impreso sobre una foto de la cuñada del presidente. La revista recogía la prisión preventiva con libertad bajo fianza que la justicia argentina había aplicado a Amira Yoma. Falto de una parienta incordiante y pese a los democráticos esfuerzos argentinos, para los españoles Fidel Castro fue la figura más atractiva del evento.

Unos años más tarde, en la III Cumbre realizada en Bahía, Menem dejaría de lado la versión escrita de su discurso para reiterar su obsesión anticastrista. Cuenta María O'Donnell, que hacia el fin de la reunión, durante la lectura del documento final, Menem pidió la palabra y dijo:

—Viendo la cara de cansancio de mis colegas y como nadie está prestando atención, yo propongo que dejemos de lado la lectura del documento que de por sí es largo, aburrido y conocido por todos, que lo demos por leído y nos vayamos a los hoteles a hacer lo que tengamos que hacer...

Entonces Fidel Castro levantó la mano y afirmó:

—Apoyo, apoyo.

—Celebro que, al menos en esto, nos hayamos puesto de acuerdo.

Insinuando que Menem se había peleado sólo, Fidel aclaró entre las risas de los mandatarios que festejaban el diálogo:

—Yo he sido el que se ha puesto de acuerdo contigo.

Condenado a que el ingenio del cubano lo opaque, Menem retornó a su patria y se declaró repugnado ("me repugna") de haber participado de la misma Cumbre con Castro.

La asunción del nuevo presidente de Bolivia, Gonzalo Sánchez de Losada, los volvió a reunir en agosto de 1993 en el Hotel Plaza de La Paz. Allí la misma concentración que vivó a Fidel recibió al argentino con una rechifla y al grito de "Castro sí, Menem no", mientras la prensa concentraba su atención solamente en el cubano. En medio de ese clima Menem suspendió la conferencia que tenía prevista. El responsable de consolarlo fue el presidente saliente, su "amigo" y "hermano" Jaime Paz Zamora, quien le retribuyó sus invitaciones a Anillaco y lo paseó por *El Escondrijo*, su finca de Tarija.

En el último encuentro que tuvieron, durante la IV Cumbre Iberoamericana celebrada en Cartagena de Indias en mayo de 1994, Fidel trajo consigo toda su comida y bebida, una batería completa de cocina, el agua, su propia vajilla y hasta sus sábanas y cubrecamas, amén de un catador de alimentos. Más sofisticado, Carlos Saúl dispuso de dos minibar con heladera; uno cargado de champagne francés del bueno, Dom Perignon, y otro con su tipo de sangre, además de compartir su suite con su médico y su peluquero.

En este nuevo round el mandatario argentino perdió por puntos: no sólo no logró que sus pares condenaran al cubano sino que su empeño en comprometer a Iberoamérica en una guerra sin cuartel contra el aborto fue rechazado por los 22 jefes de Estado allí reunidos, incluidos los reyes de España y el primer ministro portugués. Además, le dio la oportunidad a Castro de llamarlo a la cordura cuando éste le sugirió que permitiera que el tema lo resolvieran las interesadas, o sea las mujeres.

En su último viaje a los Estados Unidos, atragantado con las ironías de Fidel, Menem se despachó con todo contra el barbudo dirigente. En Boston, durante un desayuno de trabajo con el director del *Boston Globe* del grupo *New York Times*, se quejó de la blandura de sus "colegas latinoamericanos" que "criticaron a Pinochet y Stroessner y no tienen la misma actitud con Fidel Castro", e insinuó que además del bloqueo económico había "varios caminos" para desembarazarse del molesto dirigente. Acto seguido desempolvó a Santo Tomás y afirmó que hasta él "justifica el tiranicidio (…) Con los tiranos no se dialoga, hay que pulverizarlos", sentenció al borde de la apología del crimen.

Entre tanto, en Paraguay el matutino *ABC Color* le dedicaba una página en la que bajo el título "La desmemoria de Menem" le recordaban su amistad con Stroessner y "las muestras de admiración que le expresaba" al derrocado dictador. "Con estos antecedentes —concluían los paraguayos— no hay necesidad de hacer mucho esfuerzo para pensar que la misma incoherencia —para no decir hipocresía— aplica Menem en su política exterior hacia el Paraguay."

Idas y vueltas

El año del Quinto Centenario del Descubrimiento de América —1992— fue pródigo en traslados para el mandatario argentino. Terminada la II Cumbre en Madrid, escoltado por el locutor Antonio Carrizo, afectado entonces al pabellón argentino en Sevilla, y los cantantes Luis Aguilé y Jorge Sobral, Menem se hizo tiempo para inaugurar un monumento a Evita evocándola como "amor… puro amor… y sólo amor". Luego visitó fugazmente el patético stand argentino de la Expo y pasó raudamente por las Olimpíadas de Barcelona, donde aprovechó para declarar su apoyo al ex presidente brasileño, Fernando Collor de Mello, que estaba siendo juzgado por corrupción. Finalmente recaló en Croacia —acompañado por la enviada especial de ATC, la cronista Leila Aidar— para visitar a los 900 oficiales y suboficiales argentinos apostados allí.

Jadeante por tamaña peregrinación, vacacionó unos días en la isla de Cerdeña como huésped de los Swaroski y Tonino Macri, quienes le presentaron a hombres de negocios italianos y al Aga Khan. Mientras tanto, en la Cancillería los argentinos trataban de concretar audiencias con los mandatarios de Italia y Austria, empeñados en darle algún viso oficial al descanso presidencial. Los protocolos de ambos países escucharon azorados que en realidad Menem no tenía ningún tema especial que tocar sino solamente "un gran interés en conocerlos". En la patria y tentados por el ejemplo, muchos funcionarios aprovecharon su ausencia para gozar también ellos de unas vacaciones. Roberto García, titular alterno del justicialismo, cerró el partido por feria y se tomó dos semanas de licencia.

En septiembre Menem y su comitiva se trasladaron a Chile para firmar una amistosa declaración conjunta, dejando también en este país un recuerdo imborrable por el interés que despertó entre los argentinos la presencia de Pinochet. "Mezclaban cholulismo y curiosidad al querer acercarse a la mesa del ex dictador para ver cómo era y comentaban luego que se habían sorprendido con su imagen de «viejito bueno»", escribió Gabriela Cerruti en *Página/12*.

Para los funcionarios y amigos presidenciales la estrella del ágape que el jefe de Estado chileno les ofreciera en el Patio de las Camelias de la Casa de la Moneda fue Pinochet, destacándose Adelina de Viola como una de sus *fans* más atentas. El ex dictador agradeció a Menem los "muchos gestos de nobleza" que había tenido con él, en recuerdo tal vez del telegrama que éste le enviara por la derrota del "No" en el plebiscito sobre su continuidad.

La retentiva le jugó una mala pasada al presidente argentino cuando en su discurso se refirió al Pacto Andino y mencionó a Chile como integrante del mismo. El desmemoriado Carlos Saúl olvidó que Chile se había retirado en 1987 y de la mano de su amigo Pinochet. Los equívocos no terminaron allí y durante la conferencia de prensa sobre los resultados de su visita, Menem señaló a Aylwin como "este amigo Pinochet", y acto seguido omitió el "ex" y lo nombró como "el presidente Augusto Pinochet".

Por el viejo y el nuevo mundo

Durante el año 1993, las visitas a Suiza, Holanda, Italia, Chipre, Japón y Estados Unidos convirtieron a Menem en un auténtico excursionista. En junio y con el aparente pretexto de defender el proyecto oficial de Reforma Laboral ante la Organización Internacional del Trabajo, OIT, se llegó hasta Ginebra donde el presidente de la Asamblea, el egipcio Assem Abdel Hak Salé, lo presentó como un "dirigente querido por su pueblo que se siente seguro con la gente sencilla y que es un gran amante del fútbol".

Menos complaciente, la prensa acreditada ante los organismos de Naciones Unidas que allí funcionan fue directo al grano e insistió en preguntar si el verdadero motivo de su viaje era reunirse allí con el magnate norteamericano-español Marc Rich, dueño de uno de los mayores holdings internacionales de comercio de materias primas y a quien se le adjudicaba la intención de participar de la privatización de YPF. Sobre Rich pesa una orden de captura del gobierno de los Estados Unidos, quien lo acusa de colaboración con el enemigo por haber violado los embargos a Irán y a la ex URSS y por evasión de impuestos.

"Ya le he dicho que no, es una desconsideración que me lo pregunten de vuelta", le protestó el presidente a una periodista de la agencia EFE. Aunque admitió que el Hotel Hyatt de Buenos Aires pertenece al empresario árabe Gaith Pharaon, también buscado por la Justicia norteamericana por el lavado de dinero del narcotráfico en su disuelto Banco de Crédito Internacional, BCCI. Pese a las negativas del mandatario argentino, el diario ginebrino *Le nouveau quotidien* aseguró que el encuentro se había concretado.

El nombre del millonario volvió a sonar para los argentinos a raíz de las últimas visitas de George Bush al país. Informaciones provenientes de Washington dieron cuenta de que los hijos de "mi amigo George" y el acaudalado prófugo habrían abierto una línea de negocios petroleros con la Argentina.

Ciudad encantadora aunque poco festiva, Ginebra imprimió su tónica a los viajeros y el presidente de todos los argentinos matizó sus ratos de ocio con caminatas por la ciudad vieja y una visita al cementerio de Plainpalais para rendir homenaje a Jorge Luis Borges y a Alberto Ginastera que están enterrados allí.

Fue la gira más larga del año (13 días), la primera después de su operación de carótida, y abarcó Holanda, Chipre y Japón. Desoyendo los consejos de su doctor quien lo incitó a ponerse su abrigo de piel de camello, el 23 de noviembre el presidente descendió del *Tango* en el aeropuerto de Rotterdam con una temperatura de cuatro grados bajo cero, en camisa, corbata y traje de media estación.

El gobierno holandés —uno de los principales importadores de productos argentinos— echó un piadoso manto de silencio sobre el pasivo que le dejara el ex embajador Juan William Kent y dispensó un trato especial a los visitantes dado que la Argentina había cancelado una vieja deuda de más de 2.400 millones de dólares. El presidente desplegó lo mejor de su seductor repertorio y la reina Beatriz, encantada con sus cuentos e irreverencias, incorporó a la foto oficial a Junior y Zulemita quienes no formaban parte de la escolta y que viajaron sólo para atender a su padre.

Tal como acostumbra a hacer en sus viajes, el primer mandatario se refirió a su patria en términos idílicos. Negó que hubieran existido amenazas a periodistas, abogó por la reforma de la Constitución y aseguró que en su país "no existen problemas étnicos porque los barcos no llegaron cargados de esclavos hasta nuestras costas". En Maastricht, donde se encontró con el canciller israelí Shimon Peres, no pudo con el genio y se dedicó a aconsejarlo sobre la cuestión de Medio Oriente.

Llegado a Chipre pasó emocionada revista a los 375 oficiales que componen la guardia argentina y recibió la visita de Alain Delon, quien viajó especialmente invitado por Menem. Allí pudieron concretar la cena que hubiera debido reunirlos el 29 de octubre en París y que frustrara la intempestiva operación presidencial. Delon, que en 1981 cuando el socialismo llegó al poder en Francia adoptó la nacionalidad suiza por una cuestión ideológica y cuyas vinculaciones con la mafia marsellesa han sido objeto de investigaciones judiciales, lo puso como ejemplo para Francia, donde "hay muchas empresas del Estado que son ineficientes y están estudiando privatizarlas como hicieron ustedes".

Durante la visita de cuatro días que el presidente efectuó a Japón, el riguroso protocolo nipón fue modificado para incluir a Zulemita. Hubo que agregar una silla más en el almuerzo imperial y el emperador le ordenó a su nuera, la ilustrada Masako, que se integrara a la comitiva japonesa para acompañar a la hija presidencial.

Menem acababa de visitar el templo budista más grande de Tokio cuando le mostraron una puerta y le explicaron que, en otros tiempos, se salía del templo y se entraba "a la zona más difícil de Tokio, más peligrosa, a la más prohibida para las mujeres". Menem miró para el lado que le señalaban y preguntó:

—¿Y ahora no existe más?

—No. Mac Arthur les obligó a cambiar todo eso.

—La verdad es que Mac Arthur hizo cada macana.

Su despedida no fue menos entusiasta: "Volveré a Japón, esta tierra maravillosa, después del '95 como presidente de mi país, con el mismo equipo de ministros".

Diciembre lo encontró en olor de santidad y el encargado de santificarlo fue Juan Pablo II, quien lo distinguió con el Gran Collar de la Orden de Piana, galardón instituido en 1847 por el Papa Pío IX y destinado a premiar "las virtudes y los méritos individuales", y con el que alguna vez también fueran beneficiados John Kennedy y el emperador de Japón. La condecoración, equivalente a la de conde aunque sin derecho a usar el título, además de las chanzas que originó entre los amigos presidenciales que lo bautizaron "conde de Anillaco", llevó a que más de un lenguaraz la comparara con la que Michael Corleone compra en *El Padrino III*.

Carlos Menem ya había dialogado en dos oportunidades con Karol Wojtyla pero fue ésta su primer visita oficial al Vaticano. La audiencia con el Papa fue motivo de revuelo entre los integrantes de la nutrida comparsa oficial —con Zulemita como primera dama— que incluyó cerca de sesenta personas, cuarenta pertenecientes al área de seguridad y ceremonial más los invitados personales del presidente, ente ellos Armando Gostanian, Eduardo Bauzá hijo, Alberto Kohan, Juan Bautista Yofre, los peluqueros Miguel Romano y Tony Cuozzo y la modista Elsa Serrano, quienes se alojaron en el mismo hotel que el jefe de Estado.

Si algo se recuerda de esta singular travesía de tipo religioso-turístico fueron las disputas surgidas en el seno del gabinete estético del gobierno argentino, particularmente la que enfrentó a Romano con Cuozzo, ansiosos ambos por asistir a la audiencia con el jefe de la Iglesia Católica y que, Zulemita mediante, se saldó con la victoria del coiffeur de la farándula. No conformes con haberse codeado con el sucesor de Pedro, el peluquero y Elsa Serrano vestida de largo y con mantilla, lograron "colarse" en la biblioteca privada del Papa, zona vedada salvo para invitados especiales. La justificación fue que los guardias los vieron tan "elegantes" que no se atrevieron a pedirles que se identificaran.

Devoto católico aunque con escasas dotes para la adivinación, en su discurso ante el pontífice Menem anunció la realización de un congreso eucarístico en Santiago del Estero para 1994, casi en el mismo momento en que la provincia ardía en una revuelta. Antes de la santa audiencia y de que las malas nuevas lo obligaran a decretar la intervención desde su alojamiento romano, el presidente, tal como lo había solicitado, pudo darse el gusto de rezar junto a Wojtyla en la biblioteca, donde ambos, de rodillas, oraron con unción.

Correrías 1994

España, la India, Canadá, Estados Unidos, Austria, Túnez, son sólo algunos de los países que el presidente más trotamundos de la historia argentina lleva recorridos en los últimos meses. La saga se inició en marzo, la meta fue España y la comitiva oficial estuvo integrada por la módica cifra de cien personas, monto que impactó al jefe del protocolo español, quien al verlos exclamó: "Esto no es una visita, es un desembarco".

La escolta presidencial, compuesta por sobrevivientes al despedazamiento previo que implicó saber quién volaba y quién no, fue elegida entre un desparejo elenco de funcionarios, gobernadores, peluqueros, modistas, el jefe de los espías Hugo Anzorreguy, la asesora Eva Gatica, la ex presidenta Isabelita Perón, la titular de la obra social de los jubilados Matilde Menéndez —en pleno apogeo del descubrimiento del sistema de "retornos" de la entidad a su cargo— y hasta Adelina de Viola a quien el traqueteo turístico le hizo perder su sexto embarazo.

"Menem, interlocutor privilegiado hasta fin de siglo", tituló festejando su arribo a la península el matutino sensacionalista *El*

Mundo y el presidente argentino —un desesperado en busca de aceptación— no pudo ocultar su alegría al sentir que finalmente la Madre Patria lo reconocía. "Bienvenido a España, señor presidente", lo recibió en el palacio de El Pardo el rey Juan Carlos acompañado por doña Sofía. "Es un honor estar aquí", respondió Menem escoltado por Zulemita en lo que pareció ser el encuentro entre dos monarquías: la de Borbón y la de Anillaco.

El momento cumbre y por cierto más folclórico de la visita ocurrió la noche en que los reyes agasajaron a la delegación con una cena en el Palacio Real. Prevista para cien personas incluidos los reyes y su comitiva, los argentinos se presentaron en cantidad de 125 contra los treinta representantes locales. Además de por los codazos que se propinaron en la puja por entrar —especialmente entre Isabelita y Matilde— los bulliciosos sudamericanos se destacaron por convertir una recepción protocolar en una fiesta discotequera. "Actuaban como si estuvieran en *El Cielo*", recordaba espantado un diplomático de carrera. La reina Sofía, informó el noticiero de la Televisión Española que se recibe en Buenos Aires, supo disimular el inconveniente "con total gracia y encanto".

Carlos Menem ingresó radiante por la puerta principal del Palacio, con la orden de Isabel la Católica sobre el pecho y del brazo de su hija Zulemita vestida con un traje negro y faja amarilla, tal el modelo imaginado por Elsa Serrano. Entre las fotos que los inmortalizaron descollaron la de la diseñadora oficial de vestido largo blanco con encaje del mismo color en las mangas, cola de caballo rubio rabioso y altos tacones dorados, rindiéndole pleitesía a la infanta Cristina, y la del minúsculo Moisés Ikonikoff de riguroso smoking aunque algo abrumado por el peso de condecoraciones varias, junto a Eva Gatica también de blanco con impresionantes voladones de la cintura para abajo. La más impactante fue Matilde Menéndez —repuesta de los sollozos que la embargaron después que desde Buenos Aires le confirmaran que *Página/12* había revelado los detalles de su excursión al Caribe—, a la que el daguerrotipo mostró estrechando la mano del monarca español y enfundada en un ceñido vestido negro adornado con un colorido bordado de realce que le daba un aire entre Gatúbela y Agata Galifi.

Durante su periplo español Menem tuvo un único tropiezo en

Santiago de Compostela cuando, acompañado por el presidente de la Xunta de Galicia, el ex ministro franquista Manuel Fraga Iribarne, se tuvo que enfrentar a un grupo de jóvenes que protestaban por los chistes de gallegos que acababan de ser editados en la Argentina. Rompiendo el protocolo, el mandatario tranquilizó a los iracundos explicándoles que él mismo "tenía que soportar las terribles burlas de la gente". Jamás hubiera partido provisto de una medalla de oro en reconocimiento al pueblo argentino de haber sabido los ofendidos gallegos que uno de los entretenimientos favoritos del presidente es justamente ése, contar chistes de gallegos.

Los inoportunos jubilados de su país le arruinaron la última etapa de su gira. Cuando llegó a Barcelona, las noticias de Buenos Aires que relataban violentos incidentes con la policía enrarecieron su ánimo lo suficiente como para tildar a los abuelos de "marxistas" y acusarlos de integrar el Movimiento Todos por la Patria, MTP.

Un mes después de su aventura íbera, Menem rumbeó hacia la India acompañado como siempre por sus inseparables Gostanian, Cuozzo, Tfeli y Hernández, además del gobernador Eduardo Duhalde, entre otros. El jefe de Estado recibió honores frente al Taj Majal y marchó en medio de una doble fila de elefantes. La majestuosidad de la ceremonia le sugirió la idea de implementar una similar en su patria, por lo que puso a sus consejeros a estrujarse el seso para imaginar con qué animal podrían reemplazar a los paquidermos indios. Limitados a la fauna austral, los *think tank* presidenciales concluyeron que la misma podría tener lugar pero solamente utilizando las más menudas llamas cordilleranas.

"Es impresionante la simetría, no tiene un solo error", se extasió el presidente reconvertido en turista mientras visitaban el mausoleo. Poco inclinado a los recorridos históricos, el inefable Gostanian protestó: "Esto es aburrido. Con cinco minutos bastaba". Más romántico, Menem se compenetró con la magnífica sepultura considerada una de las siete maravillas del mundo, y aseguró experimentar "el mismo profundo amor que sintió aquel emperador que construyó este monumento a la mujer amada".

Superada la conmoción estética, Menem retornó a su habitual pragmatismo y se negó a comparar el lujo de ese palacio con la pobreza del país.

—¿Qué le sugiere a usted que estos palacios tan opulentos estén a unos pocos metros de tanta miseria? —le preguntó Ernesto Tenenbaum.

—Pero si pobreza hay en todas partes. ¿Acaso a veces no hay que abrir los hermosos subterráneos de París para que los mendigos no mueran de frío? Pobreza hubo siempre, lo importante es que se pelee contra ella como hace el gobierno de la India.

Cuando en octubre el viajero mandatario argentino aterrizó en Viena en declarada búsqueda de inversionistas, la prensa de segunda categoría de Austria lo definió como *"Macho mit carisma"* (macho con carisma), en cambio la prensa conservadora ensalzó sus logros económicos. El periodismo también se encargó de recordar que los problemas de alcoba de ambos mandatarios eran puntos en común que facilitarían la relación entre Thomas Klestil, presidente de Austria, y Carlos Saúl Menem. El austríaco no tuvo más remedio que separarse de su legítima esposa luego de que se descubriera su relación con la jefa del gabinete de Asuntos Internacionales, Margot Loeffler, quien hubo de buscarse un puesto en el exterior.

Asesorado por Gustavo Béliz y Pacho O'Donnell, responsables de interiorizarlo de la historia del país que iba a conocer, el presidente pudo pasearse sin temor por el majestuoso Palacio Imperial de Viena y recordar con ilustración cinematográfica sus más populares personajes. No se sabe si sus preceptores lo enteraron de que Austria, además de ser la cuna de Sissi, Haydn, Mozart y Freud, también lo fue de Hitler, Eichmann y la mayoría de los jerarcas nazis, de que allí prácticamente no sobrevivieron judíos y de que Thomas Bernhard, uno de los más grandes escritores contemporáneos, muerto hace pocos años, se negó a ser enterrado en su país por considerar que allí del olvido se ha hecho una virtud.

El jefe de Estado argentino, más locuaz que nunca, se despachó a gusto en la patria de los valses sobre las bondades de la suya, describiéndola como un lugar "donde hay más propietarios que proletarios" y "donde el marxismo no tuvo éxito" (excepto, como es sabido, con la tercera edad). También declaró que en todos los países visitados había encontrado apoyo para su reelección mientras, soñando con un tercer período, le prometía a su colega Klestil que aunque ambos dejarían de ser presidentes "ahí por el 2020", la amistad que los unía perduraría igual.

Superado el entredicho con un latoso periodista iraní que insistió en que respondiera cómo estaba tan seguro de las responsabilidades de Irán en el atentado a la AMIA, Menem tuvo tiempo de salvar a su hija de un mal momento cuando el mandatario austríaco le preguntó a Zulemita si hablaba inglés.

—No del todo, estoy aprendiendo... —contestó la primera damita.

—Lo que pasa es que en América los presidentes hablan en español —fue la rápida respuesta de su padre.

Pese a sus dificultades idiomáticas, Zulemita Menem fue una de las atracciones del viaje gracias a su nuevo y juvenil estilo, producto de la inefable dupla conformada por Miguel Romano y Elsa Serrano, estrenado durante su última visita a los Estados Unidos. Serrano, que venía librando una batalla con la joven por su inclinación a taparse las piernas, se puso firme y le advirtió que si insistía en ocultarlas no podría detener la ola de rumores sobre la lipoaspiración a que habría sometido sus extremidades. Sin embargo fue la intervención de su madre la que terminó de decidir a Zulemita.

—En realidad hacía mucho tiempo que Elsa me aconsejaba un cambio. Ella me decía que incluir escotes y minifaldas en mi vestuario podría favorecerme. Pero creo que me decidí, finalmente, después de hablarlo con mi mamá.

—¿Por qué, ella le insistió? —inquirió el enviado de *Caras* Claudio Gurmindo.

—No sólo me insistió, me dijo que si no empezaba a usar más polleras y dejaba de lado un poco los pantalones no me dejaba viajar más...

Tan sólo una vez la primera damita se apartó de los mandatos estéticos de la creadora oficial, enfundándose en una colorida camisa de Gianni Versace que lució en el match que André Agassi disputó por los cuartos de final en el Abierto de Austria.

El último punto de la gira fue Túnez, adonde Menem se trasladó para recibir a la fragata *Libertad*. Allí se enteró de que en su país dos oficiales de la Armada habían reconocido haber torturado en la Escuela de Mecánica durante la última dictadura militar, y no vaciló en respaldarlos. Zulemita, en cumplimiento de una promesa hecha a su madre y luego de comprobar que no era el sitio ideal para el shopping, acabó orando en un templo musulmán.

Relaciones carnales

Cuando Carlos Saúl Menem emprendía el 23 de septiembre de 1989 su primera visita oficial a los Estados Unidos, ni rastros había de Tony Cuozzo. Eran los primeros tiempos y su casco a lo Tigre de los Llanos apenas comenzaba a ser suavizado por el brushing. El romance pasajero con Bunge & Born estaba en su apogeo y el flamante mandatario argentino llegaba precedido de una serie de señales de buena voluntad. En lo económico el plan que piloteaba Néstor Rapanelli había sido bendecido hasta por el mismísimo ex ministro de Economía de Juan Carlos Onganía, Adalbert Krieger Vasena. Hacia afuera, el envío de aviones Pucará a Colombia para participar de la lucha contra el narcotráfico y la decisión de no nombrar embajador en Panamá, donde Estados Unidos libraba una lucha sin cuartel con el hombre fuerte del istmo, el general Manuel Noriega, acusado de narcotráfico, habían predispuesto favorablemente a Washington.

"La Argentina tiene para ofrecerle al mundo la «menemtroika», se excitaba acorde a los tiempos el embajador Di Tella antes del arribo presidencial a la capital norteamericana. Esta propensión a ver la vida color de rosa llevó al diplomático a afirmar que la primera potencia mundial seguía con el mismo interés la gestión de Solidaridad en Polonia y la de Carlos Menem en Argentina. En política, sobre todo, la realidad no siempre suele concordar con las expresiones de deseo, y cuando un periodista recién llegado le preguntó a un funcionario de la embajada cuánta expectativa había generado la travesía presidencial, éste se limitó a señalar un ejemplar del *New York Times* tirado y apuntó: "Hoy hay una información sobre Argentina y en el medio menciona que viene Menem". El detalle no menguó el fervor de Di Tella, quien cuando llegó a

Canciller, en un rapto erótico-geopolítico, oficializó el término "relaciones carnales" para sintetizar la voluptuosa obediencia hacia los Estados Unidos de la política exterior menemista.

Para Carlos Menem, que debutaba como presidente en el rubro ambulante, fueron seis intensos días que soportó gracias a su práctica de "control mental". Además de enamoriscarse de George Bush, habló ante la Asamblea General de las Naciones Unidas, se entrevistó con el *top* del poder económico mundial, David Rockefeller incluido, y fascinó a William Bennett, titular de la oficina contra el narcotráfico dependiente del Departamento de Estado, con su reivindicación de la pena de muerte para los narcotraficantes. "Entiendo por qué los argentinos están orgullosos y entusiasmados con este presidente", declaró el norteamericano al final de la entrevista.

Su discurso en las Naciones Unidas, además de reiterar su voluntad de recuperar las Malvinas y ofrecerse como mediador para la paz en Medio Oriente, concluyó con uno de esos abarcativos enunciados a los que es tan aficionado y que a lo largo de estos años lo han llevado a asegurar que en su país las mucamas andan motorizadas y el golf es un deporte ideal para los humildes: "Debemos combatir el hambre de los niños pobres, pero atender la tristeza de los niños ricos".

Al secretario general del organismo, Javier Pérez de Cuéllar, lo dejó pasmado con su optimismo cuando éste le preguntó por Zulema. "Ella ha tenido algunos problemitas, además se nos ha muerto un ministro…", contestó el presidente en alusión a la fresquísima muerte de Julio Corzo. Ante la cara de asombro del secretario, el presidente argentino agregó: "Sí, es el segundo ministro que lamentablemente se nos muere, pero, a pesar de todo, las cosas nos están saliendo bien".

Alojado en la suite presidencial del piso 41 del Waldorf Astoria, Menem era todavía un neófito en consumismo y apenas si le quedó tiempo para recorrer las tiendas. "Me gasté doscientos dólares y llevo regalos para todos", se ufanó el último día, luego de haber sido confundido en un negocio de corbatas con un jeque árabe. Anteriormente se había dejado machucar cariñosamente por 600 residentes argentinos que el consulado reunió para homenajearlo:

"Antes éramos pobres tristes, ahora somos pobres alegres", consoló a sus admiradoras.

Las dos ruedas de prensa con fastidiosos periodistas empeñados en conocer el futuro de las relaciones entre Argentina y el Reino Unido, y en tocar la cuestión de los militares condenados por delitos contra los derechos humanos, no lograron empañar su dicha. Lo que más lo irritó fue la pregunta de un inglés sobre la reciente repatriación de los restos de Rosas y que osó llamar "dictador" al "Restaurador". "¿Quién dijo que Rosas fue un dictador?", replicó el jefe de Estado. "Yo no estoy inventando nada, estoy haciéndome cargo del reclamo del pueblo argentino en favor de la pacificación".

"Pregúntele al presidente en qué puedo ayudarlo", fue lo primero que Carlos Saúl Menem solicitó a su traductora que transmitiera a George Bush durante la cena que mantuvieron en Washington. El flechazo fue inmediato y cada uno admiró en el otro aquello de lo que carecían: Menem, el aristocrático talante de Bush, y el presidente norteamericano, el plebeyo desparpajo del riojano. La compartida vocación por la política y el deporte facilitó lo demás.

Encantado con quien se convertiría no sólo en su amigo sino en patrocinador de sus futuros negocios, Bush intentó sin éxito —cuenta Gabriela Cerruti— encontrar una palabra en español que definiera su "afinidad" con el argentino. Rápido como el rayo, Carlos Menem supo compendiar el sentir de su colega norteamericano: "Somos del mismo palo", exclamó. "Tenemos las mismas pasiones, tenemos el mismo estilo de vida", le confiaría más tarde el presidente argentino a la periodista.

La segunda entrevista transcurrió en la Casa Blanca y allí se pusieron de acuerdo en todo. Después de esa charla la Argentina le abrió sus puertas a la DEA para que realice operaciones conjuntas con la Fuerza Aérea, apoyó una propuesta norteamericana en las Naciones Unidas en favor de la investigación de los derechos humanos en Cuba, congeló al Cóndor y abandonó definitivamente el Movimiento de Países No Alineados.

Tanta gentil disposición obtuvo su recompensa: Menem emprendió radiante el retorno hablando de su "amigo George", con el *stand by* del Fondo Monetario Internacional bajo el brazo, el levantamiento de las restricciones a la venta de armas y la invitación del norteamericano a llamarlo por teléfono cuando quisiera. "Eso no es tan fácil —había bromeado el presidente— pero igual podemos hacerlo a través de su embajador Todman, que es una bellísima persona." Al año siguiente Bush premiaría los esfuerzos de su aplicado pupilo al no suspender su primera visita al país el 3 de diciembre de 1990, que coincidió con la más sangrienta de la rebeliones carapintada.

Cuando en noviembre de 1991 Carlos Menem visitó por segunda vez —ahora en forma oficial— los dominios de Bush, la melena renegrida peinada hacia atrás y terminada en la nuca con una cola de pato —un capolavoro marca Cuozzo— sedujo a la prensa norteamericana. Alojado en el segundo piso de Blair House, la imponente mansión para los huéspedes oficiales del presidente norteamericano, el jefe de Estado argentino hubo de desprenderse del artífice de su novedoso look, el entrañable Tony. Ubicado a tres cuadras de allí, en el Hotel Washington, Cuozzo supo demostrar que, como los boy scouts, era capaz de estar "siempre listo" para correr a restaurar el tocado presidencial cada vez —y no fueron pocas— que su jefe lo necesitara.

Sus primeros pasos lo llevaron al Congreso, donde se sorprendió al encontrar que todas las bancas estaban ocupadas. Más tarde se supo que lo del "diputrucho" no es patrimonio del ingenio criollo. Representantes auténticos había tan sólo cincuenta, aquellos a quienes les corresponde ocuparse de asuntos latinoamericanos. El resto estaba compuesto por obedientes empleados del Parlamento que aplaudieron a rabiar las palabras del argentino.

George y Barbara lo homenajearon con una cena en la Casa Blanca que comenzó a la hora del vermouth y a la que asistieron sólo cincuenta privilegiados invitados. Cuando comenzó el show a cargo de Joel Grey, el bastonero de *Cabaret*, se agregaron cien personas más consideradas por el protocolo como "invitados de segunda clase". Entre ellos figuraban el matrimonio formado por Hugo Anzorreguy y su señora Margarita Moliné O'Connor ataviada con un lujurioso abrigo de pieles blanco, el jefe de la Fuerza Aérea, brigadier José Juliá, el brigadier Antonietti, el secretario de Medios Raúl Burzaco, Armando Gostanian, Ramón Hernández, y en calidad de invitados especiales del jefe de Estado argentino el matrimonio Swaroski, Maia y Gernod.

Entre los comensales de "primera", además de Sonia Cavallo enfundada en una elegante creación de Gino Bogani, quien más brilló fue Amalia Lacroze de Fortabat. Elegantísima, la dama de Olavarría lucía una esmeralda en el pecho que hacía *pendant* con los aros, y aprovechó el reverso del menú de la Casa Blanca para depositar allí sus quejas por la mala atención recibida en su principesco alojamiento. En Blair House no le habían servido jugos y no había logrado que le trajeran hielo, amén de no permitirle que su secretaria se alojara allí.

Durante el ágape la señora de Fortabat tuvo un simpático encuentro con el moreno Clarence Thomas, el flamante miembro de la Corte Suprema de Justicia que estuvo acusado de acosar sexualmente a su colaboradora Anita Hill. "Sus ojos (los de Thomas) no me engañan. Yo conozco muy bien a los hombres. Probablemente ella quedó muy decepcionada porque él no quiso casarse", se solidarizó Amalita con el cuestionado juez negro ante el periodista Alfredo Leuco, enviado de la revista *Somos*.

El encuentro decisivo tuvo lugar el 16 de noviembre en Camp David, la residencia de descanso de los mandatarios norteamericanos, cuando Bush y Menem se enfrentaron cara a cara, "en la única puja que los enfrenta: el partido de tenis", describió Martín Granovsky. George, acompañado por un atlético empleado de la Casa Blanca, venció por dos sets a uno a la pareja formada por Menem y su profesor de tenis, Dante Pugliese.

Producto de su falta de ejercitación en el cambio de discurso, durante un almuerzo con la prensa extranjera en el National Press Club se le escapó la expresión "imperio británico". Pero inmediatamente se corrigió: "Es una forma de decir las cosas, sin sentido peyorativo. La verdad, es una terminología que vamos eliminando poco a poco en América Latina, un continente en el que, a medida que íbamos cayendo en la decadencia, culpábamos a los imperialismos de turno. Después nos dimos cuenta de que los únicos culpables éramos nosotros".

No sólo practicó tenis e hizo gala de su oratoria, también tuvo tiempo de prodigarse arrumacos con su intérprete y de visitar Willamsburg, la colonia inglesa más antigua de los Estados Unidos que recorrió en carroza con el fiel Ramón Hernández trotando a su lado mientras su hermano Eduardo, como si de un turista japonés se tratara, fotografiaba todo lo que veía.

Inconvenientes tuvo pocos, solamente una protesta de los homosexuales en la calle, a pocos metros de donde la embajada argentina había organizado una recepción. Los manifestantes le entregaron un texto expresando su protesta por la discriminación de los gays en el país y el no reconocimiento jurídico de la Comunidad Homosexual Argentina, CHA. "Thank you...very much", fue la respuesta de Menem, quien dio la impresión de no haber entendido una palabra del petitorio que recibió y que momentos después se dedicó a destacar la tradicional virilidad del hombre argentino.

Por lo demás todo resultó un éxito. El BID calificó al plan Cavallo como el más exitoso del Cono Sur y se llegó a pronosticar la llegada al continente de una fuerte corriente inversora de 22 mil millones de dólares y el regreso de parte de los capitales latinoamericanos radicados en el exterior, que sumarían unos 170 mil millones. Bush, además de regalarle tres tomos sobre la vida de Cristóbal Colón en una edición de origen, lo obsequió con una lapicera para Junior, y el presidente argentino aprovechó para regalarle la suya, una Mont Blanc.

Durante los nueve días que duró el periplo Carlos Menem se cansó agradablemente de escuchar y leer elogios a su persona y a su gestión. La prensa saludó el abandono de posturas nacionalistas y antiimperialistas por parte de la Argentina, el *Washington Post* escribió loas y el *Financial Times* apuntó: "El presidente Menem asumió el gobierno como un cruzado poco convincente de la ortodoxia económica y de la libertad de mercado. Ha sorprendido a muchos por el vigor de su conversión a la causa". La ex embajadora Jeanne Kirkpatrick llegó a asegurar que a él las cosas le iban mejor que a Bush; Nicholas Brady le dijo en la cara que era un *winner* (ganador), y el propio presidente de los Estados Unidos lo llamó "líder" la mayoría de las veces que lo citó en su discurso.

Los halagos llegaron a aturdirlo y Carlos Menem se convenció de que lo suyo era más que hacer política, iba camino del apostolado.

—Cuando bajó de la limousine en los jardines de la Casa Blanca, dio la sensación de que se sentía un poco sólo, que más allá de las cuestiones de protocolo que prevén una primera dama, usted necesitaba alguien muy cercano para compartir tantas emociones... A usted se le quebró la voz y se le humedecieron los ojos en por lo menos cuatro ocasiones durante la gira —le comentó atento Alfredo Leuco.

—Yo termino de expresarte —dijo tuteándolo— que el hombre asume el ejercicio de su gente, considera que su familia es la Argentina, aun aquellos que son sus adversarios. Una vez estaba predicando Cristo ante una multitud y se acercaron a informarle que estaban allí su madre, su padre y su hermano. Y Cristo dijo: «No, esta es mi familia», y señaló a la gente que lo escuchaba.

Retribuyendo atenciones

La amistad es un valor supremo y George Bush ha sabido demostrárselo a su entrañable amigo. El 30 de agosto de 1994 aterrizó en Ezeiza para participar del cierre de la convención de la Asociación de Bancos de la República Argentina, formalizando el segundo encuentro entre ambos después de que el republicano abandonara el poder. En junio el presidente argentino se hospedó en su casa de verano en Kenenbudk Port, estado de Maine.

Bush trajo consigo a su más bien rellenita hija Dorothy — "Doro", la misma que lo acompañó en diciembre de 1990—, casada en segundas nupcias con Robert Koch, ex brazo derecho del líder demócrata de la Cámara Richard Ghepardt. Cuentan que primero a George le cayó muy mal el yerno, pero después se consoló visto que Richard jugaba bien al golf. Con el tiempo y para satisfacción del suegro, el segundo marido de "Doro" también cambió de trabajo. Para entretenerla Menem destacó a Zulemita, quien le mostró orgullosa a "Doro" su flamante juguete: un Renault cero kilómetro color violeta.

Aunque se trató de una visita privada, Menem recibió a Bush

con honores reservados a un jefe de Estado en ejercicio. Hubo una breve ceremonia en Olivos y el sobrio y patricio aire del norteamericano contrastó con el llamativo atuendo del argentino, vestido con un saco azul y una fosforescente corbata de color —*"signée Versace"*— con pañuelo al tono y zapatos de cocodrilo.

—Señor Bush, ¿qué piensa del presidente Menem? —indagó *Gente*.

—Que, simplemente, es el mejor estadista de América Latina y uno de los más importantes del mundo... —le doró los tímpanos Bush a su anfitrión.

El deporte, privilegiado nexo que une a estos dos hombres más allá de sus traductores, ocupó su espacio. Al tenis jugaron con el empresario Constancio Vigil y el profesor de tenis presidencial Eduardo De Luca. Disfrazados de osos polares, desafiando a la tormenta y al frío, practicaron en el Golf Club de Mar del Plata mientras los hombres del servicio secreto se guarecían bajo un tinglado. La competencia concluyó con resultado negativo para el ex presidente norteamericano, quien además se empapó. Por último y haciendo caso omiso de la presencia de los presidentes de Paraguay y Uruguay durante la inauguración de Yacyretá, Carlos Saúl y George se escaparon como dos chicos traviesos a pescar dorados.

Acompañado por su mujer Barbara, George Bush volvió en octubre para inaugurar un congreso sobre medicamentos y Menem, por atenderlo, se perdió el primer tiempo del clásico Boca-River. Durante el segundo tiempo el presidente no tuvo más remedio que explicarle al norteamericano el significado del partido y la serie de penales que concluyeron con la derrota de su equipo. Por si esto fuera poco, primero Zulemita, que es de Boca, y Zulema después, lo gastaron por teléfono.

Entrevistada para *Gente* por Renée Sallas, Barbara confió que a su marido lo llama "héroe" o "Poppy", sostuvo que a él le "gusta así", es decir canosa, gorda, sin maquillaje y sin lifting, y confesó que su "gran debilidad es comer, por eso estoy gorda. No me gusta cocinar: sólo comer. Todo lo contrario de George que se cuida y hace deportes". Declaró no haberse teñido nunca y no interesarle demasiado la ropa, aunque esto último parece no ser tan cierto. Pese al engañoso aire ahorrativo de la ex primera dama, la prensa norteamericana dio cuenta más de una vez de los raids boutiqueros de la señora de "Poppy", capaz de gastarse 40 mil dólares en una tarde.

Casada con George desde hace 49 años, madre de cuatro hijos, dos de ellos en la carrera política, Barbara también escribe. Autora de tres libros, uno de ellos se titula *Millie* en homenaje a su famosa perrita, y el tercero, *Memorias*, acaba de ser publicado en Estados Unidos. En este último la señora Bush dedica un párrafo al amigo argentino de su marido: "...es un hombre encantador, cálido, y George me dijo que está haciendo un extraordinario esfuerzo para privatizar y para consolidar la democracia".

Cuentas claras conservan las amistades y según el *Washington Insider*, boletín semanal que circula por suscripción en la capital de los Estados Unidos, en el afecto que George parece haber desarrollado por Carlos Saúl no estarían ajenos los intereses que los hijos del ex presidente tienen en la Argentina. Uno de su vástagos, George W., gobernador republicano de Texas, fue denunciado por el semanario *The Nation* por haber intentado en 1988 presionar a Rodolfo Terragno, ministro de Obras Públicas de Alfonsín, para que la compañía Enron de Houston obtuviera un contrato de cientos de millones de dólares para la construcción de los gasoductos en el sur. Terragno no aprobó el proyecto pero el gobierno que lo sucedió sí lo hizo, y Enron ganó en un año más de 143 millones de dólares. La compañía le agradeció a Bush Jr. su intervención con una donación de cien mil dólares para su campaña electoral.

Los crecidos retoños del ex presidente de los Estados Unidos están además vinculados con empresas dedicadas al negocio del juego. George W. es uno de los principales socios de una compañía de Las Vegas, mientras que Jeb, candidato republicano a gobernador de La Florida en las últimas elecciones, ha propuesto la reforma de las leyes de ese Estado para permitir la instalación de casinos. El artículo del *Washington Insider* titulado "Don't cry for me Argentina" hace hincapié en la posible vinculación entre las visitas de George Bush al país y el proyecto de una filial del grupo US Mirage de establecer un casino en la zona del Delta del Tigre.

Carlos y Bill

"Lo que usted hizo por su país lo convierte en un líder de las naciones latinoamericanas. Yo aprecio su respaldo a los Estados Unidos y lo considero un ejemplo en la lucha por los derechos humanos y la libertad", fueron las palabras con que Bill Clinton recibió a un derretido Carlos Menem, primer presidente latinoamericano en entrevistarse con el sucesor de Bush.

El mandatario argentino no puede quejarse de que la suerte no lo acompañe. A Clinton le había quedado un hueco en la agenda y sus asesores le recomendaron un gesto hacia Latinoamérica que el mandatario, preocupado por sus conflictos internos y dedicado a hacerle la vida imposible a Sadam Hussein, había descuidado hasta el momento. De los países "recibibles" por el presidente de los Estados Unidos ninguno estaba en condiciones. México y Chile con serios problemas por la implementación del Tratado de Libre Comercio, NAFTA; Venezuela ganada por el desgobierno, Colombia todavía sin liberarse de Escobar Gaviria y ni hablar de Perú con Fujimori. Quedaba el argentino presidente de un país que, salvo algunos tropiezos con el Cóndor, venía sacando diez en casi todos los deberes. Así, casi de chiripa, fue como Carlos Menem estrenó a Bill Clinton.

Alojado nuevamente en Blair House pero por la gracia de Clinton puesto que lo suyo no era una visita oficial, Menem hubo de lidiar con un engorro de tipo estético: Tony Cuozzo había quedado, una vez más, excluido de la residencia. Sin embargo, luego de que los funcionarios argentinos lo catalogaran como "personal de apoyo", el Departamento de Estado autorizó la libre circulación del Fígaro presidencial.

La entrevista se desarrolló cordialmente gracias al mimético presidente de todos los argentinos que en ningún momento le llevó la contra a su par norteamericano. Menem se solidarizó con el bombardeo a Irak y calificó a Sadam como un "salvaje terrorista", anunció el precio de cierre de las acciones de YPF y, ya que estaba, insistió en su vocación mediadora, esta vez entre Cuba y los Estados Unidos.

Bill se entusiasmó con la fusta con empuñadura de plata e incrustaciones de oro que le obsequió el mandatario argentino, amenazó con llegarse hasta aquí para "cabalgar por la pampa" y, como quien no quiere la cosa, le solicitó que permitiera que las empresas de aviación norteamericana puedan hacer más viajes al país. Como para contentar al visitante pero sin demasiada convicción, le prometió que no les harían mucha competencia con la venta de trigo en Latinoamérica. Aunque a Menem lo separa de Clinton un abismo cultural, ambos tiene puntos en común: provienen de hogares humildes y se dirigen a los suyos de un modo carismático y populista. Además, a Clinton le gustan el jazz y el béisbol como a Menem el tango y el fútbol.

Terminada la entrevista, Clinton le regaló una pelota de básquet con autógrafos de los jugadores de los Chicago Bulls y Menem le entregó un collar de perlas riojanas para Hillary. Aún le faltaba recibir otra felicitación, y el responsable fue el jefe del Pentágono, el general Colin Powell, quien lo cumplimentó por haber concluido finalmente el desguace del mísil Cóndor.

La vertiginosa visita que realizó al Museo del Holocausto incluyó el encendido de una vela por las víctimas del nazismo pero resultó llamativa por su celeridad, tanto que mereció que Susan Lenid, directora del VIP del museo, comentara que "hicieron en veinte minutos lo que normalmente se recorre en tres horas y media". Más tiempo le dedicó a los partidos de tenis en los que invariablemente ganó y que disputó en dupla con el embajador Andrés Cisneros. Sus oponentes fueron varios funcionarios de su séquito de los que quedó afuera Alberto Pierri a quien se le fue la mañana buscando una raqueta.

Las únicas reservas provinieron de la prensa, particularmente del *The New York Times* y del *Wall Street Journal*. El primero tuvo la poco feliz idea de recordar que la Argentina negó el acceso a los archivos vinculados con el nazi Martin Bormann, mientras el segundo se cebó con la narración de las "ocurrencias" de que suele hacer gala el jefe de los argentinos. Calificado como "extravagante" (*flashy*) por recibir a Claudia Schiffer, los periodistas mencionaron la Ferrari que aceptó devolver "sólo a regañadientes", la corrupción y la falta de castigo para los funcionarios envueltos en ella, el avión de 66 millones con peluquería incluida, el apego de algunos de sus parientes por el lavado de dinero, y se refirieron a Zulema como "la extraña esposa". Anécdotas —si es que es posible denominarlas así— que ocuparon más lugar que los elogios a Cavallo, que abundaron.

"Que me digan por qué soy extravagante y entonces responderé a esa acusación. Ojalá hubiera muchos presidentes extravagantes que consigan estos resultados. Además… esa foto en la que estoy con la modelo Claudia Schiffer… díganme la verdad: ¿a usted no le hubiera gustado estar ahí?", buscó explicarse ante la prensa compatriota.

A los norteamericanos los sorprendió también que un país sin demasiada importancia transportara ochenta periodistas para acompañar a su presidente, algo que no suele ocurrir en visitas de mandatarios extranjeros, salvo con los de países africanos. Los compatriotas en malón enloquecieron a los periodistas de la Casa Blanca, no respetaron ninguna norma y acabaron a los codazos y empellones. Mary Mazzarino, encargada de prensa de Clinton, tuvo que recurrir a la fuerza para sacárselos de encima en el momento en que los dos presidentes se juntaron en el Salón Oval de la Casa Blanca, y como venganza se dedicó a pedir "bananas para la tercera ola" (en alusión a los trabajadores de prensa del Tercer Mundo).

La imagen de país tercermundista se completó con las declaraciones de John M. Miller, agente del servicio secreto norteamericano a cargo del operativo de control de la visita del presidente argentino, reproducidas por *Gente*: "Cada vez que viene un presidente, o un alto diplomático extranjero, me mandan a mí. Es para la tranquilidad de nuestro presidente. ¿Se imagina el problema que habría si matan en Washington a un extranjero, aunque sea de un país insignificante?".

Del Mundial a Manzano

Pocos días antes de la inauguración del Campeonato Mundial de Fútbol en Estados Unidos, el presidente excursionista levantó vuelo una vez más. Una primera etapa en Canadá con el pretexto del posible ingreso al NAFTA de la Argentina, y como paso previo a los Estados Unidos, arrojó óptimos resultados. La prensa lo conceptuó como "el play boy número uno de las pampas" cuya vida "es una novela que mantiene hechizada a la nación".

Exultante porque le acababan de confirmar la entrevista con Clinton, Menem siguió la goleada a Grecia desde un hotel en Ottawa entre bocaditos, champán y helados, rodeado de su habitual escolta, amigos y empresarios, y tomado de la mano con Zulemita que lo abrazó después de cada gol.

Su reunión con Clinton duró treinta y cinco minutos y a su término le presentó a su hija que quería conocer el Salón Oval. "Es la luz de mis ojos", le explicó al presidente de los Estados Unidos. Frustrada la participación argentina en el evento futbolístico, Menem visitó a Bush en su casa de descanso y se emocionó hasta las lágrimas cuando Barbara rezó antes de comer: "Creo que esto debería servir de ejemplo a muchas familias no sólo en los Estados Unidos sino en todo el mundo", pontificó ante Ana Barón, corresponsal de *Gente*.

A fines de septiembre y con motivo de la 49ª Asamblea anual de las Naciones Unidas, el presidente se trasladó nuevamente al gran país del norte. Carlos Menem, Zulemita y los suyos ocuparon todo el piso 11 del Hotel Waldorf Astoria en Nueva York, donde también se hospedó Clinton y la mayoría de los ochenta jefes de Estado que asistieron al evento. Un micro especial trasladó al top de su habitual comparsa conformada por Armando Gostanian y la cuadrilla de asistentes personales que siguen a padre e hija por doquier: Elsa Serrano, Miguel Romano, Tony Cuozzo y sus respectivos ayudantes, más Gabriela, una amiga de Arrecifes de la hija presidencial que le hace apoyo para que no se aburra y la acompaña en todas las salidas que no son oficiales.

Durante esta travesía, Zulemita, engalanada con sabor Serrano, estrenó minifalda y por primera vez se hizo acreedora a un cariñoso refunfuño paterno cuando en una oportunidad éste la encontró excesivamente maquillada. "Sonrisas, besos, mimos y manos entrelazadas pulverizaron en un instante los rezongos de Menem. Ella le dice «Pa» y él la llama «Ne». Es notable la ternura —y el orgullo— del presidente hacia su hija", observó Renée Sallas.

Aunque con menos suerte que en otras excursiones puesto que las dos principales entrevistas que iba a mantener con Clinton y Yeltsin le fueron canceladas, Menem no dejó de codearse con el poder. Primero se entrevistó con el presidente de Armenia, Ter Petrossian, interesado —para regocijo de Gostanian— en que ambos países establezcan relaciones diplomáticas. Luego se reunió con un grupo de veintiún representantes de las principales organizaciones judías norteamericanas, inquietas por los posibles brotes antisemitas en la Argentina. Asistió también a un almuerzo en el Hotel Pierre que le ofreció la Fundación "Appeal of Conscience" que promueve la libertad religiosa y la protección de las minorías, de la que también forma parte la señora de Fortabat. El rabino Arthur Schneier lo distinguió con un premio al "Estadista del año", mientras los integrantes de la "Coalition of Jewis Concern" encabezados por el rabino Abi Weiss realizaban una protesta en la vereda el hotel recordándole las contradicciones en la investigación sobre el atentado a la AMIA. La cena, elegante y privada, tuvo lugar en la casa del embajador Emilio Cárdenas, quien contó con Henry Kissinger entre sus invitados.

Su última gira por los Estados Unidos culminó con un homenaje a Domingo Faustino Sarmiento en Boston, una visita a la Universidad de Harvard y una inolvidable incursión por el mundo de Hollywood. Finalmente, la despedida con la comida de gala en el Instituto de las Américas en San Diego le deparó una de sus mayores alegrías: el reencuentro con el inspirador de *Robo para la Corona*, el ex ministro del Interior, José Luis Manzano.

En Harvard, en el sector de la universidad destinado a exposiciones de latinoamericanos no especializados, disertó sobre "Argentina en el siglo XXI". Allí más que ejercitar el intelecto mantuvo un picante diálogo con un estudiante, quien dijo estar preparando un trabajo sobre la empresa Socma (del grupo Macri) y que estaba interesado en conocer si en la Argentina existía algún tipo de legislación sobre el "acoso sexual". El presidente contestó con otra pregunta: "¿masculino o femenino?", y agregó entre risas que los hombres de su tierra son "galantes y piropeadores".

Mientras algunos integrantes del séquito enrojecían de vergüenza, los concurrentes tuvieron otro motivo de distracción viendo como el voluminoso Armando Gostanian se dedicaba a su quehacer predilecto: repartir llaveros de los que pendían unas primorosas camperitas de magnífico cuero negro que tenían estampadas en su espalda la inscripción "Menem 1995".

Hubo un asomo de tensión cuando los asistentes quisieron saber qué controles había en su país sobre la ética en los negocios y el presidente no logró dar precisiones legales sino principios. También se observaron algunas miradas disgustadas cuando Menem le regaló al rector Rudinstein un gigantesco y, según comentarios, horroroso cuadro de una india, obra de una pintora riojana, que indignó al marchand del menemismo, el galerista Ignacio Gutiérrez Zaldívar, definitivamente incorporado a la comitiva oficial.

Al llegar el momento de explicar las transformaciones emprendidas por su gestión, Menem recordó que "los sindicalistas que eran el hueso más duro de roer (...) nos acompañaron en este proceso". Los dirigentes Armando Cavalieri y Ramón Valle sentados en el fondo se quejaron: "Nosotros acompañamos el proceso, pero en primera fila la sientan a la modista", en obvia referencia a la diminuta Serrano sentada al lado de Al Carnesale, uno de los especialistas atómicos más grandes de los Estados Unidos.

En Los Angeles deslumbró con su cultura catódica y, después de fotografiarse con las latinoamericanas Bárbara Carrera y Linda Cristal, y saludar a Lalo Schifrin y a Aldo Camarotta, aseguró ante integrantes del Concejo Deliberante que "conozco a esta ciudad por las series y las películas, con esas grandes persecuciones de policías y ladrones". Terminada la visita, el Primer Mandatario tuvo un cariñoso recuerdo para *Flash Gordon, El Llanero Solitario* y *El Zorro,* series que, según Menem, alegraron la vida de "los que hemos doblado el codo de los sesenta".

Ausente con aviso, Zulemita prefirió sentarse en el trencito que pasea a los turistas por los estudios Universal y conocer la suite del Hotel Beverly Wilshire donde se rodó *Mujer Bonita* aunque, para su gran decepción, no pudo dar con Richard Gere. Papá supo disculparla y justificó la escapada de su retoño como "el sueño de cualquier joven".

"¿Y si nos recibe en el aeropuerto? ¿Qué hacemos?... No bajamos", se preguntaba uno de los integrantes de la nómade corte antes de aterrizar en el aeropuerto de San Diego, encrespado ante la sola idea de toparse con José Luis Manzano. El encuentro se produjo en el mismo salón donde Menem recibió el premio "Líder de las Américas". Según la crónica del enviado de *Página/12*, Pablo González, "Manzano apareció de la nada por los jardines del fondo, gordo y con su cola baja" (un auténtico fallo de las siliconas). "Avanzó a paso firme hacia el presidente Menem —describió González—. Bajo el smoking, llevaba una elegantísima camisa a rayas negras, casi microscópicas. Menem abrió grande los ojos cuando lo vio, como si despertara de golpe. Acomodó en un reflejo el botón de su smoking y se entreveró en un abrazo con el mendocino" (...) "Manzano lo besó cálidamente en la mejilla, le dijo algo al oído, escuchó del otro lado y en menos de un minuto volvió a su mesa, a diez metros de donde estaba el presidente". Aunque Menem lo defendió y aseguró que "puede ser una persona desprestigiada políticamente pero no un delincuente" porque "no tiene ningún proceso judicial abierto", ningún miembro de la comitiva admitió haber saludado al engordado ex funcionario.

A pesar de que el presidente volvió de los Estados Unidos con tres premios, cartas de felicitación de Bill Clinton y la sensación de que allí todos quieren verlo ejerciendo un segundo mandato, todavía no es seguro que el gran hermano del norte tenga demasiado identificada a la República Argentina. En un desopilante artículo aparecido en *La Nación* ("Ese asunto de las relaciones carnales" del 22/10/94), Norberto Firpo se encargó de recordar que "Angel Vega, enviado especial de este diario, hizo dos llamadas a Buenos Aires desde el hotel Century Plaza de Los Angeles. Una y otra vez la telefonista que tomó su pedido le hizo esta pregunta: «¿Buenos Aires, México?». En ese mismo hotel se alojaba el presidente de los argentinos".

La pizza viajera

La convocatoria fue en octubre para la inauguración de Pizza Cero en el "recopado" Ocean Drive de Miami. Hasta allí se llegaron como invitados especiales del restaurante Junior y sus amigos:

Guillermo Coppola y su novia Sonia, Cocho López y la suya, Charly Alberti y Deborah de Corral, la modelo Lorena Giaquinto y otras celebridades del farándulomenemismo como Martín Redrado y su esposa Ivana.

Pese al mal tiempo Junior disfrutó como nunca y se paseó por la ciudad en el Mercedes Pagoda que el Puma Rodríguez —un amigo generoso— puso a su disposición. Algunos especularon con un encuentro del enamoradizo joven con su última conquista, Xiomara, la dalina de *Nubeluz*, pero el joven riojano se encargó de poner las cosas en su lugar: "Ya fue", sentenció, "ahora estoy saliendo con una americana que conocí el jueves. Me flechó".

Erika, 20 años, modelo norteamericana y mesera ocasional se adueñó rápidamente del corazón del antojadizo heredero mientras le ofrecía dos tragos al precio de uno. "Lástima que no hablo mejor inglés", se autocriticó Junior recordando su incumplida promesa de abocarse seriamente al estudio de los secretos de la lengua de Shakeaspeare, mientras cabalgaba por Olivos con Claudia Schiffer sentada a la grupa de su caballo.

La sorpresa de la noche fue la inesperada llegada de Zulemita —que se encontraba participando de la gira oficial del presidente por el norte de los Estados Unidos— seguida por sus adjuntos Serrano, Romano y su amiga Gabriela, quienes no quisieron perderse la oportunidad de retozar por la movida maiamera. Ultima en llegar, la hija presidencial fue la primera en retirarse. El Tango 01 con "Pa" arriba hizo escala en Miami para recoger a "Ne" y su caterva de hermoseadores.

13.
Personas no gratas

Amigos, personajes con borrascosos pasados de ultraderecha, relaciones sanguíneas, compañeros de prisión o "compensados" con premio consuelo conformaron las originales huestes de diplomáticos que Carlos Saúl Menem designó.

Los mismos compromisos político-sentimentales que obligaron a Carlos Saúl Menem a designar funcionarios poco aptos moralmente para dirigir el país, lo indujeron a retribuir favores recibidos destinando al frente de las sedes argentinas en el exterior a un ramillete de inescrupulosos aficionados que tuvieron a mal traer a la Cancillería. Los ilícitos llegaron a tales extremos que un senador radical presentó un proyecto de ley que permitiera al Cuerpo tomarles un examen a los futuros embajadores. Mientras tanto, desde el Palacio San Martín se convocaba a diplomáticos retirados con el pretexto de que se necesitaban "embajadores sin antecedentes criminales".

"Menem designó más embajadores políticos en puestos estratégicos que otros gobiernos anteriores" (...) "algunos de ellos en condiciones más favorables ni siquiera habrían caminado por la vereda de una embajada", describió acertadamente a los nuevos miembros del cuerpo diplomático Martín Granovsky en *Página/12*. Amigos, personajes con borrascosos pasados de ultraderecha, relaciones sanguíneas, compañeros de prisión o "compensados" con premio consuelo conformaron las originales huestes de enviados que Carlos Saúl Menem designó con el asesoramiento del entonces secretario general de la Presidencia, Alberto Kohan.

Alberto Brito Lima había sido jefe del Comando de Organiza-

ción y se lo nombró embajador en Honduras. Simón Argüello, que
fue uno de los nexos entre Menem y los carapintada, acabó como
cónsul general en San Francisco. Francisco José Figuerola, franquista visceral, representó al país en la democrática España de Felipe González aunque hubo que retirarlo de apuro visto su empecinamiento en obstruir la investigación del Yomagate. La amistad de
Omar Vaquir con José López Rega, además de la que mantiene
hasta hoy con Eduardo y Carlos Menem, le valió la representación
en Venezuela. Hugo Porta era un rugbier destacado y Kohan no
encontró nada mejor que enviarlo a la Sudáfrica pre Mandela, tal
vez porque como integrante de "Los Pumas" nunca había tenido
inconveniente en quebrar el bloqueo del apartheid sudafricano.

El nombramiento como embajador en Washington del opus-
deísta ex secretario Legal y Técnico de la presidencia, Raúl Granillo Ocampo, hizo rechinar los dientes de odio a los diplomáticos
de carrera. No obstante, al amigo presidencial no le fue fácil obtener el acuerdo del Senado al encontrarse procesado por la justicia
federal. En 1992 el juez Miguel Pons le había dictado prisión preventiva y embargo de 10 mil pesos por "negociaciones incompatibles con la función pública". La suerte se puso de su parte, los fis-
cales dictaminaron que debía ser sobreseído y el juez Nerio
Bonifati hizo el resto.

La diplomacia ilustrada

Al embajador en Chile, Oscar Spinosa Melo, le tocó inaugurar
la era de la diplomacia non sancta luego de que fuera acusado por
prominentes figuras del pinochetismo de chantajearlos con dar a
conocer videos y fotografías que los tenían como protagonistas de
las singulares fiestas que el funcionario argentino ofrecía en su residencia y a las que no habría sido ajena su ex segunda mujer, la
rubia María Luisa Sword.

Diplomático de carrera, filonazi y amigo personal del presidente de la Nación, Spinosa Melo estuvo a punto de ser puesto de pa-

titas en la calle por Caputo y sólo un llamado del entonces gobernador de La Rioja evitó su despido. El embajador encabezó el ránking de los "chupamenem" de la revista *Humor* cuando el día de su casamiento con la blonda Sword ("divertíte pero no es para casarte", le advirtieron los amigos que se la presentaron en Punta del Este), antes de dar el "sí" que le requería el juez, solicitó el consentimiento de su amigo, el Primer Mandatario.

La situación se le complicó cuando simultáneamente al descubrimiento de su picaresca erótico/económica, se enfrentó a la modelo María Magdalena Cristaldo en un hotel de la Recoleta y la corrió por la elegante zona empuñando un arma, episodio que Horacio Verbitsky subtituló como "Out of Africa". Spinosa fue cesado y enjuiciado, pero a Antonio Cafiero, su reemplazante en Chile, le costó bastante recomponer la deteriorada imagen del país.

"Creo que el señor Brito Lima es un hombre que tiene una trayectoria política que ha hecho al señor presidente designarlo embajador, y se ha pensado que Honduras es un buen destino para él", contestó el entonces canciller Domingo Cavallo, cuando Martín Granovsky le preguntó si "el jefe del Comando de Organización" era la persona indicada para representar a la Argentina.

Compañero de escuela de Saúl Ubaldini, peronista y admirador de Hitler, Alberto Brito Lima fundó en 1959 el Comando de Organización. Desde entonces su itinerario ha estado siempre vinculado a hechos de violencia. En 1973, a punto de retornar Perón al país, fue el responsable del copamiento a la Escuela Hogar de Ezeiza. La literatura en torno a la masacre abunda en ejemplos de los espeluznantes hechos cometidos entonces por él y los suyos. Enemigo en aquellos años de Carlos Menem por considerarlo "montonero", Brito Lima se convirtió en su operador para negociar con Mohamed Alí Seineldín durante la última campaña presidencial.

Designarlo embajador fue cuestión de una firma; sacarlo casi requirió de un ejército. Luego de una destacada gestión cultural que incluyó dos visitas de María Martha Serra Lima, demostraciones de ikebana a cargo de artistas japoneses y un campeonato de fútbol para no videntes, en mayo de 1993 la Cancillería le hizo saber que debía retornar al terruño. "Antes de partir tengo que hacer muchas cosas (...) las autoridades quieren condecorarme y me voy a quedar hasta que eso suceda", le aseguró Brito Lima a Alejandra Rey de *Página/12* durante un diálogo telefónico. "Alberto está armado en la embajada porque en Honduras la vida no vale nada", le confirmó a la periodista el concejal de La Matanza y colaborador del líder del Comando de Organización, Javier Rodríguez.

Atrincherado en la sede de Tegucigalpa, a la Cancillería le tomó más de un mes lograr que el rebelde entregara la plaza. Mientras tanto su reemplazante, el diplomático de carrera Adrián Mirson, debía hospedarse en un hotel por cuenta de Buenos Aires. "Fue un final bastante molesto", comentó el canciller Guido Di Tella intentando atenuar la desmesura del diplomático saliente. De todos modos, Di Tella fue quien lo dejó cesante por decreto al mismo tiempo que era procesado ante el juzgado Federal número 6 por "usurpación de autoridad, títulos y honores". Cavallo, olvidando los elogios que le prodigara en 1989, al cruzarse cuatro años más tarde en los Estados Unidos con William Pryce, flamante embajador norteamericano en Honduras, no pudo evitar comentarle que "hasta hace poco teníamos allí a un loquito (a little crazy man) que no quería volverse a Buenos Aires".

Las fechorías paraguayas del ex embajador Rubén "Buscapié" Cardozo salieron a la luz cuando éste se desempeñaba como cónsul en Miami. Cardozo, apodado "Buscapié" a causa de que por su corta estatura las piernas le cuelgan de la silla y en los restaurantes se la pasa todo el tiempo buscando el zapato que pierde, era un militante peronista de origen humilde al que el menemismo le brindó la posibilidad de imitar a sus patrones. Una auditoría solicitada por su reemplazante en Asunción, Raúl Carignano, arrojó como saldo una deuda de 230 mil pesos contraída por su antecesor ante una variopinta colección de acreedores: una empresa de turismo, una compañía telefónica (43 mil pesos), una sastrería de Asunción y otra de Hong Kong (por once mil dólares), y un taller mecánico. Sin contar las dos denuncias por haber despedido empleados sin pagar indemnización, haber vendido cuadros y muebles de la embajada, y su constatada desaparición durante una semana con las llaves del consulado, gracias a lo cual en ese lapso ningún compatriota pudo hacer trámites en la capital paraguaya.

"¿Qué querían que hiciera? Fue Menem a Paraguay y hablaba

por teléfono. ¿Qué le iba a decir? ¿Qué no hablara por teléfono?", intentó justificarse Cardozo. En cuanto a las empresas de turismo, reconoció tener una deuda personal: "Saqué un crédito para irme de vacaciones con mi hijo y bueno... lo estoy pagando en cuotas", alegó. El "Buscapié" no fue el único que dejó cuentas impagas en el país hermano. Según el contador del Gran Hotel Asunción, en mayo de 1993 el agregado cultural de la embajada, Juan José Camero, les adeudaba 7847 dólares en concepto de gastos de alojamiento de los artistas que el ex actor invitaba.

Si la gestión administrativa del "Buscapié" orilló el delito, la cultural no fue mejor. Además de otorgarle al parapsicólogo y mago Carlos Dupon el premio Integración Regional 1992, logró indisponerse con el nuncio paraguayo, monseñor José Laboa, quien el 25 de mayo de 1992 se retiró ofendido de la sede diplomática tras observar que el obispo de Asunción Felipe Benítez y el titular de la Confederación Sudamericana de Fútbol Nicolás Leoz, recibían el mismo tipo de distinción. "Me habían dicho que el gobierno argentino quería reconocer la labor de la Iglesia paraguaya en pro de la democracia. No podía tener lo mismo que una institución deportiva. Por eso, sentí que debía irme", declaró enojado Laboa.

Ya en Miami, Cupido hizo de las suyas en el corazón de este diplomático ocasional, padre de cinco hijos, y lo rindió a los pies de Mabel Lodko, su agregada de prensa, quien lo hizo reincidir ante el Registro Civil. El arrebato le costó una denuncia por mal desempeño de sus funciones puesto que salió de Miami con licencia médica y en realidad se fue de luna de miel a Madrid con su nueva esposa. Hombre enamorado, Cardozo intentó en vano nombrar vicecónsul a su nueva cónyuge. El Departamento de Estado norteamericano le rechazó el pedido arguyendo que "Lodko no tiene status diplomático". De igual modo, objetó el nombramiento de un agregado militar, argumentando que por la Convención de Viena no puede haber diplomáticos de esa naturaleza en un consulado.

Cardozo había permitido que el Poder Ejecutivo designara ilegalmente al militar retirado Pedro Sachs, quien se desempeñaba desde hace años en Miami como empleado y se había especializado en agilizarle los trámites y hacerle la vida fácil a cualquier funcionario del Gobierno que viajara. Su nombramiento fue una recompensa que no pudo ser cumplimentada.

El argentino naturalizado, Ivo Rojnica, fue propuesto por el gobierno de Croacia como embajador en la Argentina, pero nunca llegó a asumir porque el Centro Simón Wiesenthal lo denunció por haber cometido graves crímenes de guerra entre 1941 y 1945, época en la que ocupó un cargo de importancia en el Estado nazi-croata que administró Ante Pavelic. Rojnica contaba con el apoyo del Primer Mandatario argentino, quien llegó a remitir un proyecto de ley mediante el cual pedía una "excepción" a la Ley de Ciudadanía para lograr el otorgamiento del placet.

Hija de la prima presidencial Herminia Menem, la arquitecta Rima Simán Menem fue designada por el secretario de Turismo Francisco Mayorga como "agregada turística" en la embajada argentina en Roma. En 1992, según un informe del jefe de gabinete del Ministerio de Relaciones Exteriores, Armando Antile, la parienta fue acusada de interferir "en forma permanente y negativa" en la labor de la embajada, además de no desarrollar "ninguna actividad útil" y de invocar "permanentemente" su parentesco con el presidente.

Los insolventes

El casamiento de su hija Pilar con Ramoncito Saadi le valió a Juan William Kent, ex presidente de River Plate, su designación como embajador en los Países Bajos al poco tiempo de que Menem asumiera en la Casa Rosada. En el momento de renunciar a su cargo, Kent debía 100 mil dólares al banco ABN-Amro, cuenta que fue puntualmente saldada por la Cancillería, que se limitó a abrir un sumario interno para conocer el origen de las mismas.

Héctor Flores, diplomático de carrera y ex embajador en Senegal, dejó en ese país un *muerto* superior a los 20 mil dólares. El abogado y empresario Carlos Mandry fue designado al frente de la representación argentina en Alemania por sus vinculaciones políticas con Alberto Kohan y Carlos Menem. Al renunciar a su cargo, la cuenta de la embajada en el Deutsche Bank registraba un descubierto de casi medio millón de dólares. La Cancillería le inició un sumario que quedó trunco porque Mandry dejó de ser funcionario del Ministerio de Relaciones Exteriores.

Teresa Meccia de Palmas, amiga personal del presidente y antigua militante del partido Justicialista de Capital, vinculada a la ortodoxia peronista en la década de los setenta y antirrenovadora en los ochenta, obtuvo como recompensa por su apoyo a Menem en la interna peronista, la embajada argentina en la República Dominicana. La diplomática, que no llevó nunca registros contables, se excedió en gastos por más de 90 mil dólares.

Apenas llegada a destino gestionó el envío de un *container* de mil cajas de vinos por un valor de 20 mil dólares ante el empresario peronista y miembro de la Fundación Mediterránea, Arnaldo Etchart, propietario de las bodegas del mismo nombre. Meccia de Palmas pidió que las facturas le fueran enviadas a un restaurante cuya dirección coincidía con la Casa de la Cultura Argentino-Dominicana, pero al recibir el flete resolvió que se quedaría solamente con cuatrocientas cajas. Mandó de vuelta las restantes y pagó con un cheque personal la suma de 9800 dólares a la bodega exportadora. En mayo de 1993, seiscientas cajas de vino permanecían desde hacía más de un año en la Administración General de Puertos de Buenos Aires, porque Etchart se negaba a pagar el flete que le reclamaba la compañía naviera.

Seguramente tentado por el medio, el ex cónsul en Santa Cruz de la Sierra, Bolivia, y en Vigo, España, Francisco Pleguezuelos, diplomático de carrera, dio con sus huesos en la cárcel después de que se comprobara que había vendido un pasaporte a un narcotraficante. La picaresca de la diplomacia argentina se tornó aún más colorida cuando Di Tella solicitó al Senado que quitara el acuerdo al cónsul argentino en Barcelona, que acababa de adoptar la nacionalidad española.

La Tangentina

El ex embajador italiano Claudio Moreno, ex director del Fondo de Ayuda Italiana que manejaba los créditos peninsulares para los países pobres, llegó al país en 1991 precedido por una tesis "cum laude" sobre problemas del subdesarrollo y un leit motiv con el que aturdió por años las orejas de sus amigos: pasaría a la historia por "acabar con el hambre en él Tercer Mundo". Aspirante a play boy aunque quizás un tanto mofletudo para el rol y casi tan fiestero como su compinche y ex superior, el ex canciller Gianni De Michelis, Claudio Moreno terminó encerrado en la cárcel romana de Regina Coeli y hoy lo mantienen procesado, después de haber estado preso cumpliendo arresto preventivo, acusado justamente de lucrar con el hambre.

Su primer íntimo amigo fue José Luis Manzano, alter ego en el Cono Sur del rollizo De Michelis, quien apenas llegado se encargó de adentrarlo en los secretos de los negocios y también de la noche. Habitué de cuanto farandulesco ágape tuviera lugar, el noctámbulo diplomático que nunca quiso revelar su edad —"es por mis «admiratrices» ¿sabe usted?"—, supo reclutar sus relaciones entre la *beautiful people* local: el manager de modelos Pancho Dotto, Karina Rabollini y la periodista Silvia Fernández Barrio fueron algunos de los que integraron su alegre corro. En Punta del Este se hizo conocer desde una Suzuki Vitara y por sus actuaciones en la megadiscoteca Space. El exclusivo balneario del Cono Sur había sido elogiado por el gordo De Michelis, ex canciller de Bettino Craxi, quien antes de que le llegara la noche en enero de 1991, pasó unos días allí junto con su amigo José Luis Manzano, dando rienda suelta a sus dos pasiones: las señoritas y el baile. "Altri Tempi" que hoy debe recordar nostálgico, procesado por el fiscal Vittorio Paraggio y recluido en su casa de Venecia, impedido de salir a la calle por los insultos de la gente.

El empujón final que convirtió a Claudio Moreno en un parroquiano excepcional de la corte menemista fue el magnífico trato que logró le dispensaran al presidente argentino en su viaje a Italia en octubre de 1991. Mientras en su tierra el operativo "Mani Pulite" descabezaba a la dirigencia italiana, Claudio Moreno se convertía en escolta privilegiada del jefe de Estado argentino, a quien acompañaba tanto a la celebración del cumpleaños de Maia Swaroski en su estancia *Las Mil Rosas* de San Martín de los Andes, a Carmen de Areco al exclusivísimo asado ofrecido al presidente de todos los argentinos por la ex de Vittorio Orsi, Renata Ciccioni, como al mismísimo Anillaco.

Hasta entonces Moreno venía presionando para que se llevara a cabo la ampliación de la Línea A de subterráneos, concedida a la empresa italiana Intermetro. Por su parte, el ex intendente Saúl Bouer había enviado al Concejo Deliberante un proyecto de ordenanza para su aprobación, por el cual se aceptaban 70 millones de dólares provenientes de un crédito de Italia, a los que la comuna debía sumar 25 millones más.

Una nota publicada en septiembre de 1994 en la revista italiana *L'Europeo* —y reproducida aquí por *Ambito Financiero*— relata la confesión ante la justicia de Vittorio Sbardella, durante años el "padre padrone" de la democracia cristiana y uno de los más fieles seguidores de Giulio Andreotti. Sbardella detalló cómo desde Bettino Craxi hasta Gianni de Michelis contribuyeron a introducir la mencionada empresa en el negocio de la construcción de subterráneos en Sudamérica.

Cuenta *L'Europeo* que un "alto prelado de Buenos Aires" sería "quien habría garantizado el apoyo de los funcionarios públicos de primer nivel y cercanos a Carlos Menem". El acusado Sbardella negó haber intervenido en ese negocio "aunque —asegura *L'Europeo*— los investigadores estan indagando sobre sus relaciones con un Ministro de Economía de Buenos Aires y, al parecer, con el jefe de prensa de Carlos Menem".

La revista también afirma que los sabuesos romanos amenazan con venir a Buenos Aires para esclarecer dónde fueron los millones de dólares salidos de la cancillería italiana para ayudar a la Argentina: 70 millones de pesos para el subte de Buenos Aires, 42 para la descontaminación del río Matanza y 120 para la creación de un polo petroquímico en Bahía Blanca.

Antes de que la Farnesina (cancillería italiana) lo destinara a los dominios de Menem, Moreno se había desempeñado en países acordes con su tésis "cum laude": Senegal, Mauritania, Gambia, Malí y Bangladesh, entre otros. Sus aflicciones comenzaron cuando la justicia italiana detuvo al embajador Giusepe Santoro, antiguo responsable suyo en el Departamento de Cooperación para el Desarrollo de la cancillería italiana, quien no vaciló en complicarlo ante el fiscal Paraggio.

"Yo soy dinámico, combativo, así se me conoce en Italia, me manejo con gran conocimiento en las situaciones difíciles como las hambrunas y las sequías que acontecieron en Africa cuando yo fui embajador en ese continente...", se autoelogiaba el diplomático extranjero más mimado del menemismo antes de que sus pillerías salieran a la luz.

No fue exactamente ese el recuerdo que dejó en el hambreado Tercer Mundo. Los 170 motores diésel fuera de borda que vendió a los pescadores de Senegal y Malí —con un sobreprecio de 1000 dólares por unidad— nunca lograron arrancar por la vetustez de las máquinas que se plantaban apenas las ponían en marcha. Tampoco hubo donde quejarse porque su señora, Ana Pia Cucchiarini, figuraba en el directorio de la empresa que las proveía. En Centroamérica los campesinos rechazaron una partida de miles de pares de botas de goma enviadas por el gentil Moreno, luego de comprobar que éstas, talla 40-42, les bailaban en sus pies número 38 promedio, amén de que la goma se derretía bajo el sol. El italiano también se encargó de pagar precios exhorbitantes por tres turbohélices y un helicóptero destinados a ayuda humanitaria que jamás pudieron despegar del suelo.

Desoyendo las advertencias de su hijo que le aconsejaba no volver a su patria y carcomido por la ansiedad, el embajador viajó a Roma el 8 de abril de 1993, después de haber pasado su último fin de semana en La Rioja, especialmente invitado por Carlos Menem. Moreno, quien se despidió con un "vuelvo enseguida", veinticuatro horas más tarde daba con sus huesos en una celda acusado de "corrupción agravada".

Su última aparición pública fue en la cancillería cuando Héctor Gambarotta —un buen amigo de Rodolfo Galimberti— asumió como Secretario de Relaciones Económicas Internacionales en lugar de Alieto Guadagni, actual embajador argentino en Brasil. Un estrecho abrazo fusionó al embajador con el secretario saliente.

Alieto Guadagni, uno de los mejores amigos del canciller Di Tella, fue procesado por el juez Martín Irurzun, acusado de haber recibido dinero a cambio de aumentar el monto del contrato y la adjudicación directa de las obras de saneamiento del río Matanza a la empresa Torno S.A. durante su gestión como Ministro de Obras Públicas en épocas del gobernador Antonio Cafiero. Irurzun llegó a dictarle la prisión preventiva antes de ser premiado con un ascenso y Guadagni exculpado por la Cámara Federal.

Cuando en julio de 1992 el enemigo número uno de la mafia, el juez Giovani Falcone, visitó el país, investigaba la conexión latinoamericana de la mafia siciliana y la posibilidad de que la Argentina se convirtiera en el aguantadero de sus capos. Al magistrado le interesaba dar con los políticos y funcionarios que sirven para proteger las actividades de la mafia. "Tengo la sensación de que sólo les interesa que lleguen inversiones, sin preguntar de dónde viene la plata. O sabiendo de donde viene. Pero no entienden que es demasiado peligroso. Porque hoy, mañana o en un año, veinte mafiosos juntos en un país se dedican a la mafia", comentó Falcone luego de entrevistarse con la primera plana del gobierno. Poco tiempo después el brutal asesinato de Falcone en una carretera siciliana accionaba el dispositivo moral que impulsaría el operativo "Mani Pulite", que hasta el momento llevó a la cárcel a más de dos mil empresarios y políticos italianos.

14.
Personas más gratas

La acogida que han encontrado los más famosos Pami del jet-set mundial no puede ser más grata: no sólo el público responde y acude en peregrinación allí por donde pasan sino que además el presidente de la Nación se las ingenia para recibirlos y platicar con ellos, robándole tiempo a sus quehaceres.

La índole "cholula" del ser nacional y la guerra del rating entre los canales de televisión son los responsables de que durante estos años la República Argentina se haya convertido en el principal importador de antiguas —o decadentes— glorias de la farándula internacional. Llegados como resurrecciones, lógicamente menos espectaculares que la de Lázaro, la acogida que han encontrado los más famosos Pami del jet-set mundial no puede ser más grata: no sólo el público responde y acude en peregrinación allí por donde pasan sino que además el presidente de la Nación se las ingenia para recibirlos y platicar con ellos, robándole tiempo a sus quehaceres.

Entre abril de 1992 y agosto de 1993 veinte artistas internacionales visitaron el país. Se exhibieron como en vitrina, conocieron Buenos Aires en tiempo récord, se atiborraron de achuras, tango y folclore, y se alzaron en conjunto con más de dos millones de dólares. Quince de ellos aceptaron departir con el jefe de Estado, a quien dichas entrevistas le insumieron —según una investigación realizada por *Noticias*— 35 horas y 15 minutos.

En mayo de 1992, *Alto Palermo* y *Telefé* importaron a Sofía Loren, previo pago de 160 mil dólares —bastante alejados de los 20 mil que la diva cobra por sus presentaciones europeas— y la promesa de que la harían Ciudadana Ilustre de Buenos Aires. La colocaron en el shopping y en la pantalla de televisión, y no le permitieron juntarse con nadie, ni siquiera con Mirtha Legrand. La estrella aceptó las imposiciones —aunque desagravió luego a la señora Legrand— y a pesar de la peluca deslumbró por su belleza, recato y también paciencia para contestar preguntas estúpidas. Impactó además con su sabiduría de maestra ciruela: Sofía sabe hacer tan bien las camas como brillar en el plató. Antes de partir la señora Loren pasó por Olivos y durante dos horas se recreó tomando mate con el jefe de Estado.

Por la misma época la Fundación Copasa (la misma que trajo las muestras de "El oro de Perú", de Picasso y de Marc Chagall) en sociedad con el Centro Cultural Recoleta, obló 300 mil dólares por traer a Anthony Quinn. El actor no llegó solo, además de su señora lo acompañaban sus esculturas de madera pintada, de relativo valor plástico y gusto country, que no tuvieron mayor salida. El protagonista de *La Strada* soportó estoico el festival de cursilería en que consistió la inauguración de su muestra. "¡Qué verguenza! ¡Qué va a pensar usted de los argentinos!", se disculpó una señora ante el actor-escultor cuando éste estaba a punto de ser derribado por una ola de cariño cholulo. "Es exactamente igual en todo el mundo, soy Anthony Quinn", le contestó el ídolo.

Quinn no viajó hasta el Cono sur para representar a Zampanó sino para vender su obra. Sus auspiciantes, sin embargo, se empeñaron en subirlo al escenario del Coliseo y él se limitó a lo estipulado. "Sólo les voy a contar tonterías sobre mi vida", advirtió a un público que había pagado 160 dólares para verlo actuar y que se encontró con un señor encantador con un brillante anecdotario a cuestas pero que no estaba dispuesto a representar otro papel que no fuera el de él mismo. El programa incluyó, además de un almuerzo con Mirtha Legrand, la consabida peregrinación a Olivos donde por espacio de dos horas almorzó con el presidente de todos los argentinos.

Gina Lollobrigida llegó en septiembre, cobró 50 mil dólares y manducó en Olivos durante tres horas. Poco antes el presidente se había reunido con George Hamilton —que embolsó nada más que 36 mil— por otras dos horas. Pelé le insumió la misma cantidad de tiempo distribuida entre un partido de tenis y unos tangos que se bailaron juntos. Dos años atrás, también en Olivos, Pelé y Menem habían jugado un picado. El más sobrio resultó Vittorio Gassman cuyo encuentro presidencial tuvo lugar en la Casa Rosada y sólo duró veinte minutos. En noviembre el presidente dedicó tres horas a almorzar en Olivos con la actriz Ornella Muti, el mismo tiempo que le dispensó —también comiendo— al cantante español Raphael. Con la embalsamada Joan Collins se entretuvo, en cambio, solamente cuarenta minutos y con Omar Shariff —a quien un año antes había invitado a volar— cenaron sin límite de tiempo.

Antes que a Bill Clinton, el jefe de Estado conoció a Roger, el hermano roquero del presidente de los Estados Unidos, quien llegó al país acompañado por su novia y sus músicos para grabar un programa de televisión. Arrinconando en su memoria el detalle de que Roger hubiera pasado un tiempo en la cárcel por tenencia y consumo de cocaína y olvidando su permanente reivindicación de la pena de muerte para narcotraficantes y transgresores, Carlos Menem conversó durante treinta minutos con el hermano músico, quien lo elogió luego como un "hombre de carácter fuerte y digno". Antes de recalar en la Argentina, Roger visitó España y allí no sólo no fue recibido por Felipe González sino que la televisión lo presentó en un programa de entretenimientos, como a un personaje extravagante.

De los visitantes famosos solamente dos esquivaron la amistad presidencial. En mayo de 1990 y a raíz de los conflictos originados por la muerte de dos operarios durante el rodaje de *Highlander II*, el actor Sean Connery se entrevistó con el Primer Mandatario, quien le prometió su apoyo para solucionar cualquier inconveniente y de paso lo invitó a La Rioja y a jugar al tenis, convites que el ex James Bond declinó amablemente. "Los argentinos, tienen el país que se merecen", resumió Connery antes de abandonar el país. Marcello Mastroianni, a quien el presidente invitó a almorzar mientras estaba filmando aquí *De eso no se habla* a las órdenes de María Luisa Bemberg, fue más explícito: "No tengo tiempo y además Carlos Menem me da risa", se excusó el protagonista de *La dolce vita*.

Lluvia de estrellas 1993

Una conocida empresa de ropa interior fue la encargada de abonarle 400 mil dólares a la top model Claudia Schiffer para que en junio del 93 se paseara unos días por Buenos Aires. La bella fue convocada de inmediato a la sede del gobierno argentino, donde el presidente le consagró cuarenta minutos en detrimento de los productores agropecuarios que llevaban treinta días esperando una audiencia. Luego de la entrevista durante la cual Menem le obsequió dos cuadros del pintor uruguayo Carlos Páez Vilaró, el jefe de Estado admitió que para estar a tono con la beldad teutona le hubiera hecho falta "un tomo de la guía" de teléfonos.

Pero no fue ésta la única vez que se vieron. El segundo encuentro tuvo lugar en Olivos e incluyó un almuerzo calificado como "reservado" que duró tres horas. Las suficientes como para que los periodistas divisaran entre los comensales la poco disimulable cabeza del gobernador Eduardo Duhalde. La espectacular modelo declararía luego que el Primer Mandatario le pareció "realmente encantador" y una persona "espontánea y muy abierta".

En la misma semana de agosto dieron el presente Alain Delon, quien recaudó 150 mil dólares por mostrar sus 57 años en *Hola Susana;* Mickey Rourke, que percibió 90 mil, y Sharon Stone quien se conformó con los 90 mil con que la retribuyó Canal 13. No se sabe si por no figurar en la lista de ídolos presidenciales o por alguna objeción de tipo eclesiástica, lo cierto es que el presidente no recibió ni al pendenciero Rourke ni a la depravada heroína de *Bajos Instintos.*

Rourke vino para boxear en *Ritmo de la noche* pero lo único que le interesaba de la Argentina era ir a ver a Monzón, su ídolo de toda la vida. Igualmente hizo honor a su fama de duro y se movió con dos atemorizantes guardaespaldas: un italiano con pinta de apache y un argentino todo vestido con cuero negro. Los tres se "colaron" en la fiesta de gala que le daban a Sharon Stone en el Alvear y se pusieron tan agresivos que la norteamericana se mandó a mudar. En sus idas y venidas el actor-boxeador se ligó a la "pendemodel" Carola del Bianco, quien hasta el día de hoy debe dar explicaciones por haberle aflojado al yanqui.

Menem-Delon, un solo corazón

Además del romance que mantiene hace años con Carlos Monzón, Alain Delon protagonizó un nuevo affaire con el presidente Menem, quien le destinó siete horas de su exclusivísimo tiempo. El actor-empresario (sus inversiones se distribuyen entre la cosmética, la indumentaria y el champagne) y el jefe de Estado argentino compartieron un domingo en Olivos, sentados frente a un televisor viendo el partido Argentina-Perú mientras comían pizza y tomaban champán, que concluyó en la madrugada del lunes. Menem lo invitó a degustar comida árabe al restaurante *La Alhambra* de Parque Patricios, pero antes lo paseó por la ciudad en su propio auto sin chofer, traductor o custodia, y le ofreció el avión presidencial para ir a ver Monzón.

Menem por esos días acababa de salir de una fuerte depresión causada por el descubrimiento del imparable avance de su alopecia. No se sabe si producto del peso de las extensiones que le venía colgando Stella Maris Lóndero o simplemente porque aún no se ha descubierto nada que frene seriamente la calvicie, lo cierto es que a su testa le faltaba muy poco para igualar a la de Taras Bulba. La llegada de Alain le alegró la vida y la amistad entre ambos no concluyó allí. Delon elogió públicamente el estilo "decontracté" del argentino y se declaró fervoroso menemista. Cuando la operación de carótida, no sólo se mantuvo informado constantemente sobre la salud de su amigo si no que le mandó un alentador telegrama. A su vez Menem destacó un enviado especial, el diputado Roberto Fernández, quien viajó a Francia con una remera "Menem 95" de regalo. El legislador justicialista declararía más tarde que la relación con el actor era "algo muy positivo. Delon habla bien de la Argentina y él tiene abiertas las puertas en los niveles más altos del gobierno y del empresariado de muchos países de Europa". Que se sepa, hasta ahora el actor no ha concretado su promesa de importar sus productos.

Con acento francés

Antes que Alain Delon otro destacado francés había puesto sus esperanzas en Carlos Menem. En 1988 Jacques Medecin, entonces alcalde de Niza y militante de la ultraderecha francesa, visitó la Argentina, asistió al acto que el peronismo organizó en la cancha de River y le entregó al candidato una medalla de oro otorgada por el Municipio de Niza. Medecin volvió en 1989 y participó de algunos actos de la campaña electoral menemista. Menem se lo reconoció y desde la tribuna aseguró que en Europa ya había quienes empezaban a confiar en él. Meses después, siendo ya presidente, lo condecoró con la Orden de Mayo en grado de Gran Oficial "por sus esfuerzos para promover la imagen argentina en el exterior y la inversión de capitales foráneos en el país".

En 1990, Medecin, acusado por malversación de fondos y corrupción, buscó refugio en los pagos de su aliado Carlos Menem pero, ante su sorpresa, éste no sólo declaró que no era su amigo sino que afirmó que lo entregaría si lo reclamaba la Interpol.

El ex alcalde de Niza, de quien la prensa francesa sospecha que tuvo relaciones con personajes vinculados a la guerra sucia durante la última dictadura militar, se refugió en Punta del Este. En noviembre de 1994 la justicia uruguaya concedió su extradición a Francia.

Meta: Carlos Monzón

"Sabatini no me interesa. Lo que quiero es ver a Monzón", había afirmado Mickey Rourke ni bien llegó al país. El actor consiguió ser el primero en acudir al penal de Santa Fe y una vez allí le explicó a Monzón que quería verlo porque "a mi me pudo pasar lo mismo que a vos". "Cuando te veo aquí pienso que yo podría estar en tu lugar", le aseguró sincero. El norteamericano no perdió el tiempo, se acostó en la cama del ex campeón "para vivir por un instante lo que él vive", se enteró de que los presos habían visto "veinticinco veces" su película *Nueve semanas y media* y partió con un protector que llevaba inscripto el nombre del astro encadenado. "Para mí esto es mejor que un Mercedes Benz", afirmó emocionado.

Menos calma resultó la visita de Delon. Cuando llegó a Rosario, mil quinientas mujeres, algunas con sus mamas al descubierto, lo recibieron gritando. El bochinche fue tal que el gobernador Reutemann tuvo que decretar feriado provincial. Sin reparar demasiado en el alborotado homenaje femenino, el actor corrió al encuentro de su amigo y ambos se abrazaron llorando. "Macho —le dijo Delon— admiro tu entereza y fortaleza", y procedió a entregarle una misiva presidencial que Menem encabezó con un "querido amigo y tocayo". Por la misma época el presidente declaraba que Monzón "es un triunfador, más allá del mal paso que dio".

De Michael Jackson a Oliver Stone

Buenos Aires fue una de las últimas ciudades en saludar acogedoramente al cantor-mutante Michael Jackson, antes de que éste tuviera que afrontar en su patria un juicio millonario acusado de abusar de un menor. El 7 de octubre de 1993, el presidente y su hija Zulemita recibían por poco rato a Michael Jackson en la Casa

Rosada. Más acostumbrado a las bienvenidas infantiles que a las oficiales, el cantante no dejó de tener un gesto simpático con el Primer Mandatario a quien le arregló afectuosamente el nudo de la corbata. Menem le obsequió un libro sobre la Argentina y recibió en cambio una edición troquelada de su último CD, *Dangerous*.

La que quedó en el tintero de los huéspedes oficiales fue Madonna, cuya visita encrespó a la Iglesia: "Creo que la llegada de esta mujer y su actuación será una ofensa para la mujer argentina (...) Es de esperar que esta señora, señorita, no sé lo que es, no golpee en las puertas de la Casa Rosada. Sería algo indecoroso para la investidura presidencial", anatemizó el atinado primado argentino, cardenal Antonio Quarracino, y el presidente supo comprender el mensaje. El público resultó menos obediente y las dos actuaciones de la exhibicionista rubia colmaron el estadio de River Plate y los bolsillos del empresario Daniel Grinbank, cuyos gastos de producción ascendieron a cinco millones, incluido el millón 500 mil dólares que se llevó la estrella en concepto de cachet.

Menem recibió encantado al director norteamericano Oliver Stone, llegado aquí para estudiar los escenarios de la película que pensaba filmar sobre la ópera rock *Evita*. En un almuerzo a base de pizza superpicante que obligó al norteamericano a pasarse el día tomando agua, el presidente le prometió todo su apoyo y le ofreció gratis hasta el último rincón de la Casa Rosada. Frente a esto, las otras dos comensales, Patricia Bullrich e Irma Roy, pusieron el grito en el cielo. Empecinadas en reclamarle objetividad histórica a una ópera rock, las representantes de la "rama" femenina hicieron saber su desacuerdo al presidente y de paso lo enteraron del contenido de la obra que, según ellas, muestra a la abanderada de los humildes como una persona "ambiciosa y prostituida".

Después de esas presiones y en uno de sus habituales giros de ciento ochenta grados, Menem, quien al parecer creyó que el norteamericano venía a filmar *La razón de mi vida,* le prohibió a Stone filmar *Evita* en la Argentina. "Esa ópera es una infamia total", se apresuró a declarar el jefe de Estado tras haber pasado un fin de semana escuchando —traductor mediante— un compact de la obra interpretada por Patti Lupone ya que sus enviados no lograron dar con la versión castellana de Paloma San Basilio. Entretanto Buenos Aires se inundaba de pegatinas callejeras con la consigna "Evita no se USA, señor Stone", firmadas por la agrupación Ramón J. Carrillo que lidera la ex titular del Pami, Matilde Menéndez.

En un reportaje en *Caras*, la actriz-diputada Irma Roy disculparía más tarde a su versátil jefe por el hecho de que no entiende una palabra de inglés y nunca se enteró realmente de lo que proyectaba Stone. Según la legisladora, Menem conocía nada más que la música de *Evita* pero no su contenido. "Lo único que le prometió (a Stone) fue ayuda para encontrar lugares típicos para rodar. No era para que se hiciera semejante alboroto con lo que había dicho el presidente que, ¡pobrecito!, era un inocente que —en su buena fe y predisposición de siempre— quería colaborar con alguien que había prometido gastar 58 millones de dólares."

15.
A todo trapo

Hemos ingresado en la neovulgaridad: una sociedad de derechas cuya primera prioridad es rebajar el nivel de comunicación.

Ugo Volli, semiólogo

Si alguna virtud tiene la moda es su capacidad para sintetizar el momento que se vive. La Argentina menemista, extrovertida y fiestera, se encuentra impúdicamente detenida en los ostentosos e individualistas ochenta. La tendencia mundial del "vístete como quieras", choca aquí con los restos del neo-vulgar que impuso la década pasada y su exaltación de las marcas como medida de lo que uno es.

Lustro signado por el boato de la perpetua fiesta del poder, las páginas de sociales de la prensa vernácula estan abarrotadas de señoras tapizadas de colorinches, enjoyadas y rehechas, y más preocupadas por parecerse a sus hijas que por ser elegantes. Todas ellas corriendo el riesgo de que el tan caro Primer Mundo las confunda con el perfecto colgajo para engalanar un árbol de navidad posmoderno.

Incapaces de distinguir entre la discoteca y la función pública, el Primer Mandatario y su círculo aúlico de parientes, amigos y funcionarios se visten como si fueran personajes de la farándula. El estridente modisto italiano Gianni Versace, para quien la vulgaridad es un valor, es la musa inspiradora de la nueva clase dirigente argentina.

El diseñador Gino Bogani, durante años indiscutido árbitro de elegancia y el preferido de la saga de los padres fundadores, ha visto declinar su estrella en pos de la más farandulera Elsa Serrano. Sólo su visceral odio por el radicalismo convenció a Zulema Yoma de elegirlo a él y no a Serrano para que la vistiera el día en que su desapegado marido asumió la Presidencia de la Nación. Cosas de la vida, la señora Yoma, que se opuso a que la ornamentara alguien que también había vestido a María Lorenza Barreneche de Alfonsín, terminó entregando su hija a doña Elsa, la más cotizada de las nuevas bordadoras del *fashion* de la escarapela nacional.

Entre los gustos varios que predominan en la moda europea, junto con el renacimiento de clásicos como Yves-Saint Laurent coexisten otras estrellas de la aguja —Versace incluido— que, convertidos en apóstoles de un feminismo sui generis, estimulan con sus diseños a las mujeres para que exhiban sus curvas y atributos. Quizás esté demás especificar el placer con que ha sido acogida esta vertiente entre las damas del espectáculo nativo.

Quirino Conti, estilista y "filósofo de la moda" florentino, identifica esta tendencia con el triunfo del mal gusto. Y recuerda la depresión que golpeó a Mona Bismarck —figura de leyenda de la elegancia femenina— cuando Balenciaga decidió retirarse del mundo de la alta costura en la década de los sesenta, horrorizado por su desarrollo vulgar. La señora Bismarck se encerró en su residencia de Capri durante semanas enteras para marcar el luto de la elegancia. "No se trataba de frivolidad —escribe Conti— sino del ocaso de un mundo de ideales en el que el vestido representaba una manera de comunicar, una imagen superficial que encarnaba un modo de vivir de manera inteligente y culta."

Uno de los representantes de esta nueva y ampulosa tendencia, el diseñador Loris Azzaro, pasó en noviembre de 1994 por Buenos Aires. Patrocinado por el director de Turismo de la Municipalidad porteña, sus creaciones desfilaron en el Golden Center de la Costanera, un "desprendimiento elegante del Parque Norte de Armando Cavalieri", según *Ambito Financiero*. Trescientos cincuenta VIPs se entusiasmaron con los agobiantes modelos del *couturier*, quien divisó negocio en puerta y anunció su próximo retorno.

Al sur de Miami

El escritor y autor teatral residente en París, Javier Arroyuelo, colaborador de *Vogue*, sostiene que a diferencia de quienes rigen los destinos de la Argentina, "los políticos de los países ricos, empeñados en salvaguardar un aspecto «serio y responsable» no pueden permitirse el menor desvío vestimentario. Con sus atuendos la clase dirigente debe transmitir un reaseguro. Adopta en consecuencia el consabido uniforme de manager moderno, respetuoso de las convenciones, dinámico, sólido y eficaz pero no pesado. Sujetas al mismo código, pero obligadas además a conservar las cualidades que se suponen inherentes a su sexo, las mujeres de la política quedan circunscritas a un número básico: el tailleur «para toda ocasión» práctico y sin chichís, suavizado por un mínimo de joyería. Sólo las galas oficiales, las visitas de Estado y otras conmemoraciones dan lugar a un cierto despliegue: las Primeras Damas recurren entonces a las casas de alta costura que les ceden modelos de «grande soirée», naturalmente nunca espectaculares: telas nobles, bordados sutiles, colores sin estridencias, el eterno «bon ton» de la más arraigada burguesía".

Preocupado por la "ostentación que hoy reina en el país", Arroyuelo compara los hábitos en el vestir con los de la clase política italiana, donde "la flamante Segunda República, culpable del peor populismo, se muestra en un vestuario decididamente tradicionalista. La señora de Silvio Berlusconi, que fue en una previa encarnación la actriz de reparto Verónica Lario, ostenta una rubiez discreta y se viste en Giorgio Armani, epítome del sosegado chic milanés". La pompa local "tal como lo refleja la prensa de entretenimiento, aparece patética y disparatada. Estéticamente es algo que sucede muy al sur de Miami", concluye el escritor.

¿Liberación o vulgaridad?

Si a Giorgio Armani, creador del corte de chaqueta masculino de los últimos veinte años, se lo considera el más sobrio y elegante de los diseñadores italianos, a Gianni Versace las microminis y maxiescotes lo han convertido en el rey del colorido y de la exageración. La prensa especializada, que no ha vacilado en avalar todos sus desatinos, define su estilo como "sexy sofisticado". Natalia Aspesi, crítica de moda del diario italiano *La Repubblica*, considera que su éxito es "diabólico" y que estriba en vestir cuerpos y casas con una idea decorativa "pompeyana-renacimental-manierista".

"Yo no creo en lo chic", se vanagloria el creador (y se le nota) que desprecia la sencillez de Armani por aburrida. "Hace ropa beige, su casa es beige, él mismo es beige". "Concebida como una respuesta «moderna» y «desprejuiciada» —bosqueja Arroyuelo— a las convenciones y a las reglas de elegancia de las *maisons* tradicionales, la marca Versace practica con éxito el antielitismo".

Nacido en Calabria —igual que Elsa Serrano—, Gianni no se despega de sus dos hermanos: Donnatella, su musa, y Santo, director financiero del emporio. En su "rebarroca" mansión del Lago de Como —"capolavoro" del creador— los dormitorios de los tres hermanos son exactamente iguales y sólo se diferencian por sus colores. El de Gianni está tapizado en azul, el de Donnatella en celeste y el de Santo en rojo.

Este último fue citado por el juez Antonio di Pietro —con fama de ser el hombre peor vestido de la península— que investiga la *tangente* italiana. Santo, al igual que Gian Franco Ferré y Giorgio Armani, reconoció haber pagado coimas a los agentes impositivos. Gianni, en cambio, tuvo un acceso de malhumor cuando se enteró de que en el film *SPQR* —una satira a la *tangente* ubicada en la época de los romanos y aun en rodaje—, se parodia a un modisto con el nombre de "Versacius". La película hace caso, tal vez, a los runrunes que apuntan a que la mafia calabresa no fue ajena al súbito éxito de su coterráneo.

Modisto predilecto del farandulomenemismo, las creaciones de Versace desembarcaron en agosto en Buenos Aires. Su desfile —organizado por Roxana, hija de Elsa Serrano— se basó fundamentalmente en su policrómica línea *Versus*, la preferida de Zulemita Menem y con cuyas tornasoladas camisas suelen ser fotografiados Guillermo Coppola, Ramón Hernández, Diego Maradona y hasta el mismo jefe de Estado. Uno de los pocos modelos de alta costura que el modisto envió al Cono Sur lo lució Liz Fassi Lavalle. De color verde loro y abuchonado, el vestido logró que la hermosa rubia, retratada en *Caras*, pareciera un almohadón forrado.

"La imagen básica de Versace", explica Arroyuelo, "es chillona y prepotente: traste y tetamen de heroína de historieta, grafismo crudo, impacto a todo trapo. Para decirlo en rioplatense, es una moda que rima con joda. En Italia gusta mucho a las señoras de provincia con veleidades transgresoras y reina en las discotecas y en las grandes aglomeraciones veraniegas". Descripción que le calza como un guante a la desenfadada Mariana Nannis, mujer del futbolista Claudio Caniggia.

Versión local de la malvada Cruella Devil, aquel personaje de *La noche de las narices frías* que quería matar a los perritos dálmatas para hacerse tapados con sus pieles (pero que se trasladaba en Rolls Royce y no en limusina), la señora de Caniggia es adicta al dinero tanto como al modisto calabrés. Suele elegir sus atuendos en los catálogos que la casa le envía con los adelantos de las colecciones. Minis superestrechas, pechos semidescubiertos y zapatos sin talón con tacos muy altos a los que agrega una pulserita en el tobillo, no la han convertido precisamente en una mujer elegante.

Vulgaridad mediante, Versace no debe haber imaginado jamás que su marca provocaría un tumulto familiar/geográfico en la lejanísima República Argentina. En una de sus últimas entrevistas en *Caras*, la desprejuiciada Nannis acusó a sus suegros de haberse alzado con su guardarropas. "No me dejaron ni la robe de seda color rosa de Versace (...) En Henderson, el pueblo de Santa Fé donde él (Claudio) nació, deben creer que Versace es el nombre de una comida italiana." El pueblo entero reaccionó airadamente y la acusó de "provocar debates de cabaret". "Nosotros no conoceremos a Versace, pero esta señora no conoce siquiera el mapa de su país", contraatacó un funcionario de la intendencia. Ocurre que Henderson no queda en Santa Fe sino en la provincia de Buenos Aires.

La tijera obsecuente

"Solamente el menemismo convierte a las costureras en estrellas", comentó en una oportunidad un allegado presidencial molesto por el crecimiento de Elsa Serrano dentro del círculo del poder. "Antes vestía a las famosas pero no era más que una buena modista. Entre Al Kassar, Amira y Chuchi la convirtieron en un personaje", sintetizó la misma fuente para explicar los motivos de su irresistible ascensión.

Miembro permanente de la comparsa oficial, ex íntima amiga de Amira Yoma y vestuarista permanente de Zulemita Menem, Elsa Serrano es además la principal cómplice de las correrías consumísticas de la estudiosa primera damita.

De origen humilde, Elsa nació en Calabria y en 1955 llegó a la Argentina junto a su numerosa familia. Excelente cortadora y mejor sastra además de trabajadora infatigable, su nombre comenzó a circular en 1976. A las damas radicales les debe el haber hecho sus primeros pininos con el poder. Las señoras de Alfonsín, Tróccoli, Borrás y la misma Margarita Ronco lucieron sus modelos en las más importantes galas, aunque nunca llegaron a invitarla a pasearse por el globo.

Hasta el advenimiento de Carlos Saúl Menem, la ex señora de Serrano se limitaba a desempeñar dignamente su oficio. La aparición de Amira Yoma en su vida fue el comienzo de una metamorfosis que la llevó de costurera a cortesana del califato. Poco exigente en materia de mundanidad, Amira encontró en Elsa la llave que le permitiría conocer en carne y hueso a los personajes que desde las revistas alimentaban sus fantasías. A través de la Serrano la desconocida muchacha de Nonogasta iba a poder convertir en realidad sus deseos de acceder al jet set porteño, amén de cumplir su máximo sueño: dirigirle la palabra a Teté Coustarot.

Para la diminuta modista, en cambio, la relación con la cuñada presidencial representaba nuevamente el contacto con el poder y de una manera más familiar. Elsa tenía muy presente el desaire de Zulema el 9 de julio de 1989. Tampoco ignoraba que quien endomingó en aquella ocasión a la efímera ex primera dama, el diseñador Gino Bogani, gozó como nunca de los privilegios del poder. El día de la asunción del mando Bogani ocupó una platea en la primera fila del Colón, mientras Antonio Cafiero era relegado a una de las últimas. "Si Cafiero supiera coser sería otra cosa", fueron las proféticas palabras de un abogado presente esa noche.

Generosa, Elsa supo ganarse los favores de Amira, quien además de vaciarle los estantes de su *Maison*, la convirtió en su compañera de excursiones. La visita al palacio de Al Kassar en Marbella que tanta alegría le deparó, casi la lleva a la cárcel. Cuando se vio involucrada en el escándalo del *Narcogate* , la modista salió a defenderse y dio detalles de su servicial relación con la cuñada presidencial. "Ella me decía: «Ay, tengo una comida esta noche y necesito una pollera larga». Y había que hacérsela en tres horas. Yo me he quedado muchos sábados a la tarde cosiéndole a Amira Yoma", confió a *Gente* en los momentos más apasionantes del *Yomagate*. "Ella me tocaba el timbre y me preguntaba: «¿Estás sola? ¿Querés que te haga compañía?» Se quedaba un rato y se probaba todo. Le encanta probarse ropa. Si a mí me preguntaran cómo la definiría a Amira, diría: una nena caprichosa. Para mí, una persona que viene a tu casa durante dos años es una amiga", se explayó en la misma entrevista.

Un mes más tarde, en julio de 1992 —de nuevo en *Gente*—, renegaba abiertamente de la remodelada hermana de Zulema Yoma. "Desde que estalló todo esto (el escándalo del viaje) no la volví a ver nunca más. Ella vino un día, pero yo no la atendí. Se llevó un traje amarillo que me gustaba mucho a mí. Cuando mi hermana me dijo «se lo llevó Amira», yo pensé: Ay, ¿me lo devolverá?». Nunca más me lo devolvió. Nunca más la vi". En mayo de 1993 la pedigüeña cuñada reaparecía en su desfile en el salón María Antonieta del Alvear.

Conmovedoras por su ignorancia resultaron también sus impresiones sobre el anfitrión sirio:

—¿Se le ocurrió preguntar de qué trabajaba ese señor que tenía semejante palacio?

—Sí, sí. Me dijeron: "Es un jeque árabe. Tiene petróleo". Hay mucha gente en el mundo con mucha plata. Y como hablaban en árabe todo el tiempo…

Superadas sus tribulaciones mil y una nochescas, *Caras* la fotografió a comienzos de 1994 al borde del Lago de Como, dispuesta a fumar la pipa de la paz.

—¿Fue el peor momento de su vida?

—Sí, he llorado mucho. He llorado por impotencia, por tener que esperar. Fue un momento difícil, pero nunca dejé de apreciar a Amira y de decir que conmigo ella llevaba una bolsa y una valija chiquita.

—Su viaje a Roma, con Menem ¿fue un reconocimiento a esa fidelidad?

—¡Qué conjeturas! Me invitó Zulemita. (…) No todos los días tenés la oportunidad de saludar al Papa. El otro día alguien le dijo a mi hermana que yo no había escarmentado, que volvía a viajar, y la verdad es que me dolió mucho.

Dos años separan a ambos reportajes; en el medio se separó de su marido y su empresa comenzó a hacer agua. Se habló de que su ex esposo se habría quedado con una buena parte del negocio y hasta se dijo que ella habría recibido ayuda desde las altas esferas. En esos días contrató a un joven asesor financiero que de paso la sacaba a pasear y mientras él admitía a regañadientes que "la empresa tiene algunos problemas, pero son coyunturales", ella declaraba que creía "en la amistad entre el hombre y la mujer".

Sus creaciones

Con Gino Bogani la une una pasión similar a la que sienten María Julia por Adelina y viceversa. Según Dromio —tal el apellido de soltera de Serrano—, lo del más célebre de los tradicionales diseñadores argentinos "es sólo una pequeña boutique y lo mío es una empresa en serio. Además como yo no hay otra". Bogani simplemente prefiere distinguirse de ella. En un reportaje en *Gente* menciona a los que "vienen al Sentier de París (por el barrio de la ropa barata), compran el modelo, lo llevan a Buenos Aires, lo descosen y lo copian. Esa gente es costurera, yo creo moda".

La especialidad de la modista son los trajes tipo sastre, pero el drama empieza cuando deja "volar su fantasía" —según ha declarado—. En 1993, el famoso "Il Ballo", la fiesta de caridad que Franco Macri organiza todos los años, la encontró luciendo un modelo que *Gente* describió como "un diseño florentino en brocato, con una pollera con doble tela que remata con un corsage en chiffon negro italiano con escote en corazón".

La presentación de su colección en mayo de 1994 deslumbró a la misma Elsa, quien afirmó en *Caras* que "por primera vez dejé volar mi creatividad y mis ideas... no me importó el costo de los materiales". Desde *La Nación* la crítica del desfile firmada por Carmen Acevedo Díaz suministraba los elementos para entender su éxito dentro de la familia en el poder. Aunque reconociendo "los esfuerzos de taller", la cronista le señaló "la elección de algunos materiales —no ya por su calidad sino por su gusto— y ciertos diseños que irremediablemente pecan de imponibles. ¿Qué mujer auténticamente elegante se animaría a vestirse con un *strapless* en género tornasolado entre rosado y celeste capaz de encandilar. (...) Este afán desmedido por el lujo es el que atenta contra el conjunto de la colección". Según la periodista los únicos aciertos los había logrado "a partir de «lapsus» de sobriedad y despojamiento", y agregaba que solamente unos "vestidos de seda moteada" permitieron "descansar la vista".

Al contrario de la venezolana Carolina Herrera quien se niega a dar el nombre de sus clientas, la dicharachera señora Serrano no tiene inconveniente en identificar a las suyas. En 1992 habían pasado por su probador además de Zulema Yoma, la ex diputada Olga Riutort, señora del dirigente justicialista cordobés José Manuel de la Sota; María Julia Alsogaray, Cristina Grosso "que es simpatiquísima" y Adelina Dalesio de Viola, inclinada en general por los trajes largos.

A *Teleclic* le detalló la lista de mujeres que nunca vestiría. Entre ellas Xuxa, "que vino a verme pero no es mi look, es demasiado juvenil"; Adriana Salgueiro, con quien siente que no tiene "nada en común"; Cris Morena, de quien no cree que se adaptara a su estilo; la presentadora Marcela Berbari y la periodista Gloria López Lecube, a quienes rechazó "por falta de tiempo".

Consagrada como la gran tijera nacional, Elsa asegura que no hay personaje internacional "que no haya pasado por acá: Mónica Seles, Sara Kay, Gina Lollobrigida, Diana de Orléans...". Cuando Joan Collins participó en *Hola Susana* se enamoró del atuendo de la conductora y partió rauda hacia la *Maison*. "Se compró un clásico palazzo de seda natural, imprimé leopardo con manchas y caras".

El poder

Devenida la vestuarista de la primera dama *muletto*, Elsa Dromio no para de recorrer el globo y de codearse con las celebridades. Instalada en un lugar para el que no estaba preparada, la modista ha demostrado con creces su falta de ubicación. Naturalmente extrovertida y dicharachera, no guarda nada para sí de todo lo que sabe. Primera en las fotos antes que las señoras de los ministros, es conocida su escapada a la biblioteca particular del Papa, audiencia de la que quedó fuera hasta Hugo Anzorreguy para que ella y el peluquero Romano pudieran asistir. Asímismo en Harvard ocupó impunemente la primera fila de asientos en detrimento de otros integrantes de la comitiva, relativamente más alfabetizados.

Ascendida socialmente por obra y gracia del menemismo, Serrano asegura que no le molesta que la llamen "la modista del poder" y aclara que ella no queda "mal con nadie. Y eso es así porque no me meto en política y tampoco me interesa. Por ejemplo, cada vez que viajo en el avión presidencial, salvo Zulemita y el presidente, no sé quiénes son los señores que viajan... ", afirmó ante Olga Wornat. "Los señores que viajan" en cambio, saben muy bien quién es ella puesto que acostumbra a circular por el *Tango 01* en calzas y viso.

Reporteada en *Clarín* a comienzos de 1994, la costurera no escatimó elogios para con la gente del poder y los describió como si formaran parte de su familia. "Son maravillosos. Gente común. María Lorenza Barreneche es una santa. Alfonsín, divino. Margarita Ronco sigue siendo mi amiga. Zulemita Menem es como si fuera mi hija, porque la quiero muchísimo. Y Zulema Yoma es un encanto. El doctor Menem, para mí es un sabio. Todos ellos me han tratado de igual a igual, porque soy una mujer auténtica: lo que siento lo digo ante quien sea".

Plenamente realizada, a la diseñadora top del farandulomenemismo le quedan aún algunos sueños por cumplir: "Vestir a Catherine Deneuve, poner un restaurante y pulirme un poco más". Algo que seguramente no le vendría mal.

Las modelos

"Son decorativas, hablan poco y quien tiene una al lado la luce como una joya vistosa", explican en los Estados Unidos el auge de las modelos y las megamodelos venidas a llenar el hueco que antes ocupaban las estrellas de cine y que quedara desierto cuando estas abandonaron el "glamour" y se esforzaron en parecer serias. Los argentinos, que viven de la copia, no se iban a quedar afuera. En 1991 el gobierno de Menem designó como consejera de prensa en la embajada en París a la legendaria modelo Kouka, mito de la pasarela de los sesenta. "Koukita es un mito en París, yo les pertenezco, Koukita es de ellos", declaró la agraciada a *Noticias*.

La megamodelo australiana Elle Mc Pherson admitió en una entrevista para la Televisión Española que para triunfar en su país hubo de acreditar antes que había terminado sus estudios. Reporteada por *Elle*, Christy Turlington afirmó ser demócrata y seguidora de Bill Clinton y explicó el porqué de su poca simpatía por los republicanos.

Entronizadas en el olimpo de cartón, las beldades locales de la moda ocupan un lugar desmesurado dentro de una sociedad que las mima y nada les exige. En las antípodas de sus colegas del primer mundo, sus bovaristas aspiraciones tienen siempre un mismo destinatario: el amor y el príncipe azul.

"Lo nuestro será para toda la vida", afirmaba Mariana García Navarro al anunciar en febrero de 1993 su casamiento antes de fin de año con el conductor de *3.60,* Juan Segundo Stegmann. Sólo que quien se casó a fin de año fue él y con otra, la presentadora María Belén Aramburu.

Marina Vollmann, la ex acosadora de *Video Match,* cree en el amor y no pierde la esperanza de que aparezca ese "príncipe azul del que me voy a enamorar eternamente, con el que vamos a vivir juntos para siempre". Orgullosa de su rol en el programa de Tinelli, Vollman llegó a declarar que a causa de esto "todas las mujeres la envidiaban".

En pareja con Alan Faena, propietario de *Via Vai*, Natalia Lobo aconseja que para "conquistar" hay que utilizar el "corazón". Y aclara que carece de tácticas especiales. "Improviso. Soy la reina de la improvisación."

—¿En qué creés? —le preguntó *Gente*

—En el amor, en una fuerza superior que no vemos...Uno podría ver otra dimensión de las cosas. La vida no sólo es levantarse a las 9 de la mañana, ir a trabajar y ver a tus amigos. Hay otro plano que uno no puede ver, donde se manejan las cosas auténticas...

Daniela Urzi tenía 17 años cuando se puso de novia con su manager Pancho Dotto. En el verano de 1993, los padres de Urzi se presentaron de improviso en Punta del Este para rescatar a la niña de las garras de su Don Juan promotor, pero seducidos por el irresistible Dotto terminaron conviviendo todos juntos. Un año más tarde su descubridor canjearía a Daniela por la también adolescente Dolores Barreiro con quien piensa contraer enlace. La abandonada se consoló con otro play boy, Manuel Antelo, un cuarentón directivo de la Renault quien acabó permutándola por su colega Vicky Fariña. El último quitapesares de la modelo es el cantante Patricio Giménez, hermano de Susana y más acorde con su edad.

Expresión de una sociedad superficial e ignorante, Urzi se ufanaba de haber hecho un culto de la oración. "No sólo rezo en la iglesia. Todas las noches antes de irme a dormir le pido a Dios que cuide a mis padres y a Pancho", proclamaba en épocas de Dotto. En su curioso mundo conviven el odio por la lectura y la locura por las películas de amor. No admira a "nadie" con excepción de Alberto Olmedo a quien le hubiera gustado conocer, e "impondría la pena de muerte a los asesinos". Asegura en cambio ser "demasiado" cariñosa. "Compará, si soy tan cariñosa con el auto, que no tiene sentimientos, imaginate con un hombre".

A diferencia de los Estados Unidos donde para conducir un programa la mayoría de los canales exige un doctorado en periodismo o una licenciatura en televisión, en la Argentina el oficio de modelo es un diploma que habilita para ejercer como periodista.

Consciente de sus limitaciones, desde que la bella Elizabeth Márquez aparece en pantalla consulta un "libro de sinónimos, parónimos y antónimos: si no, no salís nunca del acá, acá, acá". Otra costumbre que incorporó es la de leer el diario todos los días, aunque se empeña en dejar sentado que sus "inquietudes intelectuales son las mismas de antes".

16.
Los ranchos del poder

Convencidos de que entre Donald Trump y ellos no hay ninguna diferencia, los impúdicos funcionarios, gobernadores, ministros y demás yerbas del género, es decir los VIPs de la época actual, no dudan en exhibir en las revistas las rumbosas moradas que han sabido conseguir y que rara vez tienen que ver con los orígenes de quienes las habitan.

Su profesión es la política, pero la avidez por el show y el boato los emparenta más con aquel *Hollywood Babilonia* de Kenneth Anger que con un país que padece un impiadoso y desigual ajuste. Convencidos de que entre Donald Trump y ellos no hay ninguna diferencia, los impúdicos funcionarios, gobernadores, ministros y demás yerbas del género, es decir los VIPs de la época actual, no dudan en exhibir en las revistas las rumbosas moradas que han sabido conseguir y que rara vez tienen que ver con los verdaderos orígenes de quienes las habitan. Como si el solo hecho de mostrar el hábitat que los rodea les otorgara una personalidad de la que carecen.

Espejos de una burguesía sin alma, sus casas han sido ambientadas para mostrarlas y mostrarse, lo que explica sus incómodas posturas ocultando la barriga y el hecho de que en ellas todos parezcan estar de visita. Decorados con carísimos entelados y baratijas de alto precio, en los habitáculos del poder abundan las maderas con dorados y los cristales. Sin embargo, nada de lo exhibido se relaciona con la cultura. Ausentes las obras de arte —tan comunes en la cuestionada dirigencia mexicana, por ejemplo—todo parece "como" de rico pero nada tiene verdadero valor.

Recargadas de cortinados, arañas, mesitas vestidas con géneros "composés" llenas de objetitos, retratitos y cajitas de plata también "conjuntadas" que poco tienen que ver con el entorno arquitectóni-

co, este ostentoso y cocolichero show que mezcla lo más aparatoso de un falso Miami con una penosa imitación del barroco europeo, da como resultado casas estereotipadas, cuyos costos permitirían mejorar la calidad de la educación nacional.

Dos "must" de la época nunca faltan en sus vidrieras: el "chaise longue", un sofá largo que les permite posar más relajados y que las damas de antaño utilizaban para recostarse cuando no se sentían bien o venía el peluquero a cambiarles la peluca, y el emblema del fin del milenio, el "jacuzzi", la bañera con chorros que masajean, cosa de que sus votantes se enteren de que limpiarse también puede ser un placer. Quizás el más original sea el hidromasaje presidencial donde Carlos Menem juega con un cocodrilo inflable que no sólo nada, sino que en su lomo lleva un hueco térmico que permite tener el vaso siempre fresco.

Las decoradoras más lúcidas sostienen que el estilo de estas casas debe provenir de otra reencarnación porque no tiene que ver con los griegos ni con los romanos. Aunque no pierden la esperanza de que la incógnita se devele cuando en "alguna excavación arqueológica se descubra un «chaise longue» enterrado y sus usuarios puedan reconocerse en él".

Fotografiada en los salones de su *Villa Diana* en Wattens, Alpes austríacos, a Maia Swaroski —reconvertida en una mezcla de Alexis con Kristel Carrington— la rodean quince livings, animales embalsamados e infinidad de portarretratos entre los que no falta uno consagrado a Carlos Saúl Menem. Es difícil resistir la tentación de imaginar que eliminando su imagen y poniendo en cambio la de la mujer de cualquier empresario conocido —de "Los dueños de la Argentina" o de "Los ladrones de la Argentina"— todo quedaría igual, puesto que no hay nada que permita identificarla más allá de la foto.

La chimenea, las cortinas y el juego de té del salón donde Elsa Serrano posa muy rubia con un elegante vestido que hace juego con el sofá que la contiene, remiten a alguna británica ascendencia de la diseñadora quien, como es de público conocimiento, nació en Calabria.

La fachada francesa de la casa que posee el matrimonio Parisier en la calle Ocampo en Palermo Chico —que supo pertenecer a la familia Acevedo— los convierte de inmediato en descendientes de la realeza gala. En el interior decorado por la señora de Parisier, la arquitecta Mónica Caffarelli, asoma una biblioteca rebosante de libros cuyos carísimos lomos hacen sospechar que por dentro son huecos.

El príncipe Rodrigo D'Ahremberg exhibe orgulloso los 650 metros cuadrados de su magnífico piso. Convertido en un safari inmóvil, el salón está repleto de animales salvajes embalsamados en tamaño natural. En la biblioteca, en lugar de libros los estantes contienen distintas especies del reino zoológico .

El exacerbado estilo de la reciclada residencia presidencial de Olivos puede calificarse de mil y una noches en versión riojana. Colorido como un Versace de tonos más oscuros, el clima del hogar presidencial no puede ser más asfixiante. Abundan las columnas brillantes que despegan del suelo como un canto a la victoria y las alfombras persas. Las cortinas venecianas recargadas por metros de rasos, sedas y terciopelos, opacan los buenos cuadros sofocados ante tamaño despliegue.

En 1992 el empresario Carlos Spadone estrenó su mansión sobre la playa de Solanas en Punta del Este. De acuerdo con sus propios dichos, la "villa" de mil metros cubiertos, once mil metros de jardín miamero —palmeras incluidas—, piscina, sauna y gimnasio, le costó 500 mil dólares. El ex procesado posa en su moderno dormitorio enfundado en una bata con rayas cebra. Lo acompañan una cama con un mini dosel en rojo y negro, acolchado de fondo blanco y flores gigantes que hacen juego con el respaldo, las cortinas haciendo "bandeaux" —en composé con el mini dosel— de un género de *Beaux Arts* importado de 170 dólares el metro, y sobre la escalera se puede ver un poster de un inca con una falsa Osler (raza de lámparas) sobre la cabeza. Una foto de Spadone afeitándose en el baño reasegura en cuanto a su higiene pero no más.

Paradigma del exhibicionismo que recorre impunemente a la actual clase dirigente, el matrimonio Fassi Lavalle, Omar y la Barbie Liz, no cesa de retratarse con sus recién habidos y lujosos bienes. Después de "sacrificar" su casa del centro y convertir la del *Boating Club* de San Isidro en su residencia habitual, han terminado por instalarse en la localidad de Victoria, en un señorial anexo del palacio *Sans Souci* que antiguamente perteneciera a los Alvear.

Los Fassi habían logrado transformar la morada del *Boating,* un lugar de fin semana, en una recargada mansión francesa del siglo XVIII —por darle algún nombre— estilo Luis XV. Tal vez un *design* poco apropiado para una casa que nomás trasponer la puerta del jardín evocaba algún paraje de la Grecia mediterránea.

Proclives a lo francés, la residencia actual del matrimonio tiene un bellísimo exterior que se contrapone al hollywoodense decorado interior en el que abundan las reminiscencias galas. Reciclada en la legendaria vizcondesa Jacqueline de Ribes, la señora de Fassi Lavalle posa en el medio de su ornamentado salón con un vestido blanco de Versace y peinada a lo Ivanna Trump.

El Polideportivo

Veintidós presidentes argentinos habitaron la residencia de Olivos desde que la familia Villate Olaguer la donó al gobierno nacional hace setenta años, para lugar de descanso de los jefes de Estado. La llegada de Carlos Saúl Menem trastocó completamente el sencillo hábitat de la quinta. Apesadumbrado por el comentario de Julio Iglesias quien quedó sorprendido por el mal estado del lugar —"Carlitos, mi mucama vive mejor que vos"—, el Primer Mandatario resolvió transformarla —empresa que parece no tener fin— hasta convertirla en lo que Verbitsky bautizó como "el polideportivo de Olivos".

Las obras realizadas durante estos casi cinco años comprenden, entre otras, la refacción de la casa de huéspedes donde los famosos que allí se alojen podrán descansar la vista en un Soldi auténtico, regodearse con la imagen presidencial pintada por Juan Lascano y con una colección de mates obsequio de Pelé al jefe de Estado.

Menem además hizo construir un anfiteatro y tres salas más: una para periodistas, otra de conferencias y otra para las reuniones de gabinete. Quienes conocen las costumbres presidenciales aseguran que es muy poco lo que se utilizan puesto que en "Olivos no se habla de política" sino de temas más lights como mujeres o deportes.

Remodeló también la cancha de fútbol e instaló un pequeño ring side y un polígono de tiro previsto para que se entretuvieran Alberto

Kohan y Abel Chajchir, el médico de la avispa, ubicado justo debajo de la cripta que contenía los restos de Perón y Evita. Construyó canchas de tenis, de paddle, links para jugar golf de un hoyo detrás del chalet presidencial y un gimnasio con complementos de pesas y aparatos.

En 1990 los responsables de la Casa Militar idearon un plan de emergencia para evacuar al señor presidente en caso de apuro, por lo que construyeron un tunel que arranca de la parte posterior de la casa principal y sale a Libertador. Para llevarlo a cabo revocaron el permiso de uso de la fraccción de 10 mil metros cuadrados del balneario "Las escaleritas" (ex-El Ancla).

También fue remodelado el puesto de guardia de uno de los accesos de la quinta y se instaló una enorme pajarera de 250 metros cuadrados. En la residencia se construyeron: un quincho, un nuevo helipuerto y una caballeriza con ponies que cría el mismo Menem para regalar a sus amigos.

En el zoo particular hasta 1993 revistaban dos papagayos, una docena de canarios y once perros, entre ellos "Magú", la perrita pekinesa que le regaló Xuxa. En tránsito hacia Anillaco actualmente hay dos alpacas, regalo de Fujimori, y una pareja de cabras asturianas, graciosa dádiva del rey de España. A esto hay que agregar las llamas que oficican de caddies y se espera, aunque no pertenezcan al reino animal, la llegada de bulbos especiales de tulipanes y otras flores donadas por su majestad la reina Beatriz de Holanda. "El Negro", el malhablado mirlo de la India —censurado durante la visita del principe Andrés— vive en cambio en la casa presidencial.

El presidente aseguró que la mayoría de los arreglos se hizo con donaciones privadas. A fines de 1993 *La Nación* anunciaba que con aportes del Tesoro, el Gobierno encararía obras en la residencia presidencial por valor de tres millones de pesos. Menem se enojó con el periodista que lo publicó, aunque reconoció la existencia de la abultada partida: "Eso no significa que se vaya a gastar todo", aclaró.

"El presupuesto de 1995 asigna tres millones de dólares a la remodelación de la casa de gobierno, un millón y medio a Olivos y seis millones y medio a la construcción de instalaciones deportivas de la denominada unidad presidencial", escribió Horacio Verbitsky.

17.
Las mil y una noches

> "Una parte (ínfima) de la Argentina vive_de fiesta. La fiesta es el rito central del Poder".
>
> TOMAS ELOY MARTINEZ

Persuadido de sus joviales dotes, Carlos Menem se ufanó alguna vez de que sino salía su reelección "con ningún otro presidente se van a poder divertir tanto como conmigo". Aserto a medias verdadero puesto que quienes realmente han retozado en estos años, además del propio presidente, es el hato de leales jaraneros que suele acompañarlo mientras el resto de sus conciudadanos se ha limitado a observar azorado los chispazos de la gran parranda nacional.

Inclinado a la farra como pocos jefes de Estado lo han sido a lo largo de la historia, si algo ha signado su mandato es la perpetua fiesta en que vive la mayoría de los dirigentes y sus amigos y entenados. Perdido el miedo al rídiculo y lanzados a una exhibicionista orgía, han generado un mundo de "famosos" de tan singulares méritos que inspiró a la escritora Beatriz Sarlo a definirlos —en una columna de *Noticias*— como los personajes de una "revolución moral protagonizada por grandes lúmpenes a quienes se llama transgresores".

La sola enumeración de estos alegres eventos que conjugan el brillo y el lucimiento junto con el derroche, reemplaza a una "teoría de la fiesta" de la que seguramente sabrán dar buena cuenta los pensadores locales que aún no hayan sido contaminados.

De fiesta en fiesta

Mil personas invadieron en 1990 el Roof Garden del Alvear para festejar el casamiento de la única hija mujer del jefe de la Side, Hugo Anzorreguy. Margarita, alias "Petu", se casó con Alejandro "Peto" Macfarlan, actual segundo de su suegro en materia de espionaje. En el evento pudieron verse "vestidos carísimos pero caches", según resumió una antigua compañera de colegio de la novia.

El 19 de diciembre de 1991 Armando Gostanian no se anduvo con chiquitas para festejar el casamiento de su hija con otro miembro de la colectividad armenia. Alquiló los salones del Alvear, invitó a 600 personas y desembolsó 160 mil pesos. Carlos Menem, María Julia, Erman González, Gerardo Sofovich y José Luis Manzano fueron algunos de los que saludaron a la contrayente.

Ese mismo año legalizaron su concubinato una de las parejas más fotografiadas del lustro menemista: Daniel Scioli y Karina Rabollini. Festejaron en New York City con pizza, tartas y postres, regados por 500 botellas de champagne. El presidente, que se encontraba en uno de sus tantos periplos planetarios, se hizo presente a trayés de un juego de té de plata que llevaba las iniciales de los enamorados. Los regalos no escasearon y el flamante matrimonio recibió desde un perro hasta un pasaje ida y vuelta a Cancún, vía Aerolíneas Argentinas.

El casamiento de su hija Sandra con el florista Hugo Valladares ocurrido a comienzos de 1992, motivó a Franco Macri a oblar 500 mil dólares para agasajar a más de 500 comensales en su quinta "Los Abrojos", en Polvorines. Resguardados bajo una enorme y enmoquetada carpa blanca, los invitados se deleitaron con las canciones del "Puma" Rodríguez quien, por tan solo una hora de actuación, cobró sesenta mil verdes. La desposada, un tanto pechugona por un abultado embarazo de siete meses, llevó un modelo de Bogani.

El presidente llegó acompañado por Maia Swaroski, por entonces no tan popular como ahora, y despertó todo tipo de suspicaces comentarios. Las mujeres lo ovacionaron casi tanto como al "Puma" y se disputaron los favores del riojano. Galante, Menem evitó los entredichos y bailó con todas aquellas que lo requerían. Inauguró la pista con Graciela Borges, siguió con la jovencísima Evangelina Bomparola, novia del millonario italiano, luego invitó a Mónica Parisier y meneó a Marina Vollmann, a Miranda Macri y a María Julia Alsogaray.

La única protesta provino del cardenal de los católicos, Antonio Quarracino, a quien molestó no tanto el desembolso sino la ostentación. Carlos Menem se apresuró a tranquilizarlo y justificó la largueza del anfitrión.

El más afamado de los cumpleaños de Maia Swaroski fue el de marzo de 1993 celebrado en "Las Mil Rosas", su estancia de San Martín de los Andes. En el gigantesco asado se destacó la presencia del jefe de Estado y la del ex embajador de Italia, el procesado Claudio Moreno y su mujer Ana. Mezcla de paquetería con farandulomenemismo, allí también estuvieron Mario Falak, Carlos Bulgheroni y su señora, Daisy Krieger Vasena de Chopitea, Juan Jose Güiraldes y señora, y Gino Bogani con un sombrero tirolés.

Exégesis de todo tipo despertó el deslumbrante solitario que adornaba el anular de la cuñada de la dueña de casa. Visto que la familia fabrica joyas falsas, se desparramó la inquietante duda acerca de la autenticidad o no de la piedra.

La animación corrió por cuenta del conjunto mendocino "Los Posobón" y del siempre solicitado Primer Mandatario, quien se quitó la campera de cuero y la emprendió con la más variada gama del folclore nacional sobre la tierra y las hojas secas. Entre las agraciadas que lo acompañaron en sus nativos contoneos figuraron Tachi Güiraldes, Mercedes Villegas de Larriviere y María Martha Rivero Haedo de Pacheco.

Obsequios no faltaron. Menem entregó a Maia un ramo de rosas rojas y una caja de bombones, y a su vez la educada anfitriona regaló a todos llaveros con una bola de cristal tallado con la bandera argentina adentro.

A fines de año el "tout" Buenos Aires festejó junto a las editoriales *Perfil* de Argentina y *Abril* de Brasil, el lanzamiento de la revista *Caras* en el país de la batucada. La velada transcurrió en el Colón y la animaron Maximiliano Guerra y Silvia Bazilis. El mo-

mento culminante fue cuando Menem junto a Teté Coustarot, Elsa
Serrano, Katja Alemann, Graciela Alfano, Rodolfo Terragno, Martín Redrado y muchas de las caras que ocupan las vidrieras de los
medios, se reunieron en el salón Dorado del primer coliseo para
ilustrar la tapa del número siguiente de la revista.

Por la misma época y después de cinco años de convivencia se
casaron la modelo Daniela Cardone y el doctor Rolando Pisanú. El
ágape transcurrió en la discoteca El Cielo y no faltó nadie. Elsa
Serrano y Zulemita compartieron una mesa y entre los concurrentes pudo divisarse la gentil sonrisa del candidato radical, Horacio
Massaccesi, impulsor de la variante política conocida como
radimenemismo.

Los fines de año suelen ser propicios para contraer enlace.
Eduardo Varela Cid, quien unos meses antes había declarado que
no podía casarse por falta de medios, logró hacerse de ellos y festejó en el Patio Bullrich ante 250 invitados. Además de Sofovich y
señora, la prensa registró la presencia del ex colaborador de la
DEA, Carlos Sauvignon Belgrano, acompañado por su novia Mónica Antonini. La parranda concluyó a las seis de la mañana y los
novios cruzaron al hotel Caesar Park donde se alojaron en su "suite nupcial".

Happy Birthday Anillaco

Nacido un primero de julio, el presidente, cuyos años marchan
acordes al siglo, no ha dejado nunca de festejar su cumpleaños en
su pueblo natal, Anillaco. Sin techo propio puesto que la casa que
está construyendo adolece del síndrome Pénelope y cada vez que
se levantan las paredes su propietario ordena que las vuelvan a tirar, los natalicios presidenciales se celebran en la Hostería de Anillaco, propiedad del dirigente del vidrio, Alfonso Millán.

Los asados suelen ser generosos y abundan los pollos y chivitos. Los bombos de Tula le otorgan la marcialidad indispensable y
las conjuntos de chayas riojanas invitan a mover los pies. Fue allí

donde el presidente festejó sus 59 años en 1989, cuando le faltaba practicamente una semana para asumir el poder. Sin embargo, la fiesta no fue completa. Zulema, empeñada en que ordenara que la dejaran ocupar el palco de honor el día de la trasmisión del mando, echó mano de uno de sus habituales recursos y retuvo en Buenos Aires a los hijos presidenciales.

Los sesenta lo sorprendieron en el pico de su popularidad y el festejo resultó inolvidable, con mariachis y odaliscas incluidos. La fiesta comenzó el 30 de junio y entre cenas, almuerzos y homenajes duró hasta el 2 de julio. En este sarao se produjo el inolvidable baile de Duhalde con una damajuana en la cabeza y de Gostanian con una botella. Doscientos invitados y mil regalos alegraron el natalicio del jefe de Estado. María Julia le obsequió gemelos de oro con la fecha de la privatización de ENTel y Vicco una bañadera para hidromasajes.

El cumpleaños menos aparatoso fue el de 1991. El presidente festejó por anticipado en Anillaco junto a El Soldado Chamamé y luego, acompañado por Vicco y Hernández, voló al Delta para embarcarse en el *Concorde* de Mario Falak. De su cumpleaños número 62 la memoria periodística registra la imaginación de María Julia, quien desembarcó con las obras completas de Sarmiento (54 tomos). Los hijos de la privatizadora le obsequiaron a su vez un cinturón de cocodrilo que, aclararon, había terminado sus días en un criadero y no a causa de la caza furtiva.

Enrique Pescarmona lo homenajeó con un retrato de Facundo Quiroga, "El Tigre de los Llanos", retrato realizado en 1830 por el italiano Jacobo Fiorino. El empresario explicó a *Noticias* que lo hizo "primero porque lo admiro y después porque él siempre se portó bien conmigo. Por ejemplo me solucionó dos negocios que yo tenía paralizados en el exterior (…) Yo no pretendo nada de él. El cuadro no tiene ningún valor económico sino que es un regalo pensado para él". Pescarmona abonó por el mismo 33 mil dólares en la casa de remates Posadas.

En 1993 la celebración volvió a resultar movida. Menem llegó piloteando una avioneta desde Asunción, donde lo había depositado el Tango que lo traía de Washington. La recepción fue para 300 personas que consumieron tres vaquillonas y un sinfín de chivitos.

La torta realizada entre veintidós pasteleros pesaba 250 kilos, formaba un mapa de La Rioja y costó 1.500 dólares.

Sofovich, Gostanian, el embajador de Israel, Itzhak Aviran y María Julia fueron algunos de los invitados. Los regalos fueron abundantes y de precio: Paco Mayorga lo contentó con una bicicleta aerodinámica francesa marca Vitus que despertó el rinconcito Don Fulgencio del Primer Mandatario. María Julia le regaló un perfume Zanotti, su aroma preferido. Carlos Reutemann un mate de plata; Enrique Cappozzolo un reloj Porche. El detalle lo puso Raúl Granillo Ocampo, quien le ofrendó una lapicera Mont Blanc para que le firmara el nombramiento como embajador en los Estados Unidos.

El folclórico presidente no se privó de sus zambas y chayas pero también jugó al tenis, al basquet y ofició de padrino del hijo de unos amigos. El Tula marcó el paso con sus bombos y María Julia tarareó y bailó al compás de la inevitable marcha peronista. Por último, los jugadores de Boca Juniors protagonizaron un partido contra el equipo de La Rioja, cosa de entretener al señor presidente.

Quizás por ser el menos ostentoso de todos, su último aniversario fue calificado "en declive" dada las notorias ausencias de los gobernadores amigos. Ofendido porque Menem no apoyó que en la nueva constitución se considerara su reelección automática, Duhalde prefirió quedarse jugando al fútbol en su quinta de San Vicente y los que asistieron pagaron 500 pesos por cabeza para entrar en un vuelo charter.

Navidades

El nacimiento de Jesús así como los fines de año son otra de las tantas ocasiones que aprovecha el Primer Mandatario para dar rienda suelta a su alegría de vivir. El festejo de 1990 no fue precisamente alegre; se le escapaba la inflación por lo que se recluyó en la Antártida en compañía de dos de sus buenos amigos: Juan José Basualdo y el empresario italiano Massimo del Lago, ambos involucrados en el affaire de la Ferrari.

En 1991 optó por juntarse con sus hermanos Eduardo y Amado en Chapadmalal, Mar del Plata. Miguel Angel Vicco, Ramón Hernández, Tony Cuozzo y Paco Mayorga trataron de alivianarle la indigestión que le había producido la reciente aparición de *Robo para la Corona* de Horacio Verbitsky.

La última Navidad y primera después de su operación lo sorprendió en lo de su familia política. La fiesta fue en lo de Karim Yoma, donde de paso se festejaba el cumpleaños de Zulemita. Pícaro como un infante, el jefe de Estado esperó a que todos estuvieran distraídos y arrojó una bola verde del tamaño de una pelotita de ping pong, que explotó varias veces en el medio del salón. "Nené, mirá cómo dejaste el piso", le recriminó la madre de sus hijos. "Menem miró para abajo, como un chico ante el reto", reportó *Gente*.

El fin de año lo pasó en Anillaco y se abocó a tirar fuegos de artificio. María O'Donnell escribió que el mandatario se entretuvo disparando cohetes y desviándolos a los pies de la reducida comitiva que lo acompañaba. Apenas asomaba 1994 cuando desde un teléfono celular se comunicó con su armonioso grupo familiar, Zulema incluida. "Aquí estamos, meta tiro, meta cohete", saludó al clan.

Los "partys" de Olivos

Fan del dúo Pimpinela, cuando Amira le comunicó —previo pedido de Elsa Serrano a la cuñada presidencial— que Joaquín Galán no encontraba iglesia para bautizar a su bebé, el mandatario ofreció en seguida la residencia de Olivos. A mediados de 1991 el polideportivo presidencial fue también sede del más elegante de los eventos de la era menemista: el casamiento del ministro del Interior, Julio Mera Figueroa, con la jovencísima Agustina Braun Blaquier. Entremezcladas con Sofovich, Jorge Antonio y Spadone, las superelegantes mujeres de la familia Blaquier deslumbraron al impresionable presidente de todos los argentinos.

En 1992 la quinta presidencial albergó una unión familiar: el casamiento de Edgardo, hijo de Amado Menem, y la arquitecta Alejandra Barducci, responsable de la decoración del despacho presidencial. En abril de 1994 una gentileza del jefe de Estado convirtió a Olivos en un Registro Civil improvisado para que contrajeran enlace el diputado "clown" Alberto Albamonte con su pareja de años, Silvia Pfeiffer. Menem fue testigo de la boda y agasajó a los novios con pizza, vino y champagne. La ceremonia religiosa tuvo lugar por la noche en el country "Los Pingüinos", donde el veterano denunciante tiene su casa de fin de semana. Entre los 230 invitados que concurrieron, algunos se precipitaron sobre un gran bol de caviar que ocupaba el centro de la mesa y descartando las cucharitas que habían sido dispuestas comieron con las manos.

Más fiestas

Quizás uno de los acontecimientos más rutilantes de un lustro de algazara menemista haya sido la boda del ex montonero y actual asesor de la Side, Rodolfo Galimberti, con la juvenil y rica heredera Dolores Leal Lobo, celebrado en enero de 1991 en Punta del Este, en el chalet "Los Acantilados", propiedad de la madre de la novia, Liesel Carbajo.

Para algunos testimonio de la coexistencia pacífica en la turbulenta Argentina, para otros paradigma de las virtudes del ex guerrillero en materia de ascenso social, allí confluyeron tirios y troyanos. Desde los "guardaespaldas" del contrayente y restos de la paquetería local hasta el top de la Escuela de Mecánica de la Armada como el ex oficial Jorge Radice, quién terminó casándose con Ana Dvatman, una montonera secuestrada que en momento de la tortura lo encontró glamoroso.

Otros imprevisibles invitados fueron el fiscal Juan Martín Romero Victorica, empeñoso rastreador de los millones pagados por el secuestro de los hermanos Born y que terminó aunando sus fuerzas a las de "Galimba". Y Jorge Born III en representación de su papá, quien pasó de cautivo a empleador de su secuestrador.

Olvidadas las épocas en que secuestraba para comprarse ropa, mutaba su apellido de origen italiano —"de sardinero" acostumbraba a decir— por el más británico "Wilkinson", conducía un "taxi" en París, o amenazaba argentinos exiliados, Galimberti hizo su ingreso por el civil —es divorciado— en la alta burguesía argentina.

Famosas en Punta del Este, las fiestas del magnate brasileño Gilberto Scarpa, ex dueño de la cerveza Brahma y fabricante de envases plásticos, suelen ser la comidilla del verano. La última, celebrada a fines de enero de 1994, se distinguió de las demás porque los 250 convidados estuvieron obligados a vestirse de árabes.

Por la puerta de la mansión, sita en el barrio conocido como Beverly Hills —del Este, claro— desfilaron "hombres pequeños con turbantes gigantes, emires de fantasías, y odaliscas con piedras preciosas en el ombligo", testimonió Paula Andaló enviada de *Clarín*. "En la carpa todo era rojo y dorado, la cristalería y la vajilla —también especialmente preparada para la ocasión— eran bañadas en oro. Había lámparas del mismo color y mesas de delicias varias".

"Al entrar los invitados eran convidados con frutas importadas que descansaban en fuentes de bronce, mientras decenas de chicas acompañaban al anfitrión como si fueran su harén". Encargada de entretenerlos, la odalisca presidencial Fairuz deleitó con su show al oriental conglomerado.

Mirtha Legrand, Graciela Borges, todas las chicas de Pancho Dotto y Ricardo Piñeyro, Gino Bogani metamorfoseado, según Andaló, "en un filósofo de la biblioteca de Alejandría", Mónica Parisier con antenas en la cabeza y Maia Swaroski, llenaron el hueco que dejaron Donald Trump y Marla Maples quienes impedidos de asistir han garantizado su presencia en el evento de 1995.

Los periodistas, en cambio, se alimentaron con sandwiches de milanesa extendidos de mala manera.

—¿Por qué Scarpa, gastó tanta plata? —indagó Paula Andaló.

—Tanta plata para vos (...) Mirá, cuando conocí a mi mujer hice una fiesta en una suite presidencial de un hotel en Brasil y contraté para ella quince violinistas que tocaban música de París, el lugar donde nos conocimos. En ese momento lo que gasté no me importó, porque de ahí en más tuve una bella historia para contar. Lo mismo sucedió con la fiesta de "Las mil y una noches" —remató romántico el empresario quien unas noches antes, durante el cumpleaños de la joyera Ada de Maurier celebrado en la esteña Pizza Cero, sostuvo que había que hacerse amigo de Lula "así después lo tenemos con nosotros".

Anticipo de la algazara navideña, la revista *Caras* festejó su exitoso segundo año de vida y congregó a tres mil invitados, representantes del colmo de "lo VIP", en el Roof Garden del Alvear. El atractivo lo puso Sofía Loren quien, previo cobrar 120 mil pesos, viajó desde Ginebra hasta el Cono Sur. También estuvieron Xuxa, engalanada con un previsible Versace y Armando Manzanero. Silvina Chediek condujo el evento que incluyó un desfile de modelos tapizadas con tapas de la revista, el baile de un grupo de mulatas brasileñas y más de un principio de asfixia puesto que ningún "VIP" resistió la invitación.

El principal ausente fue el presidente de la Nación. No obstante tan significativa deserción la fiesta sigue en marcha porque según Carlos Saúl Menem "para algunos, la vida es una marcha fúnebre, para mí es una marcha triunfal".

La enumeración de las andanzas y del ininterrumpido festival de alegrías materiales en que se encuentra sumergida la dirigencia nacional no pretende dejar de lado los graves problemas que han latinoamericanizado al país: el aumento de la pobreza y las limitaciones del plan de Convertibilidad que estimularon y posibilitaron el crédito y sepultaron la educación, la salud y la vivienda.

Impotentes ante la corrupción y la falta de una Justicia independiente, los argentinos han perdido la capacidad de reacción. Los llamados de atención en cambio provienen de observadores extranjeros.

En octubre de 1994 Matt Moffet escribía en el *Wall Street Journal* que "el milagro argentino de Menem tropieza con piedras en el camino". El periodista enfatizaba la reducción del boom del consumo que marcó los dos primeros años de la presidencia de Carlos Menem y el aumento del desempleo que, por entonces, superaba el umbral del 10 por ciento.

La Inglaterra de Margaret Thatcher conoce mejor que nadie este fenómeno. No hace falta más que preguntarle a un súbdito de la corona cuál fue el destino de sus tarjetas de crédito luego de que el jolgorio de los ochenta pasara a mejor vida.

Un año antes Guy Sorman había sido más terminante: "A la Argentina le aguarda un despertar doloroso, si de aquí a uno o dos años resulta que la política de liberalización no era más que una fiesta financiada por el crédito".

Indice

Esta edición
se terminó de imprimir en
Compañía Impresora Argentina
Alsina 2049, Buenos Aires,
en el mes de diciembre de 1994.